教学评研共同体的理论与实践

帅飞飞　著

东北师范大学出版社
NORTHEAST NORMAL UNIVERSITY PRESS
长春

图书在版编目（CIP）数据

教学评研共同体的理论与实践 / 帅飞飞著 . —长春：东北师范大学出版社，2023.6

ISBN 978-7-5771-0331-0

Ⅰ. ①教… Ⅱ. ①帅… Ⅲ. ①教学评估②教学研究 Ⅳ. ①G420

中国国家版本馆 CIP 数据核字（2023）第 114932 号

□策划编辑：王红娟
□责任编辑：王红娟　　□封面设计：中联华文
□责任校对：陈永娟　　□责任印制：许　冰

东北师范大学出版社出版发行
长春净月经济开发区金宝街 118 号（邮政编码：130117）
网址：http：//www. nenup. com
电子函件：sdcbs@ mail. jl. cn
中联华文排版设计
三河市华东印刷有限公司印装
三河市燕郊冶金路口南马起乏村西（邮政编码：065201）
2024 年 1 月第 1 版　2024 年 1 月第 1 版第 1 次印刷
幅面尺寸：170mm×240mm　印张：16. 5　字数：264 千

定价：78. 00 元

序

随着信息技术和人工智能的飞速发展，极具易变性（volatility）、不确定性（uncertainty）、复杂性（complexity）和模糊性（ambiguity）的VUCA时代扑面而来，瞬息万变的现代社会生活在给人们带来新奇和惊喜的同时，也带来了诸多挑战和不安，建构能够满足人类归属感及其合群性内在需求的共同体，成为迫切需要，教学共同体研究随之成为国内外教育领域内的热点问题之一。此外，顺应科学研究在高度分化的基础上走向高度综合的发展趋势，当今多数国家与地区用评价引领课程教学改革，倡导目标导向下的教—学—评一致性，教—学—评一致性研究也随之成为国内外教育领域内的热点问题之一。

帅飞飞博士敏锐把握时代发展趋势和课程教学改革方向，在长期实践和研究的基础上，整合课程与教学各基本要素，开展融合教学共同体和教—学—评一致性的理论研究和实践探索。她在2015年入读华南师范大学博士研究生时就开始关注教学共同体和教—学—评一致性问题，并于2016年成功申请了一个题为《建构教学交往共同体的个案研究》的广东省教育科学规划课题，于2020年再次成功申请了一个题为《普通高中英语教学共同体的构建研究》的广东省教育科学规划课题，2021年4月入职深圳市光明区教育科学研究院后，当年9月又成功获批题为《构建核心素养导向下教学评研共同体的行动研究》的光明区教育科学规划课题。现在两个省级教育科学规划课题均已结题，结题鉴定结果均为优秀等级。帅飞飞博士及其团队多年持之以恒的研究与实践取得了较为丰富的成果，本书即是研究成果之一。

全书分为五章。第一章介绍了教学评研共同体的研究现状，国内外已有研究在教学共同体的概念、特征、要素、建构及其理论基础等方面取得了丰富的研究成果，但在概念界定、理论基础、实践研究、研究主体和研究内容等方面还存在改进空间。教—学—评一致性研究也取得了丰富的成果，尤其是坚持目标的导向作用、将评估融入教与学之中等，都值得后续研究借鉴，但仍存在诸多可待超越之处，需要充分发挥研究的推动和黏合作用，开展融合教学共同体研究和教—学—评一致性研究的教学评研共同体研究。第二章介绍了教学评研共同体的理论基础，主要包括人性论、生成论教学哲学、米德符号互动理论和分布式认知理论等。其中，人性论是贯穿整个教学评研共同体研究过程之中最深远的理论基础；生成论教学哲学的对成交往观、关系进化论和人文化成观等基本立场和观点，对教学评研共同体的本质探寻、实践建构及其功能取向方面起着全面和直接的哲学导向作用；将宏观和微观社会心理研究统一起来的米德符号互动理论，在宏观理论视角和微观研究技术方面对教学评研共同体的理论建构与实践探索提供指导；分布式认知理论为开展各种属性复杂、形式多样的立体交往与对话，以及在信息技术背景下进行线上线下教学评研共同体的混元设计提供操作层面的引领。第三章阐述了教学评研共同体的理论模型，具体表现为一个以教学评研目标为顶点、教学评研为底面的四个顶点的四棱锥结构，集中体现了交往、合作、共享等教育的支柱性内涵。作者先从宏观视角整体阐释由不同层面教学评研共同体组成的教学评研共同体巨系统，再深入剖析每一层面教学评研共同体的横向机理，最后聚焦课堂层面的教学评研共同体，从共时态的立体结构与人文化成的主要功能、历时态的演化阶段与演化机制、独特的建构原则与建构策略等方面，具体而微地剖析这个实体、活动、关系和过程的统一体。第四章介绍了教学评研共同体的实践现状，以教学评研共同体理论模型为基本分析框架，综合运用问卷调查法、课堂观察法、访谈法和实物分析法，把握高中阶段课堂层面教学评研共同体的发展阶段、基本特征及其影响因素，再采用问卷调查法，了解广东省高中教师建构教学评研共同体的行为意向及其主要影响因素，开发出“高中教师建构教学评研共同体行为意向的量表”，并建构起高中教师建构教学评研共同体行为意向的结构方程模型。第五章介绍了教学评研共同体的实践探索，帅飞飞博士根据现实条件组织研究团队开展了初期探索、深度融合和不断拓展三个阶段的行动研究，在英语学科教学、班级文化建设和德育管理方面均取得显著成效。

本书亮点主要体现在以下四个方面。第一，多种研究方法的灵活运用。帅飞飞博士在文献分析的基础上先开展教学评研共同体现状的调查与分析，接着开展改进实践的行动研究，综合使用了问卷调查法、课堂观察法、访谈法和实物分析法等多种具体的研究手段。第二，理论与实践的良性互动。既有教学评研共同体的理论模型构建，又有教学评研共同体的实践改进行动，在一定程度上走出了一条理论指导实践、实践滋养理论的研究之道。第三，多学科融合实施。帅飞飞博士结合多个教育科学规划课题的研究任务，先带领团队在高中各高考科目中开展教学评研共同体的构建活动，继而聚焦高中英语学科深入开展某一个具体学科教学评研共同体的构建研究，最后再拓展至中小学不同学段、不同学科的教学评研共同体的构建活动之中，层层递进，推动教学评研共同体构建活动不断向纵深发展，形成更大范围的教学评研共同体。第四，实践改进效果明显。在普通高中课程方案强调“教、学、考有机衔接”和义务教育课程方案强调“教—学—评”有机衔接的课程改革背景之下，融合课程与教学核心要素，整体构建教学评研共同体，使其成为整体培育学生核心素养的必由之途。帅飞飞博士开展的相关实践探索对不同学科、不同学习者的认知及非认知学习效果均有正向促进作用，对促进“教—学—评”有机衔接、形成育人合力、提高课堂教学质量有着积极的现实意义和明显的实践成效。

生成论教学哲学根据中国传统哲学和系统科学方法论的基本原理，以人文的、历史的、整体的、生成的观点，看待教学存在的实体、活动、关系和过程的关系。课堂实践中现实地构建教学评研共同体，可聚焦于不断增进教师和学生的主体性、创生课堂教学立体交往关系网络、充分挖掘课程资源和搭建整体优化的课程体系来改善教学评研共同体的实体要素及其结构，使教学评研共同体在共同的教学评研目标引领下，通过丰富教学评研的活动意涵和促进教学评研一体化，来改善教学评研共同体的活动要素及其结构，从而促使教学评研共同体从自在的低水平发展阶段向自主、自为的高水平发展阶段不断演进，并尽可能地接近自由发展阶段。与此同时，持续改善教学评研共同体的整体功能，提高课堂教学质量，以期整体培育学生发展核心素养，帮助学生以更充实自信的精神面貌，理解并积极融入更广阔深邃的文化和社会体系中去，终而实现人、文化与社会的三重建构。

课程教学改革积极回应社会间的相互联系和相互依存、日益增加的社会发展诉求和人对共同体的内在心理需求，重视教—学—评有机衔接和共同体建构。走向教学评研共同体，是未来课堂教学提质增效和培育学生核心素养的必由之途，也是值得每一位教师和教育研究者深入思考的关键问题之一。帅飞飞博士在这方面有比较扎实的研究和实践基础，期待她有更好的研究成果面世，在助力学生核心素养提高的同时，促进自身专业发展，实现社会价值与个人价值的和谐统一。

张广君

2023 年 5 月

目　录
CONTENTS

第一章

教学评研共同体的研究现状

VUCA 时代迎面而来，信息技术和人工智能的飞速发展使得社会的易变性（volatility）、不确定性（uncertainty）、复杂性（complexity）和模糊性（ambiguity）日益增加。为了在瞬息万变的现代生活中拥有足够的安全感，人们需要建构共同体以满足人类对于归属感及其合群性的内在需求，教学共同体研究随之成为国内外教育领域内的热点问题之一。此外，当今多数国家与地区基本靠评价来引领课程改革，把课程标准开发与融入评价的课堂教学纳入统一的框架内，实现目标导向下的教—学—评一致性，教—学—评一致性研究也随之成为国内外教育领域内的热点问题之一。但文献搜索结果显示，还难以找到融合教学共同体和教—学—评一致性的专门研究。

教学共同体研究的国外文献综述部分主要涉及共同体研究和教学共同体研究的出现与发展，国内文献综述部分则主要涉及教学共同体研究的相关主题和核心内容。研究结果发现，虽然国内外已有研究在教学共同体的概念、特征、要素、建构及其理论基础等方面取得了丰富的研究成果，但在概念界定、理论基础、实践研究、研究主体和研究内容等方面还存在改进空间。教—学—评一致性研究方面则主要从评价角度进行文献梳理，20 世纪以来的教育评价改革经历了教育测量时代、教育评价时代和矫正教育评价时代的历史演变过程。20 世纪 80 年代以后，“教—学—评一致性”概念得以逐步建立并不断传播。我国学者建构起教—学—评一致性理论模型，并指导其运用于实践。教—学—评一致性研究取得了丰富的成果，尤其是坚持目标的导向作用、将评估融入教与学之中等方面的研究成果，都值得后续研究借鉴，但也存在诸多可待超越之处，需要充分发挥研究的推动和黏合作用，开展融合教学共同体研究和教—学—评一致性研究的教学评研共同体研究。

第一节 教学共同体的国外研究现状

教学共同体的国外相关研究主要涉及共同体研究和教学共同体研究的出现与发展。共同体是一个社会学概念，随着社会的发展其内涵也不断发展。20世纪20年代，滕尼斯（Tönnies）的共同体（Gemeinschaft）一词被美国的社会学家译为英文词汇 community，并很快成为美国社会学的主要概念，对教育教学领域产生了深远的影响。诸多学者聚焦“教学共同体”“学习共同体”“探究共同体”“学习者和思想者共同体”“知识建构共同体”“学习者共同体”“学习社区”“学习型组织”和“实践共同体”等核心问题展开理论研究和实践探索。

一、共同体研究的出现与发展

共同体（community）是一个社会学概念。早在古希腊时期，柏拉图（Plato）就提出个人不能单靠自己达到自足，有必要建立一个城邦。① 亚里士多德（Aristotle）则进一步指出“人是政治动物，天生要过共同的生活”②。“不能在社会中生存的东西或因为自足而无此需求的东西，就不是城邦的一部分，它要么是只野兽，要么是个神，人类天生就注入了社会本能。”③ 德国社会学家滕尼斯认为柏拉图和亚里士多德在某种程度上提出了共同体的理念，因为城市或城邦也是一种按共同体方式生活的有机体。1881年，滕尼斯在《共同体与社会》（*Gemeinschaft and Gesellschaft*）一书中首次系统论述了共同体的概念，区分了两种人类生活群体：共同体与社会，分别与表现本质意志和选择意志的思想结合相一致。共同体是持久的、真正的共同生活，社会只不过是一种暂时的、表面的共同生活。因此，“共同体本身被

---

① 柏拉图．理想国［M］．郭斌和，张竹明，译．北京：商务印书馆，1986：58.

② 亚里士多德．亚里士多德全集：第8卷［M］．苗力田，等译．北京：中国人民大学出版社，1994：205.

③ 亚里士多德．亚里士多德全集：第9卷［M］．苗力田，等译．北京：中国人民大学出版社，1994：7.

理解为一种生机勃勃的有机体，而社会被理解为一种机械的聚合和人工制品”。[①] 共同体会从血缘关系扩展到地缘关系，最终发展为真正的人的最高形式的精神共同体。

滕尼斯主要用关系结合的方式来区分共同体与社会。共同体是自然形成的、古老的，强调人与人之间强烈的休戚与共的关系；而社会是后来形成的、新的，是以多元文化为基础的松散的人际关系。共同体受“本质意志”驱使，以强烈的情感精神为特征，由合作、习俗和宗教构成，其典型表现是家庭、家族和村落小镇；而社会则是在传统、法律和公众舆论基础上建立的大规模组织，如城市、州（邦）或国家等。这一二元分析框架类似于涂尔干（Durkheim）提出的“有机”团结与“机械”团结。1893 年，涂尔干在《社会分工论》（*De la division du travail social*）一书中使用“机械团结”来表述他的共同体思想，他把相似性所致的团结称为机械团结，把劳动分工形成的团结称为有机团结，他认为“机械团结不仅无法像有机团结那样把人们紧密地结合起来，而且随着社会的不断进化，它自身的纽带也不断松弛下来”[②]。机械团结逐渐失势，有机团结渐渐跃升到显著位置。两人都尝试对工业化所导致的社会变化做出解释和界定。

韦伯（Weber）则认为滕尼斯的区分对研究目的毫无用处，因为大多数社会关系都部分地兼具共同体和社会的特征。他认为共同体与社会的区别主要在于参与者的主观感受。“在个别场合内，平均状态下或者在纯粹模式里，如果而且只要社会行为取向的基础，是参与者主观感受到的（感情的或传统的）共同属于一个整体的感觉，这时的社会关系，就应当称为‘共同体’。如果而且只要社会行为取向的基础，是理性（价值理性或目的理性）驱动的利益平衡，或者理性驱动的利益联系，这时的社会关系，就应当称为‘社会’。”[③]韦伯在评判滕尼斯的共同体概念的基础上实现了一定的超越，但他有意识地从完全一般的角度界定“共同体”，使得这一概念变得更加宽泛与模糊，包括了非常不同的各种现象。

---

① 滕尼斯 . 共同体与社会：纯粹社会学的基本概念［M］. 林荣远，译 . 北京：北京大学出版社，2010：45.

② 涂尔干 . 社会分工论［M］. 渠东，译 . 北京：生活 · 读书 · 新知三联书店，2013：113.

③ 韦伯 . 社会学的基本概念［M］. 胡景北，译 . 上海：上海人民出版社，2000：65.

在共同体概念的发展过程中，还有很多学者起到了重要的推动作用。雅斯贝尔斯（Jaspers）把共同体看作“生存共同体”，波兰尼（Polanyi）和默顿（Merton）探讨“科学共同体”问题，帕克（Park）将共同体理解为城市社区，爱兹安尼（Etzioni）则认为共同体是一种社群组织，是“一个社会关系的网络，它包含了共同理解的意义；而最重要的是，它包含了共同的价值”①。这些社会学家基本上都比较一致地认为“共同体”是为了特定目的而聚合在一起生活的群体、组织或团队。由此，就有了“欧洲共同体”“东亚共同体”“经济共同体”等名称。而英国社会学家鲍曼（Bauman）对共同体概念发展起到了承上启下的重要作用。2000年，鲍曼在《共同体》（*Community*）一书中从广泛的意义上将共同体解释为“社会中存在的、基于主观上或客观上的共同特征而组成的各种层次的团体、组织，既包括小规模的社区自发组织，也可指更高层次的政治组织，而且还可指国家和民族这一最高层次的总体，即民族共同体或国家共同体。既可指有形的共同体也可指无形的共同体”。物理场所与精神环境都成为“共同体”的基本要素。鲍曼进一步指出，虽然对共同体的界说不一，但“共同体”这个词所表达出来的所有含义都预示着快乐。“共同体是一个‘温馨’的地方，一个温暖而又舒适的场所。它就像是一个家（roof），在它的下面，可以遮风避雨；它又像是一个壁炉，在严寒的日子里，靠近它，可以暖和我们的手。……在我们的共同体中，我们能够互相依靠对方。”②这使得“共同体”这个词听起来尤其温暖而舒适。

这种意义上的“共同体”意味着一种“自然而然的”“不言而喻的”共同理解。作为当代西方现代性与后现代性相关研究领域最重要的社会理论家之一，鲍曼指出信息传输技术的出现给予共同理解的“自然而然性”以致命打击，使得“内在于本体而存在”的状态转化成了“外在于本体而存在”的状态，从而不再是基于人的“本质意志”，而是基于人的“选择意志”，需要人们深思熟虑和详细审查。这样一来，原始意义上的共同体在现代和后现代语境中走向解体，“共同体”作为一种被根除之物需要在新的现代时代背景下重新被演绎和根植，也就是说需要在新的权力结构框架内恢复或从零开始

① 吴玉军．共同体的式微与现代人的生存［J］．浙江社会科学，2009（11）：54-62．
② 鲍曼．共同体［M］．欧阳景根，译．南京：江苏人民出版社，2003：1-3序曲．

创造一种共同体的感觉。鲍曼指出："如果说在这个个体的世界上存在着共同体的话，那它只可能是（而且必须是）一个用相互的、共同的关心编织起来的共同体；只可能是一个由做人的平等权利，和对根据这一权利行动的平等能力的关注与责任编织起来的共同体。"① 可以看出，滕尼斯"共同体"意义之中的原始、自然、同质成分已经逐渐走向衰落，情感和理性并重的新的共同体概念呼之欲出。鲍曼认为，在反传统性的后现代语境下，我们要在一个"不可预知的世界里"去进行一次次"自我探索的旅程"。此时的共同体应该既强调情感，也突出理性；既强调共同利益和价值，也应突出个体平等的权利与担当；既强调自在，也应突出自主和自觉，还追求自由。这些都值得后续教学评研共同体相关研究借鉴。

在对滕尼斯和鲍曼的共同体概念批判继承的基础上，英国的霍普（Hopper）在2003年出版的《个人主义时代之共同体重建》（*Rebuilding Communities in an Age of Individualism*）一书中侧重探讨了后现代情境中地方或邻里共同体的重建。他指出后现代社会进程促进个人主义的发展，削弱了大众的共同体生活，对地方或邻里共同体形成巨大冲击。② 而单靠鲍曼所谓的"社会相互作用的过程"和"自我探索的旅程"还不够，他建议政府介入推动公共精神文化发展来促进地方或邻里共同体的重建工作。霍普还强调教育体系的重要作用，认为"参与共同体服务的活动内容，应当被作为学校中公民教育课程的组成部分，以便让年轻人在学校中能够接受这方面的教育"。这在21世纪之初有其针对性，在今天仍然与学生参与服务性劳动、社会服务等综合实践活动的精神内在一致。"显而易见，假如一个人在年少时有过共同体服务活动的亲身经历，那么，他就更为容易接受与采取赋予共同精神的行为。"③ 这对后续教学评研共同体研究的重要借鉴意义在于，在教学实践中直接开展教学评研共同体的建构活动，可以使学生一开始就在并且以后也一直在教学评研共同体中生活与学习，能逐渐孕育学生的公共精神，帮助学生适应共同体生活，平等享受共同体的各种权利，共同分担共同体的各种

① 鲍曼．共同体［M］．欧阳景根，译．南京：江苏人民出版社，2003：177.

② 霍普．个人主义时代之共同体重建［M］．沈毅，译．杭州：浙江大学出版社，2009：4前言.

③ 霍普．个人主义时代之共同体重建［M］．沈毅，译．杭州：浙江大学出版社，2009：80.

义务。

二、教学共同体研究的出现与发展

在20世纪20年代，滕尼斯的共同体一词被美国的社会学家译为英文词汇community，并很快成为美国社会学的主要概念，学者们也开始尝试将共同体概念引入教育教学之中。

教育领域对教学共同体的研究最早可追溯到美国哲学家、教育学家杜威（Dewey）提出的“学校即社会”“教育即生活”的观点。杜威在1916年出版的《民主主义与教育》一书中阐述了民主主义社会中共同体的思想。他指出，“人们因为有共同的东西而生活在一个共同体内，而沟通乃是他们达到共同占有共同的东西的方法。为了形成一个共同体或社会，他们必须具备共同的目的、信仰、期望、知识——共同的了解——和社会学家所谓志趣相投”①。如果大家都认识到共同的目的，都关心这个目的，并且考虑这个目的，调节他们的特殊活动，那么，他们就形成了一个共同体。但这将涉及沟通，因为每个人必须了解别人在做什么，而且必须有办法使别人知道他自己的目的和进展情况，才能达成意见的一致。杜威据此提出了共同体的两个标准：“目的的共享和兴趣的沟通（a sharing of purposes，a communication of interests）。”②“每个人把他自己行动的结果看作和别人所做的事情有关，并考虑他们的行为对他自己的后果，那么他们就有了共同的思想，他们的行为就有了共同的意愿。在各个人之间有一种了解，这种共同的理解控制着每个人的行动。”③虽然杜威没有直接将教学与共同体连接起来，但他把共同体理念运用到了实验学校中，为了民主主义社会的共同理想，采用对话协商的教学方式和社会性作业的课程形式，并建立家校共育的家长联合会，实现大学不同学科的学者、学校督导、中小学教师和家长对教育研究与实验的共同参与和合作。④杜威的教学共同体思想不仅符合民主共同体的标准和特性，还具

① 杜威．民主主义与教育［M］．王承绪，译．北京：人民教育出版社，1990：9.

② DEWEY J. Democracy and education［M］. New York：The Macmillan Company，1964：5.

③ 杜威．民主主义与教育［M］．王承绪，译．北京：人民教育出版社，1990：37.

④ 帅飞飞，李臣之．教育研究在美国：地位演变及其启示［J］．全球教育展望，2018（9）：57-70.

有开放共享性、协作探究性、自主自治性等自身独有的特征，① 对教学共同体研究的理论与实践产生了广泛深远的影响。

杜威会相互换用共同体和社会这两个概念，这一点与米德（Mead）有些类似，只不过米德更多使用“社会”一词。这也是滕尼斯共同体概念之原始意义丢失或者转化的一个具体体现。作为杜威的密友和芝加哥实用主义学派的主要代表之一，米德强烈关注社会问题并力求以科学的方法促进人类社会的不断完善与进步。他基于社会行为主义的立场，提出从研究人所从属的社会群体来研究人的心灵和自我，认为“整体（社会）先于部分（个体）而存在……部分要根据整体来说明”②。米德在《心灵、自我和社会》（*Mind, Self and Society*）一书的结尾处指出“人类社会的理想是，使人们通过其相互关系而极其紧密地联合起来、极其充分地发展必要的沟通系统……只有当一个人对另一个人的刺激在他自己的内心之中唤起同样的或者相似的反应的时候，这种符号才是有意味的符号。人类的沟通就是通过这些有意味的符号发生的，因而这里的问题是组织一个使这种沟通成为可能的共同体的问题”③。

米德描绘了人类社会的理想，呼吁组织一个以有意味的符号为基础的使沟通成为可能的共同体，这正是杜威所追求的民主主义社会境界。米德和杜威都强调人们在他们共同生活于其中的社会群体情境和脉络中，通过沟通、互动或交往，获得共同的理解，达致共同的目的。杜威和米德都关注个体和社会之间的平衡，只不过方式有所差异。杜威关注儿童更多是为了民主主义社会的目的，而米德关注社会是为了个体自我和心灵的发展。杜威探讨沟通时考虑了“人际关系（interpersonal relations）”，但没有触及“自我内在关系（intrapersonal relations）”。从“经验”的概念来看，虽然杜威区分了“外部经验”和“内部经验”，但并没有论述“内部经验”是怎样建构起来的。他认识到了以语言这一符号工具为媒介建构意义是人类学习的特征，却忽视了学习的基础——同环境的交往，乃是以生物学模型为基础的。像米德

① 杨小玲，陈建华．论杜威教育思想中的“学习共同体”理念［J］．南京社会科学，2017（3）：138-143.

② 米德．心灵、自我和社会［M］．霍桂桓，译．北京：北京联合出版公司，2014：7.

③ 杜威．民主主义与教育［M］．王承绪，译．北京：人民教育出版社，1990：362-363.

那样提出的问题——关于“自己”的存在论考察及其社会建构，杜威并没有论述。① 虽然杜威和米德都没有直接提出教学共同体的概念，但杜威将共同体思想扩展到教学领域。他指出，“在社会情境中，儿童必须把他的行动方法，参照别人正在做的事情，使他所用的方法适合。这样就能指导他们的行动，达到共同的结果，并使参与者有共同的理解。大家从事不同的行动，却意味着同一个东西”②。米德也不仅从芝加哥实用主义学派的基本立场出发关注教育教学现实问题，还积极投身于对这些具体问题的解决之中。作为杜威在芝加哥大学的亲密同事，米德积极参与杜威实验学校的工作，1896 年至 1904 年期间成为杜威实验学校从事实验研究的骨干研究者。他还参与编辑了芝加哥大学的主要教育刊物《小学教师》，撰写发表了多篇论述教育问题的学术论文，这对惜墨如金的米德来说意义非同寻常。米德和杜威提出的共同的目的、互动或交往、沟通、共同的理解直接给后期相关研究提供了可资借鉴的宝贵经验。杜威的许多共同体思想被一直承袭到当前的教学共同体理论之中，进步主义运动中实验学校的相关实践也对教学共同体的设计产生了直接影响。1910 年以后通过新教育运动在世界各国普及，也在 20 世纪 70 年代美国开放学校的“革新主义”教育改革中得到传承，如今则被描述为 21 世纪的学校愿景之一。③

国外早期教学共同体的实践探索始于 1927 年威斯康星大学（University of Wisconsin）的建立，这种“教师专业发展学校”是大学—中小学合作形式在实践中的运用。④二战后到 20 世纪 70 年代在美国教师专业化的进程中开始孕育教师专业学习共同体，20 世纪 80 年代随着学习型组织理论引入教育界，教师专业学习共同体兴起，愈来愈多的高等院校也开始采用教学共同体的形式改进学校的本科生教育。20 世纪 80 年代末 90 年代初教育领域开始了“共同体”研究的浪潮，在接下来的 10 年里，很多人尝试着将共同体的概念引入教育实践，并提出了一系列相关概念。例如，布朗（Brown）提出“学习

① 佐藤学．学习的快乐：走向对话［M］．钟启泉，译．北京：教育科学出版社，2004：56.

② 杜威．民主主义与教育［M］．王承绪，译．北京：人民教育出版社，1990：47.

③ 佐藤学．学校再生的哲学：学习共同体与活动系统［J］．钟启泉，译．全球教育展望，2011（3）：3-10.

④ 王静文．国内外有关学习共同体研究现状综述［J］．学周刊，2015（1）：5.

共同体（Learning community）”①、李普曼（Lipman）提出“探究共同体（Communities of inquiry）”、布朗（Brown）和坎培恩（Campione）提出“学习者和思想者共同体（Communities of learners and thinkers）”、彼得·圣吉（Senge）提出学习型组织（Learning organization）、斯坎德玛利亚和伯瑞特（Scardamalia & Bereiter）提出“知识建构共同体（Knowledge building communities）”、莱夫和温格（Lave & Wenger）提出“实践共同体（Communities of practice）”、塞吉欧维尼（Sergiovanni）提出“道德共同体（Moral community）”、温德贝尔特认知与技术小组（CTGV）和博耶尔（Boyer）提出“学习的共同体（A community of learning）”、帕尔默（Palmer）提出“教学共同体（Teaching community）”等等。下面拟分析其中影响深远的几个典型研究。

1990 年，彼得·圣吉在《第五项修炼》（*The Fifth Discipline Field Book*）一书中提出“学习型组织”的概念。他指出学习型组织是“能够设法使各阶层人员全心投入，并有能力不断学习的组织”。他用具体案例，提出了一系列建立共同愿景和修炼心智模式的策略以及系统思考的战略。② 这些共同愿景和策略为后续教学评研共同体研究提供了宝贵的经验。

1991 年，莱夫和温格在《情景学习：合法的边缘性参与》（*Situated Learning: Legitimate Peripheral Participation*）一书中提出实践共同体的概念，用来分析人类的非正式学习——学徒制。他们认为实践共同体“是三种基本元素的独特组合，即：定义一组问题的知识领域，关心这个领域的人们的社团，以及他们所发展的在这个领域内有效的共同实践”③。实践共同体需要通过互动保持有机体的活力，也需要精心设计引领它们的演化，而不是从无到有地创造它们，其发展大致经历潜在期、接合期、成熟期、管理期和转变期等五个阶段。④ 实践共同体的实质是有共同兴趣的人们围绕共同的客体对象开展共同的实践活动。其三个组成要素的划分和五个发展阶段的相关论述都

---

① 文军萍．学习共同体研究热点领域与发展趋势：基于 2003 年—2015 年 CNKI 核心期刊文献的共词可视化分析［J］．山东高等教育，2016（10）：62-72.

② 圣吉．第五项修炼：实践篇（下）［M］．张兴，等译．北京：中信出版社，2011：307-551.

③ 温格．实践社团：学习型组织知识管理指南［M］．边婧，译．北京：机械工业出版社，2003：24.

④ 温格．实践社团：学习型组织知识管理指南［M］．边婧，译．北京：机械工业出版社，2003：58.

值得后续教学评研共同体研究借鉴。

1993年，塞吉欧维尼在美国教育研究协会举办的一次会议上的讲话中倡议将学校的隐喻从“组织”转换为合作的“学校共同体”，并指出这样的转向将激发教师、学生、领导层的动机，为学校运营管理带来重要的变化。在1994年出版的《建立学校共同体》（*Building Community in Schools*）一书中，塞吉欧维尼再次谈到了共同体的重要性。尽管大部分校长、教育官员和教师都渴望做得更好并尽其所能为他们所服务的每一个学生提供高质量的教育，然而这条道路却充满荆棘，进程极为缓慢。这一令人沮丧的局面的祸首就是我们学校和社会中的共同体的遗失。他认为共同体的建立必须成为任何改进学校的努力的核心。塞吉欧维尼突出学校共同体的情感凝聚力，这一做法值得后续教学评研共同体研究借鉴。

美国卡内基教育振兴财团理事长博耶尔于1995年在《基础学校：学习的共同体》（*The Basic School：A Community of Learning*）报告中倡导在学校建立真正意义上的学习共同体，并在其报告中将高校描述为“有目的的、开放的、合理的、有纪律的、充满关怀的学习共同体”，使高校成为所有人因共同的使命和愿景一起学习的组织，学习共同体中的成员共同分享学习的兴趣，共同寻找通向知识的旅程以及理解世界的运作方式。①博耶尔强调共同的使命、共同的愿景、共同的兴趣、共同的活动也对后续教学评研共同体研究有一定的启示意义。

帕尔默在1997年首次出版了在“教学勇气”项目实践基础上花十年时间写成的《教学勇气——漫步教师心灵》（*The Courage to Teach——Exploring the Inner Landscape of a Teacher's Life*）一书。他在该书中提出了教学共同体的概念，认为“共同体是个体内部不可见的魅力的外部可见标志，是自身认同和完整与世界联系中的交融”。“教学就是要开创一个实践真正的共同体的空间。”② 他指出，优秀的教学基于教师在教学中的自身认同和完整，但是分离

---

① RETALLICK J，COCKLIN B，COOMB K. Learning communities in education：issues，strategies and contexts［M］. New York：Taylor & Francis Croup，1999：6.

② 帕尔默．教学勇气：漫步教师心灵［M］. 吴国珍，等译．上海：华东师范大学出版社，2014：84.

和恐惧文化使得“我们把教学分离，结果是：教师只说不听，学生只听不说”①。应对的办法是要在平衡教与学悖论的基础上融认知、教学和学习于共同体之中。认知要为伟大事物的魅力所凝聚，教学要以主体为中心，教师之间要通过共事切磋而学习。帕尔默认为教师和学生在课堂上聚集在伟大事物这一主体周围，展开平等复杂多向互动，编织无穷尽的关系巨网，在这种真正的共同体中理解现实，并不断重建共同体中教与学的动态过程。帕尔默所说的“主体”是指真正的共同体中被活化了的具有内在魅力的伟大事物，是作为求知者的教师和学生共同探究的对象，是和人类同等重要和强大的人、事、物等。帕尔默强调教师的自身认同与完整，倡导教师和学生怀着敬畏而谦卑的心围绕伟大事物展开对话，这种重视内心体验、尊重事物本身、民胞物与、知者与被知者和谐互动的共同体理念给后续教学评研共同体研究很大启发。

上述文献梳理结果显示，起初的“教学共同体”概念含义比较宽泛，与此相近的提法有“学习共同体”“探究共同体”“学习者和思想者的共同体”“知识建构共同体”“学习者共同体”“学习社区”“学习型组织”和“实践共同体”等，帕尔默提出融认知、教学和学习于共同体之中，是更能体现课堂教学本质的“教学共同体”概念。随着研究的进一步分化与深化，出现了越来越聚焦于学校，甚至聚焦于具体学科或具体主题的“学习共同体”研究。进入21世纪以来，教学共同体的相关研究快速发展。其中，日本佐藤学（Sato）的“学习共同体”研究为教学共同体研究做出了突出的贡献。

作为一位知名的教改专家，佐藤学长期专攻课程论、教师学，他建构了“学习共同体”的理念核心，并引领着亚洲的“学习共同体”研究。其“学习共同体”理论主要受三方面因素的影响：一是，他28年来挑战学校改革的失败与部分成功的经验。二是，国内外学校改革与课堂改革的案例。三是，支撑改革的理论。②

佐藤学是一位真正付诸行动的研究者。从1980年开始，他扎根中小学实

---

① 帕尔默．教学勇气：漫步教师心灵［M］．吴国珍，等译．上海：华东师范大学出版社，2014：61.

② 佐藤学．教师的挑战：宁静的课堂革命［M］．钟启泉，陈静静，译．上海：华东师范大学出版社，2012：140-141.

地观察，坚持每周用两天的时间去中小学直接进入教室观课，和学生、教师、校长面对面讨论和改进，与一线教师展开行动研究。他去过世界上32个国家，访问了3500多所学校，累积了一万多间教室的现场感，观察了数万节课。① 20世纪80年代中期，他注意到美国、加拿大、法国、芬兰等国家的教育方法及其中小学课堂变化的这一“宁静的革命”，于20世纪末将“学习共同体”理论从欧美国家引进日本。② 佐藤学直接继承和借鉴了杜威的“共同体”理念、维果茨基（Vygotsky）的思想、内尔·诺丁斯（Nel Noddings）的“关怀伦理”和日本传统教育思想，形成改革的理论基础，提出在学校建立各种类型的共同体，如学校共同体、学习共同体等，以应对学校危机。

佐藤学还借鉴真木悠介《现代社会的生存构造》一书中提出的“自在性共同体”“群集性共同体”“自为性共同体”等三种社会形态，认为课堂作为一个微型社会，其发展经历了三种形态。课堂社会的第一种形态，是对班集体的直接性归属意识与对课堂之规范的无意识承认结合而成的原始共同体社会。课堂社会的第二种形态，是课堂中权利义务的契约关系与制度性的角色关系所构成的群集性社会。课堂社会的第三种形态，是在意识到上述两种人际关系并加以变革的实践中形成的学习共同体。在这种学习共同体的课堂中，每一个儿童在各自自主的个人世界中生活，同时也通过同他人的社会亲和，在课堂的共同世界中生活。③

佐藤学强调，学习共同体理论并不是简单的教学方法或者教学模式，而是学校改革哲学。④ 其学习共同体的相关思想集中体现在《课程与教师》《学习的快乐——走向对话》《静悄悄的革命：课堂改变，学校就会改变》《教师的挑战》《学校的挑战》以及《学校见闻录》等著作及系列相关论文之中。学习共同体的基本框架主要包括愿景、哲学和活动系统。

第一，教师们的共同愿望是要构建合作学习的课堂，使学校成为学习共

① 谢凡．“倾听”佐藤学 对话“共同体”［J］．中小学管理，2016（5）：32-34.

② 佐藤学．学校的挑战：创建学习共同体［M］．钟启泉，译．上海：华东师范大学出版社，2010：9-12.

③ 佐藤学．课程与教师［M］．钟启泉，译．北京：教育科学出版社，2012：143-145.

④ 陈得军．一位教育“行动研究者”的成长与使命：佐藤学教授访谈录［J］．全球教育展望，2017（5）：3-13.

同体。[①] 佐藤学认为作为“学习共同体”的学校是儿童、教师、家长和市民相互学习的场所。[②] 需要达成学习方式、教学和研究方式、学校与家长和社区的关系等三方面的变革，以在学校中构筑相互学习的同学关系、在课堂中构筑相互倾听和对话的关系，同时组织开展家长和市民参与教学、协助教师共同培育儿童的“参与学习实践”。[③]

第二，有三个学习共同体的哲学支撑愿景的达成，分别是公共性（public philosophy）、民主性（democracy）和卓越性（excellence）。“公共性”原理意味着学校是各种各样的人共同学习的公共空间，是为了实现所有儿童的学习权、建设民主主义社会的公共使命而组织起来的。这里所谓的“民主性”不涉及政治性的多数决定的原理，而是指杜威所说的“各种各样的人协同的生存方式（a way of associated living）”。学校还必须是追求“卓越性”的场所，无论是教师的“教”还是学生的“学”都必须是卓越的，无论何等困难条件下都能各尽所能追求最高境界，并非指谁比谁优越。

第三，创建“学习共同体”的学校改革还要借助“活动系统”。学生、教师、校长、家长及公众一起参与实践，分享学校改革的愿景，领悟“公共性”“民主主义”和“卓越性”的哲学。[④]

在佐藤学的“学习共同体”理论框架内，教学、学习、教师和教师的专业能力等概念获得了新的意义。佐藤学首先参考福柯（Foucault）的“实践概念”，将教与学的实践理解为由三个范畴构成的复杂的活动，也就是说，教学活动是由“同客体世界状况的对话（conversation with situation）”“同课堂内外他者的对话（conversation with others）”“同自身的对话（conversation with self）”等三种对话所构成的实践。[⑤] 佐藤学强调学生在学校这个学习共同体中的学习不是一个人孤立的活动，而是在交往中学习。在教室里正是要

① 佐藤学．教师的挑战：宁静的课堂革命［M］．钟启泉，陈静静，译．上海：华东师范大学出版社，2012：7.

② 佐藤学．学习的快乐：走向对话［M］．钟启泉，译．北京：教育科学出版社，2004：340-341.

③ 佐藤学．转折期的学校改革：关于学习共同体的构想［J］．沈晓敏，译．全球教育展望，2005（5）：3-8.

④ 佐藤学．学校的挑战：创建学习共同体［M］．钟启泉，译．上海：华东师范大学出版社，2010：4.

⑤ 佐藤学．课程与教师［M］．钟启泉，译．北京：教育科学出版社，2003：153-154.

构筑学生相互交往共同成长的关系，而展开这种能触发与支持这一关系的教学的人就是教师。基于对教与学实践的理解，佐藤学认为“学习”是以交往与对话为特征的活动，“学习”就是跟客观世界的交往与对话，跟他人的交往与对话，跟自己的交往与对话。佐藤学把学习的这种性质称为“学习的三位一体论”①。“学习共同体”中的“教师”和“教师的专业能力”也被重新界定。以往教师是“教的专家”，但“学习共同体”的“教师”既是“教的专家”也是“学的专家”。以往教师的专业能力被界定为基于“科学技术的合理运用”的原理在实践中的具体化而获得的科学知识与能力，但在“学习共同体”中的教师的专业能力被再定义为对自身教学实践和同僚的教学实践进行相互反思、与同僚相互学习的“反思性实践家（reflective practitioner）”所具备的专业能力。②

佐藤学认为，所谓的“学习共同体”是指在学校里不仅学生们相互学习、共同成长，作为教育专家的教师也相互学习、共同提高，家长和市民也参加学习、共同发展，使学校成为家长、市民支持和参加学校改革共同学习成长的重要场所。③ 是一个“以学习为中心的教学的创造、教师之间的‘同事性（collegiality）’的构筑、基于家长和市民的学习网络的构筑、地方教育行政援助学校体制的构筑”④。佐藤学所领导的学习共同体的改革实践以“宁静倾听”“同侪互助”“高品质学习”为核心的“宁静的课堂革命”为突破口，系统化重构了整个教育生态。⑤ 在2010年，日本实行学习共同体改革的学校扩大至2000所小学和1000所初中，这个数字占日本公立中小学的十

---

① 佐藤学．学习的快乐：走向对话［M］．钟启泉，译．北京：教育科学出版社，2004：20.

② 佐藤学．教师的挑战：宁静的课堂革命［M］．钟启泉，陈静静，译．上海：华东师范大学出版社，2012：147-148.

③ 佐藤学．静悄悄的革命［M］．李季湄，译．长春：长春出版社，2003：69.

④ 佐藤学．学习的快乐：走向对话［M］．钟启泉，译．北京：教育科学出版社，2004：340-341.

⑤ 陈静静．佐藤学“学习共同体”教育改革方案与启示［J］．全球教育展望，2018（6）：78-88.

分之一。① 佐藤学平均每天会接到三所以上学校的邀请，每年超过一千所。② 他常常去指导考察在实践学习共同体的学校，平均每周就要去 2~3 所学校，③ 每年造访将近 100 所学校，其中三成是新的学校。④

佐藤学引领的学习共同体研究，经过 20 多年的理论建构与实践探索，形成了较为完善的理论框架和庞大的实验学校系统，并走出日本，形成了跨越国境的"学习共同体"，在世界范围内尤其是亚洲各国产生了深远的影响。首先，以反哺的方式对美国、墨西哥等西方国家产生积极影响。其次，由于相关著作译著的推介作用、日本学校改进的示范作用以及国际教师交流与培训的推广作用，⑤ 使得"学习共同体"在 21 世纪初迅速扩展到亚洲的中国、韩国、印度尼西亚、越南、伊朗等多个国家。我国有学者直接提出"跟随佐藤学做教育"，在课例研究中创建"学习共同体"。⑥ 多数学者在研究与推广学习共同体的过程中结合了本地的具体情况，做出了内容与形式上的拓展。例如：中国教师教育的研究者尝试将传统意义上的"教研组"与"教学共同体"理念结合起来促进教师群体的专业发展，⑦⑧ 比较典型的个案是北京师范大学教师教育研究中心同重庆市教委合作的"优质教师队伍培育"项目。

经过诸多学者的共同努力，共同体和教学共同体研究到佐藤学那里形成了比较系统的"学习共同体"理论体系。虽然佐藤学的研究取得了丰富的理论与实践成果，但也还存在一些有待超越之处：

---

① 佐藤学．学校的挑战：创建学习共同体［M］．钟启泉，译．上海：华东师范大学出版社，2010：2 中文版序．
② 佐藤学．学校的挑战：创建学习共同体［M］．钟启泉，译．上海：华东师范大学出版社，2010：95．
③ 吴井娴．通过对话来学习：佐藤学的学习共同体述评［J］．上海教育科研，2016（1）：40-43．
④ 佐藤学．学校的挑战：创建学习共同体［M］．钟启泉，译．上海：华东师范大学出版社，2010：51．
⑤ 袁丽．"学校学习共同体"理念在亚洲的发展及实践经验［J］．比较教育研究，2016（1）：78-83．
⑥ 陈静静．跟随佐藤学做教育：学习共同体的愿景与行动［M］．上海：华东师范大学出版社，2015：116．
⑦ 胡艳．专业学习共同体视角下的教研组建设：以北京市某区中学教研组为例［J］．教育研究，2013（10）：37-43．
⑧ 单志艳．走向中国特色教师专业学习共同体的教研组变革［J］．教育研究，2014（10）：86-90．

第一，学习共同体缺乏比较明确和坚实的理论基础。佐藤学认为学校改革与课堂改革唯有借助多样的学术领域的理论的整合才能提供准备和付诸实践，并提出将人类文化学、心理学、政治哲学、社会哲学、诗与哲学、音乐与哲学、戏剧论、伦理学、教育学和教育社会学等人文社会科学的相关理论作为学习共同体的学校改革理论基础。但正如他自己所言：一名研究者不可能深谙所有这些领域。① 整体来讲，佐藤学学习共同体的理论基础比较宽泛，没有突出重点理论，也没有和学习共同体研究实现深度融合。后续教学评研共同体研究需要选择几个密切相关的理论作为理论基础，并将之深度融入教学评研共同体研究的全过程。

第二，佐藤学借鉴真木悠介划分社会形态的做法，把课堂这个微型社会的发展划分为“原始共同体社会”“群集性社会”和“学习共同体”等三种形态。这种划分方式有待商榷。其实，教学评研共同体和教学同时出现，可以把这三种社会形态界定为教学评研共同体的不同发展阶段，更为合适一些。

第三，佐藤学在福柯的社会学概念之后提出教学是涉及人同客观世界、同他者、同自身的对话实践活动，再进一步提出学习是与世界、与人、与自身的三种对话组成的三位一体的实践活动。在这一推演过程中，他舍弃了教的活动，认为学习共同体的愿景是保证和实现每一个学生的学习权。这一提法虽然在突出和强调学习的重要性方面有一定的现实意义，但却忽视了构筑交往关系的重要主体——教师及其教的活动，不利于对教学本质的把握以及教学活动的有效开展。

第四，“学习共同体”实践应用的失衡。佐藤学强调行动研究，但“学习共同体”的行动研究更多是在小班化的小学和初中进行，参与“学习共同体”改革的高中学校不多。在高中学校，尤其是在大班额的高中，“学习共同体”实践遇到前所未有的挑战。对于中国教师提出的大班额环境下如何“实施小组协同学习”以及他们的做法是否“称得上是学习共同体的实验”等问题，佐藤学坦言：“面对这些质问，我无言以对，只能表示体谅其苦劳、表达一下敬意而已。”② 而他同时也承认“高中的改革一旦开始，就会产生

① 佐藤学．教师的挑战：宁静的课堂革命［M］．钟启泉，陈静静，译．上海：华东师范大学出版社，2012：141.

② 佐藤学．学校见闻录：学习共同体的实践［M］．钟启泉，译．上海：华东师范大学出版社，2014：83.

远比小学和初中更大的能量”①。因而，如何在高中开展相关研究是后续教学评研共同体研究需要面对的一个巨大挑战。

第二节　教学共同体的国内研究现状

教学共同体的国内研究现状主要涉及教学共同体研究的相关主题和核心内容。学者们围绕“教育共同体”“班级共同体”“学校共同体”“课堂共同体”“师生共同体”“教师共同体”“教学共同体”和“学习共同体”等相关主题展开研究和探索，在教学共同体的概念、特征、要素、建构及其理论基础等核心内容方面取得了丰富的理论成果和实践经验。

一、教学共同体研究的相关主题

曼海姆（Mannheim）指出：“在大多数情况下，同样的词或同样的概念，当处境不同的人使用它时，就指很不相同的东西。”② 同样的，不同的词或不同的概念，当处境相同或相似的人使用它时，也有可能指同样的或相似的东西，因而有必要对近年出现的“教学共同体”的相关主题进行全面检索。2023 年 1 月 25 日，在中国期刊全文数据库、中国博士学位论文全文数据库、中国优秀硕士学位论文全文数据库中以“篇名”为检索项，分别输入“教学共同体”“学习共同体”“教师共同体”“学校共同体”“班级共同体”“课堂共同体”“教育共同体”等检索词，匹配方式为“精确”，进行跨库搜索，共搜索到 5537 篇相关文献。

从文献搜索情况来看，教学共同体研究的文献量呈现出六个梯队：学习共同体相关研究的文献篇目数遥遥领先（4456 篇），第二梯队是教育共同体（529 篇），第三梯队是教师共同体和教学共同体（分别为 187 篇和 174 篇），第四梯队是师生共同体（91 篇），第五梯队是学校共同体和班级共同体（分

① 佐藤学．学校见闻录：学习共同体的实践［M］．钟启泉，译．上海：华东师范大学出版社，2014：39.

② 曼海姆．意识形态与乌托邦［M］．黎鸣，李书崇，译．北京：商务印书馆，2002：278.

别为54篇和40篇），最后是课堂共同体（6篇）。这种按照篇名来对文献进行归类的做法，能将相关文献大致区分开来，但也不排除存在相互交叉、归类不够准确等问题。

教学共同体各研究主题的文献来源比较丰富，涵盖学术期刊、学位论文、会议论文、报纸文章和图书等方面的文献（见表1-1）。首先，期刊论文占绝对优势，在5537篇总库文献中有2608篇学术期刊论文，以及大量的特色期刊论文；其次是硕士学位论文，有564篇；再次是会议论文和报纸文章，分别为126篇和40篇；接下来是博士学位论文，只有17篇；最后是图书，只有1本，是王雪松在中国书籍出版社出版的《以系列学术沙龙为依托的大学英语教师学习共同体研究》。

表1-1 中知网教学共同体研究相关主题的文献类型与数目

	学术期刊	学位论文		会议	报纸	图书	总库
		博士	硕士				
学习共同体	2012	10	502	106	17	1	4456
教育共同体	295	5	19	7	15	0	529
教师共同体	99	1	19	4	1	0	187
教学共同体	109	1	9	4	5	0	174
师生共同体	55	0	6	4	0	0	91
学校共同体	24	0	5	1	2	0	54
班级共同体	12	0	4	0	0	0	40
课堂共同体	2	0	0	0	0	0	6
总数	2608	17	564	126	40	1	5537

教学共同体研究相关主题的博士学位论文有17篇，主题涵盖“学习共同体”（10篇）、“教育共同体”（5篇）、“教学共同体”（1篇）和“教师共同体”（1篇）等，没有检索到以“班级共同体”“课堂共同体”“师生共同体”“学校共同体”为篇名的博士学位论文。

从出现的时间来看，相关博士学位论文最早出现在2004年。2004年、2005年、2006年、2011年、2014年、2017年、2020年和2022年每年1篇，2012年、2013年和2018年每年2篇，2016年3篇。其中，有1篇博士论文从平等体验视角考察班级教学共同体,① 1篇从理论结构和实践路向两方面论证“新教育实验”是一种理想的教育改革模式,② 1篇探讨非正式学习共同体的知识共享机制,③ 1篇探讨职业教育共同体,④ 一篇分析从排斥到承认的教育共同体的伦理生活,⑤ 1篇开展基于网络学习空间的混合式学习共同体构建研究,⑥ 1篇探讨高校思想政治教育共同体构建研究,⑦ 1篇探讨基于“高校—社区”互动的模式的终身教育共同体研究,⑧ 还有5篇对“教师共同体”进行了深入研究。⑨⑩⑪⑫⑬ 这些研究分别从平等的视角、合理性逻辑论证、历史纵向的时间维度和国内外横向的空间维度相结合、历史分析与比较分析相结合、理论构建与实践探索相结合、融合“虚拟”与“现实”的线上线下混元设计等方面给后续教学评研共同体研究带来了很大的启示。还有4篇博士学位论文的研究比较贴近课堂层面教学评研共同体研究，值得逐一详细分析。

其一，2005年出现的一篇博士学位论文，从学习的社会文化分析角度讨论了学习共同体。研究采用社会取向的建构主义和社会文化观对知识和学习的分析路径，着眼于中观水平的研究。研究者指出，和“学习”结合的不是共同体的原始意义，在当代语境下，共同体成为支撑以知识建构与意义协商

① 毛景焕. 平等体验的生成与班级教学共同体［D］. 南京：南京师范大学，2004.
② 张荣伟. 教育共同体及其生活世界改造：从“新基础教育”“新课程改革”到“新教育实验”［D］. 苏州：苏州大学，2006.
③ 刘子恒. 非正式学习共同体知识共享机制研究［D］. 武汉：华中师范大学，2012.
④ 赵军. 职业教育共同体研究［D］. 上海：华东师范大学，2013.
⑤ 吕寿伟. 从排斥到承认：教育共同体的伦理生活研究［D］. 南京：南京师范大学，2012.
⑥ 谢泉峰. 基于网络学习空间的混合式学习共同体构建研究［D］. 长沙：湖南师范大学，2018.
⑦ 王琴. 高校思想政治教育共同体构建研究［D］. 贵阳：贵州师范大学，2022.
⑧ 陈伟. 终身教育共同体研究 ：基于“高校—社区”互动的模式［D］. 上海：华东师范大学，2020.
⑨ 包正委. 学习共同体情境下的高校教师发展过程模式研究：LAP模式的设计与实践［D］. 长春：东北师范大学，2014.
⑩ 金琳. 学习共同体中教师研究者成长案例研究［D］. 苏州：苏州大学，2016.
⑪ 崔迪. 美国早期教育教师专业学习共同体研究［D］. 长春：东北师范大学，2017.
⑫ 张国强. 西方大学教师共同体历史发展研究［D］. 济南：山东师范大学，2018.
⑬ 赵健. 网络环境下城乡互动教师学习共同体构建与运行研究［D］. 兰州：西北师范大学，2011.

为内涵的学习的平台，知识的社会建构性也是将学习置于共同体境脉中加以考察的理论前提。① 研究者定位在中观水平，结合学习和共同体，并逐层扩展，形成不同水平的多元学习空间，给后续教学评研共同体研究提供了很大的启示。

其二，2013年出现的一篇博士论文则聚焦“任务导向的分布式学习共同体研究”。研究者阐发了分布式学习共同体的理念、内涵和动力机制，以分布式认知理论、活动理论、社会建构主义为分布式学习共同体最基本的理论基础，提出知识社会的学习必须借助知识管理的技术对个体和共同体的知识进行有效管理。指出分布式学习共同体按照时空组织来分有微观、中观和宏观三个结构。还通过质性研究讨论影响分布式学习的因素和学习团体的构成维度，探讨了分布式学习共同体的学习模式、评价指标以及各种评价方式。②该研究在概念辨析、动力机制、理论基础、三层组织模式、影响因素、过程维度和评价模式等方面取得的研究成果为后续教学评研共同体研究提供了宝贵经验。

其三，2016年出现的一篇博士论文则聚焦组织行为学视角下的合作学习共同体研究。研究者对合作学习共同体中的个体行为、群体行为、文化构成的实然状态和应然状态进行分析，从组织行为学的视角出发提出了一种解决合作学习共同体现实困顿的可能路径。③ 该研究的研究视角比较新颖，对后续教学评研共同体研究的视野拓宽有一定帮助。

其四，2016年出现的另一篇博士论文聚焦普通高中课堂学习共同体的建构及策略研究，通过课堂学习共同体的理论分析、实践探索与建构策略的研究，形成了以“为学而教”为理念的不同于传统“为教而教”为理念的课堂教学的新范式，以保障学生的学习权为基准和以转变教师的教学方式和学生学习方式为推动力。④ 研究者针对实践中的具体问题，提出了针对性的解决策略，值得后续教学评研共同体研究借鉴。

为全面了解教学共同体研究各方面的具体情况，还有必要对搜索到的不

---

① 赵健．学习共同体：关于学习的社会文化分析［D］. 上海：华东师范大学，2005.
② 王书林．任务导向的分布式学习共同体研究［D］. 重庆：西南大学，2013.
③ 刘燕飞．组织行为学视角下合作学习共同体研究［D］. 济南：山东师范大学，2016.
④ 王明娣．普通高中课堂学习共同体的建构及策略研究［D］. 兰州：西北师范大学，2016.

同主题的相关文献按照数目从少到多的顺序进行逐一分析。

（一）课堂共同体

搜索到的相关文献只有6篇。娄思元等人（2010）借鉴帕尔默在《教学勇气——漫步教师心灵》一书中提出的共同体模式，认为课堂共同体是对传统以教师为中心或以学生为中心的课堂模式的扬弃，因而学生和教师都可以“伟大事物”的名义发表见解，并为自己的见解负责，不会出现教师成为绝对的权威或者学生永不会犯错的情况，且在这样的课堂上没有惰性的存在，教师和学生共同专注于活泼的、有声有色的“伟大事物”周围，并认真思考，积极学习。作者还从实践层面具体探讨了基于多媒体手段的旅游资源学课堂共同体的构建活动。①研究者坚持师生要围绕“伟大事物”发表见解。王明娣和魏阿娟等人（2022）深入分析了走向深度学习的课堂共同体的内涵、结构与运行机制，指出课堂共同体涵盖了课堂精神共同体、课堂深度学习共同体与课堂制度共同体等三层结构，要在整体性的课堂共同体系统中分别搭建情感支持机制、深度学习机制和契约文化机制。②

（二）班级共同体

共搜索到班级共同体研究的相关文献40篇。除了少数研究偏向理论探讨和班级共同体建设的德育功能分析之外，绝大多数文献都是基于实践的一些班级共同体建构的策略分析。

研究者基于不同的视角，提出了班级学习共同体③、班级共同体模式④、班级（生命）共同体⑤、班级教育共同体⑥、班级道德学习共同体⑦和班级

① 娄思元，李庆雷，明庆忠．基于多媒体手段的旅游资源学课堂共同体构建［J］．楚雄师范学院学报，2010（3）：101-104.

② 王明娣，魏阿娟．走向深度学习的课堂共同体：内涵、结构与运行机制［J］．课程．教材．教法，2022（11）：113-119.

③ 赵玲．基于网络学习共同体的大学英语教学模式研究［J］．开放教育研究，2010（5）：72-76.

④ 李甜，黄乃祝．基于公正价值的班级共同体模式建构策略［J］．清华大学教育研究，2016（2）：59-63.

⑤ 吕明．例谈班级共同体创建的策略［J］．中小学德育，2015（12）：54-55.

⑥ 胡麟祥．建设班级教育共同体：现代班集体建设系列讲话之十二［J］．中国德育，2008（1）：46-48，90.

⑦ 王现军．构建班级道德学习共同体［J］．思想·理论·教育，2006（1）：30-32，45.

教学共同体[①]等诸多不同概念，研究侧重点也有所不同。多数文献将一个班级作为一个班级共同体，有的强调教师对班级共同体的参与，有的强调教师和家长对班级共同体的共同参与，有研究还提出两个班之间组成“班级组”。都比较关注共同目标、平等尊重、充分沟通和关怀、归属感培养等几个方面，可明显看出共同体概念及其研究影响的痕迹。班级共同体超越了传统班级管理的理念、思维和行为，以关爱、平等、价值共享为基础的班级共同体模式能体现社会公正[②]，有利于教育教学目标的实现[③]，有助于学生形成平等体验[④]。

研究者分别从不同角度对班级共同体建构提出了构想。如：两个班合作组成的“班级组”工作模式[⑤]、重视仪式在班级共同体建构中的作用[⑥]、通过爱和公正两种路向来经营班级共同体[⑦]、构建全员教师参与的班级管理模式[⑧]以及班级全体教师、学生家长和学生集体之间的积极对话和合作形成和发展起来的班级教育共同体[⑨]、强调从“班集体”走向“班级共同体建设”的范式变革[⑩][⑪]等，都值得后续相关研究借鉴。在后续教学评研共同体研究中，可以将两个甚至更多的班级联合起来，组成基于一个个班级课堂层面教学评研共同体的更大范围内的教学评研共同体；也可以整合班级共同体和班

---

① 毛景焕．平等体验的生成与班级教学共同体［D］．南京：南京师范大学，2004.
② 李甜，黄乃祝．基于公正价值的班级共同体模式建构策略［J］．清华大学教育研究，2016（2）：59-63.
③ 赵蒙成．构建学习共同体的可能性［J］．教育评论，2003（1）：3.
④ 毛景焕．平等体验的生成与班级教学共同体［D］．南京：南京师范大学，2004.
⑤ 吴文胜．“班级共同体”制度的建构与实践分析：以阜新市卫生学校教育教学管理改革实践为例［J］．辽宁经济管理干部学院（辽宁经济职业技术学院学报），2012（4）：60-61.
⑥ 许桂林．仪式与班级共同体的构建研究［D］．济南：山东师范大学，2018.
⑦ 余维武．爱抑或公正：论班级共同体经营的两种路向［J］．教育理论与实践，2018（7）：26-30.
⑧ 李涵．班级管理模式创新与新型学习共同体构建［J］．中国教育学刊，2013（4）：41-43.
⑨ 赵陈萍，戴瑶．从“班集体”向“班级共同体”变革的策略［J］．山西青年，2020（8）：25，27.
⑩ 王丹．范式变革，走向班级共同体建设［J］．教书育人，2020（16）：64-65.
⑪ 胡麟祥．建设班级教育共同体：现代班集体建设系列讲话之十二［J］．中国德育，2008（1）：46-48，90.

级教育共同体的合理成分，基于课堂层面一位教师和全班学生组成的教学评研共同体纳入班级其他任课教师，甚至是所有学生家长的更大的教学评研共同体。

（三）学校共同体

共搜索到学校共同体研究的相关文献54篇。多数文献集中探讨中小学学校共同体问题，分别从和文化视野①、社会资本视角②、生态学视角③、组织文化视角④、文化融合视野⑤和公共生活视角⑥等不同的视角对学校共同体建设进行系列探讨。

已有研究对学校共同体的定位主要分为两种：一种是将学校共同体理解为两所及以上的学校之间的结合⑦；另一种是将学校共同体定位在一个学校之内领导、教师、学生及其家长之间的联合。两种界定都在实践探索方面取得了丰富的成果。⑧ 关于前者，近年来，报纸进行了一系列相关报道⑨⑩⑪⑫，

---

① 宋红斌，丁爱平．和文化视野下学校共同体建设初探［J］．上海教育科研，2015（2）：80-82.

② 朱园园，张新平．社会资本视角下的学校共同体及其建设［J］．教学与管理，2014（10）：1-3.

③ 刘阳．生态学视域下的学校共同体建设研究［D］．上海：上海师范大学，2015.

④ 邬红波．基于组织文化视角的学校共同体建设［J］．科技与管理，2013（3）：83-86.

⑤ 钱澜，张勤坚．文化融合视野中的学校共同体建设：太仓市实验小学托管九曲小学、直塘小学纪实［J］．江苏教育研究，2009（12）：59-62.

⑥ 冯建军．公共生活中学校共同体的建构［J］．高等教育研究，2021（1）：8-16.

⑦ 刘婷婷，李采丰．多策并举促进“学校共同体”建设［J］．中国教育学刊，2017（12）：97.

⑧ 易高峰．义务教育学校共同体的协同发展研究：以扬州市邗江区为例［J］．教育理论与实践，2014（32）：15-17.

⑨ 郑炜君，罗益娥．南湖区打造11个“城乡学校共同体”［N］．嘉兴日报，2010-06-09（5）.

⑩ 魏海政，刘瑞生，潘立红．山东青州建城乡学校共同体［N］．中国教育报，2011-01-21（2）.

⑪ 廖兵，刘万平．重庆天宝：教育宏图开新篇桃李芬芳香后人［N］．中国商报，2011-09-27（4）.

⑫ 赵正元．北京大兴城乡携手促教育均衡［N］．中国教育报，2012-06-23（1）.

城乡结合的学校共同体取得了一定的成绩[1][2][3][4][5]，还有名校之间的结盟[6][7]，并将学校共同体扩展到海峡两岸学校之间的合作与结合[8]。定位在内部开展学校共同体探索，也有不少的成功个案。如：南京市长江路小学、杭州市东城中学、杭州市下沙中学等，并进一步形成教育集团。[9] 翟一（2013）还在实证调查的基础上，从转换校长领导方式、构建合作民主的教师文化、组织教师协会等角度出发提出了学校共同体的构建方案。[10] 两种类型的“学校共同体”都对教学评研共同体研究有一定的启示。在一所学校内的“学校共同体”以及校级之间的“学校共同体”，都可以是课堂层面教学评研共同体的环境因素，也可以在一定情境下转化为教学评研共同体。

（四）师生共同体

共搜索到师生共同体研究的相关文献 91 篇。一半左右的文章专门论述高校和高职院校的师生共同体，多数文章发表的层次不高，只有 6 篇文献被引频次达到两位数。研究主题涉及师生共同体问题的理论探讨、实践总结和实验报告等方面。

黄步军、汤涛（2021）指出建构师生共同体有助于解决当前校园师生关

---

① 钱澜，张勤坚．文化融合视野中的学校共同体建设：太仓市实验小学托管九曲小学、直塘小学的个案研究［J］．江苏教育研究，2011（28）：57-60.

② 廖明江．网络通讯技术在区域城乡学校共同体建设中的应用［J］．中国教育信息化，2012（12）：79-81.

③ 袁强，余宏亮．城乡学校共同体发展的隐性矛盾及其消解策略［J］．中国教育学刊，2016（7）：1-5.

④ 朱夏瑜．城乡学校共同体建设与乡村学校发展研究［J］．教学与管理，2021（22）：12-15.

⑤ 马佳宏，周志炜．城乡义务教育学校共同体：价值分析、内容架构与建设策略［J］．教育理论与实践，2022（28）：20-25.

⑥ 陈雨亭．基于校本教研整体改革的学校共同体建设行动研究［J］．当代教育科学，2017（10）：45-50.

⑦ 李益众，陈立．名校引领的“共同优质”之路：成都市五所名优小学学校共同体建设纪实［J］．四川教育，2022（11）：36-39.

⑧ 曾令轩，兰建梅，蔡奎，等．以学校共同体建设助推区域教育优质均衡发展：成都石室初中教育集团（联盟）的探索与实践［J］．教育科学论坛，2022（4）：72-74.

⑨ 陆影，杜凡．两岸校际协作网络学习共同体的构成［J］．海峡教育研究，2016（4）：24-29.

⑩ 翟一．关于教师对学校共同体的认识调查及构建方案［J］．郑州铁路职业技术学院学报，2013（4）：125-126，128.

系中存在的一些问题，建立良好师生关系新模式，改善师生关系。① 宋晔、刘光彩（2020）认为师生共同体是教育性与伦理性价值并存的综合体，要从伦理理念、伦理意识、伦理责任、伦理发展、伦理能力和伦理力量等方面着手促进师生共同体的伦理回归。② 任欢欢（2016）认为主体间性是师生共同体发展的内在逻辑，学生去客体化与教师主体化回归，有利于构建平等性、交往性、互助性的师生发展关系，生成一种主体间性的师生共同体教育结构，促进师生共同体的有效持续发展。③ 张贻波（2012）将“师生共同体”理解为教师和学生在民主、平等、互动、和谐的课堂氛围中，为实现共同的目标，通过共同活动而结成的彰显自我生命活力的统一体，并结合实践具体探讨了“三段六环式”教学模式的内容和基本结构。“三段”，即“自主学习”“合作探究”“展示交流”三个教学阶段；“六环”是三段的细化，其基本结构为：预习思考—发现质疑—小组讨论—难点引导—汇报巩固—拓展提升。④ 胡立业（2012）的实验研究结果表明，班级任课教师和学生从初一到初三都保持不变的初中“三年师生共同体班级”教学的效果要优于每学年对师生进行重新分班的教学效果。⑤ 许崇文（2010）指出微观上的“师生成长共同体”是指具有共同愿景的师生在团体情境中通过有效互动而促进师生共同成长的教育活动组织。一般由 6 至 9 名学生和 1 至 2 名教师组成，或以行政班为基础组建，或以教学班为基础组建，或以社团为基础组建。⑥

多数研究者将师生共同体视为教师和学生以班级为单位组成的教育活动组织。张贻波提出的“三段六环式”教学模式和许崇文提出的“师生成长共同体”对后续研究都有很大的启示。在教学评研共同体研究中，可视具体情况在

---

① 黄步军，汤涛．师生共同体：良好师生关系新模式［J］．教育理论与实践，2021（17）：49-51.

② 宋晔，刘光彩．师生共同体的伦理审视［J］．东北师大学报（哲学社会科学版），2020（2）：175-181.

③ 任欢欢．主体间性：师生共同体发展的内在逻辑［J］．中国教育学刊，2016（12）：10-13.

④ 张贻波．基于师生共同体的“三段六环式”教学模式的探索［J］．上海教育科研，2012（10）：67-68.

⑤ 胡立业．初中“三年师生共同体班级”教学实验报告［D］．聊城：聊城大学，2012.

⑥ 许崇文．师生共同体的构建与实施［J］．当代教育科学，2010（18）：50-51.

教学评研共同体中细分为更小的由1至2名教师和5至9名学生组成的教学评研共同体，也可以在开展综合实践活动中以社团为基础组建教学评研共同体，开展“自主学习”“合作探究”“展示交流”等各阶段的教、学、评、研活动。

（五）教学共同体

共搜索到教学共同体研究的相关文献174篇。与基础教育直接相关、且发表层次较高或被引频次较高的主要文献包括一些学位论文和期刊论文（见表1-2）。

表1-2 教学共同体研究相关文献的部分检索结果

题名	作者	来源	发表时间	数据库	被引
新课程需要建立教学共同体	王现军	教学与管理	2004-04-25	期刊	5
平等体验的生成与班级教学共同体	毛景焕	南京师范大学	2004-05-01	博士	31
论复杂性教学与教学共同体	朱方长等	湖南农业大学学报（社会科学版）	2005-12-30	期刊	2
试谈课堂教学共同体的建构	王艳蓉	宜宾学院学报	2006-09-25	期刊	13
对体育新课标教学共同体建构的探讨	李登光等	山东体育科技	2007-09-15	期刊	0
农村初中教师教学共同体中的合作学习研究	刘娟	西南大学	2010-04-15	硕士	10
“教学共同体”促教师成长	陈同游	科教导刊	2010-04	期刊	2
教学共同体：小学教师专业发展的新视角	韦芳等	教育探索	2011-09-25	期刊	17
教学共同体：一种社会学的分析	王彦明	当代教育科学	2012-06-01	期刊	37
“变革范式”视域下教学共同体的构建	杨兴坤等	学校党建与思想教育	2013-03-15	期刊	7
教学共同体建设的实践研究	史俊	山东师范大学	2013-06-07	硕士	5

续表

题名	作者	来源	发表时间	数据库	被引
论课堂教学共同体的特征及其建构	王富强	周口师范学院学报	2014-01-15	期刊	1
范式转换视域下教学共同体的构建	王丽娜等	当代教育科学	2014-09-15	期刊	7
论课堂教学共同体的内涵、价值与构建	曾小丽等	教育理论与实践	2015-09-10	期刊	35
教师教育改革创新实验区支持下的“U-G-S”实践教学共同体建设	朱桂琴 陈娜	信阳师范学院学报（哲学社会科学版）	2015-11-10	期刊	18
“互联网+”背景下教学共同体的演进与重构	桑雷	高教探索	2016-03-10	期刊	82
中学教师教学共同体的创新行为研究	刘东晓	苏州大学	2016-05-01	硕士	6
中学教师教学共同体的类型及其运行状况	吴铁钧等	基础教育研究	2016-08-08	特色期刊	5
“大学-政府-中小学”实践教学共同体的伦理审视	朱桂琴等	信阳师范学院学报（哲学社会科学版）	2017-01-10	期刊	10
基于双轨数字学校的教学共同体发展研究	张磊	华中师范大学	2017-04-01	硕士	3
浅析“互联网+”对教学共同体的影响	迟洪忠等	教育教学论坛	2018-02-21	期刊	2
重建新的“教学共同体”	张玉祥	教学与管理	2018-07-01	期刊	3
课堂教学共同体建构：从“共存”走向“共生”	蔺海沣等	教育理论与实践	2018-10-20	期刊	35
信息技术支持的城乡教师教学共同体构建研究	安富海	电化教育研究	2019-07-08	期刊	38
“互联网+”在地化：教学共同体对留守儿童孤独感改善的研究	田俊等	电化教育研究	2019-09-24	期刊	9

续表

题名	作者	来源	发表时间	数据库	被引
“双师教学”共同体模式构建：要素与结构关系分析研究	乜勇等	电化教育研究	2020-12-01	期刊	39
“互联网+”视域下跨区域教学共同体建设研究——兼议“三个课堂”应用	赵冬冬 曾杰	电化教育研究	2021-02-10	期刊	27
信息技术支持下的美国城乡教师教学共同体建设实践及启示	赵洁岩 肖菊梅	中小学教师培训	2022-11-30	特色期刊	0

在教学共同体研究的相关文献中，大部分是关于高校教学共同体的研究。在涉及基础教育的研究中，陈同游（2010）和刘娟（2010）将教学共同体界定为教师之间为了专业发展而组合成的教师共同体①②；韦芳等人（2011）和侯清珺等人（2017）把这种教师共同体进一步扩展到高校教师③④；王超等人（2010）和郭士奎（2016）则将教学共同体定位为不同学校、不同年级之间的合作性组织⑤⑥；张磊（2017）聚焦借助信息化手段建立的由1个城镇中心学校和1~3个教学点构成双轨数字学校的教学共同体研究⑦；乔雪峰（2018）则聚焦东部发达地区在教育行政部门的干预下由一所品牌学校和若干所学校组成的集团化办学⑧。其他文献的相关研究比较接近课堂层面“教学共同体”，具体探讨了课堂教学层面教学共同体的含义、特

① 陈同游．“教学共同体”促教师专业成长［J］．科教导刊，2010（7）：103，112.

② 刘娟．农村初中教师教学共同体中的合作学习研究［D］．重庆：西南大学，2010.

③ 韦芳，罗之勇．教学共同体：小学教师专业发展的新视角［J］．教育探索，2011（9）：111-112.

④ 侯清珺，郝少毅．“基于项目的学习”：构建教师协同学习共同体［J］．人民教育，2017（20）：61-65.

⑤ 王超，李长浩．有益的探索可贵的尝试［N］．济宁日报，2011-04-27（B2）.

⑥ 郭士奎．建设学区九年一贯课堂教学共同体的探索［J］．课程教学研究，2016（2）：84-86.

⑦ 张磊．基于双轨数字学校的教学共同体发展研究：以咸安“郭林路小学——盘源、干坑”教学共同体为例［D］．武汉：华中师范大学，2017.

⑧ 乔雪峰，卢乃桂．跨边界能量再生与扩散：跨校专业学习共同体中的教育能动者［J］．教育发展研究，2017（24）：1-7.

征、建构及其意义等主题，将在后文相关研究的核心内容部分进一步探究。从这些文献整理结果可以看出，"教学共同体"是一个充满歧义的概念，研究在各种广泛而迥异的意义上使用这一术语。近年来，教学共同体研究更多聚焦运用信息技术进行线上或线上线下融合式教学共同体的建构研究，涉及信息技术支持的城乡教师教学共同体构建研究①、"互联网+"在地化视角下教学共同体对留守儿童孤独感改善的研究②、"双师教学"共同体模式构建：要素与结构关系分析研究③和"互联网+"视域下跨区域教学共同体建设研究④，还梳理了信息技术支持下的美国城乡教师教学共同体建设实践及启示⑤。这对后续教学评研共同体研究有很大的启示作用。

（六）教师共同体

共搜索到教师共同体研究的相关文献 187 篇。近一半文章在讨论高校及高职院校的教师共同体⑥，一些文献也体现出对农村教师共同体的关注⑦⑧，强调构建指向欠发达地区教师培养的教师教育共同体⑨。还有一些文献关注教师共同体的在线建构。⑩

学者们分别从不同的视角审视教师共同体。杨南昌等人（2005）和王彦

① 安富海．信息技术支持的城乡教师教学共同体构建研究［J］．中华电化教育，2019（7）：70-75，83.

② 田俊，王继新，王萱，等．"互联网+"在地化：教学共同体对留守儿童孤独感改善的研究［J］．电化教育研究，2019（10）：82-88.

③ 乜勇，高红英，王鑫．"双师教学"共同体模式构建：要素与结构关系分析研究［J］．电化教育研究，2020（12）：65-70，78.

④ 赵冬冬，曾杰．"互联网+"视域下跨区域教学共同体建设研究：兼议"三个课堂"应用［J］．中华电化教育，2021（2）：97-104.

⑤ 赵洁岩，肖菊梅．信息技术支持下的美国城乡教师教学共同体建设实践及启示［J］．中小学教师培训，2023（1）：73-78.

⑥ 白玲，张桂春．双元结构教师共同体：职教"双师型"教师队伍建设之"锚地"［J］．教育评论，2017（4）：8-12.

⑦ 吴国珍．为农村教师持续成长发育城乡统筹教师共同体［J］．教师教育研究，2013（1）：11-16.

⑧ 孙九龙．农村小学教师共同体文化生态研究：以 X 小学语文教研组为例［D］．桂林：广西师范大学，2016.

⑨ 孟繁华．构建指向欠发达地区教师培养的教师教育共同体［J］．教育研究，2021（6）：28-33.

⑩ 张思．在线教师共同体模型及应用研究［J］．中国远程教育，2019（3）：69-76，93.

飞等人（2010）从知识管理的视角[1][2]、薛小明等人（2008）从教师专业发展的新视角[3]、周丹（2008）从校本教研的角度[4]、曾小丽（2010）从生态哲学的视角[5][6]、王天晓等人（2009、2012、2013）和成倩（2016）从治理视野[7][8][9]、刘欢（2014）采用个案研究[10]、王瑞德（2014）和王亚飞（2016）从关系视角[11]、孙九龙（2016）和赵月蓉（2017）从生态文化视野[12][13][14]等不同角度探讨教师共同体问题。曾小丽等人（2010）还从教师共同体的视角出发讨论“立德树人”何以可能[15]，王淑莲（2019）提出要通过从整体搭建到分类发展来实现城乡教师共同体区域推进策略转换[16]。也有一

---

① 杨南昌，谢云，熊频．SECI：一种教师共同体知识创新与专业发展的模型［J］．中国电化教育，2005（10）：16-20.

② 王彦飞，郭勇．问题与取向：教师共同体的构建策略探析：基于知识管理理论视角［J］．当代教育科学，2010（17）：33-35，39.

③ 薛小明，刘庆厚．教师共同体：教师专业发展的新视角［J］．职业教育研究，2008（2）：55-56.

④ 周丹．校本教研中的教师共同体建构［D］．南京：南京师范大学，2008.

⑤ 曾小丽．生态哲学视域下教师共同体的批判与重构［D］．武汉：华中师范大学，2016.

⑥ 曾小丽．批判与超越：教师共同体概念的再探析：基于生态哲学的视角［J］．当代教育科学，2016（2）：34-37.

⑦ 王天晓，孟繁华．治理视野下的教师共同体建设［J］．中国教育学刊，2009（8）：84-86，92.

⑧ 王天晓．校长专业化建设：教师共同体管理视角［J］．中国教育学刊，2012（1）：42-44.

⑨ 王天晓．试析教师共同体治理的制度建设模型：基于对学校制度创新的尝试［J］．中国教育学刊，2013（11）：83-87.

⑩ 刘欢．职业困惑与身份重构：对X教师共同体的个案研究［D］．厦门：厦门大学，2014.

⑪ 王瑞德．关系视角下教师共同体的审视与建构［J］．基础教育，2014（2）：99-105.

⑫ 孙九龙．农村小学教师共同体文化生态研究：以X小学语文教研组为例［D］．桂林：广西师范大学，2016.

⑬ 赵月蓉．文化生态取向下的教师共同体建设：以南京市江宁区汤山初级中学“教师发展班”为例［J］．江苏教育，2017（38）：56-59.

⑭ 许薇娜．生活在教师共同体中：教师发展的民族志研究［D］．杭州：浙江大学，2008.

⑮ 曾小丽，田友谊，李芳．“立德树人”何以可能：基于教师共同体的视角［J］．教育理论与实践，2015（29）：6-8.

⑯ 王淑莲．从整体搭建到分类发展：城乡教师共同体区域推进策略转换［J］．教育研究，2019（6）：145-151.

些研究着重分析教师共同体的特点与意义①、要素与情境②、困境与突破③以及建构策略。④⑤⑥

教师共同体研究经历了萌芽、发展、繁荣乃至泛化的趋势，其泛化导致了一系列危机⑦，对理解教师共同体的真正内涵造成困扰⑧，导致概念上的混淆⑨。教师共同体问题的已有研究给教学评研共同体研究带来了非常大的启示：可以在基于不同课堂的教学评研共同体之上，将不同教学评研共同体中的教师联合起来，组成教师共同体，作为教学评研共同体的环境因素，并可以视具体情况打通各自的学生，形成更大范围内的教学评研共同体。

（七）教育共同体

共搜索到教育共同体研究的相关文献 529 篇。教育共同体具有结构开放性，它既是实体概念，也是关系概念，是实体与关系的统一。教育不是一个静态的封闭系统，而是一个随着社会发展而不断变化的开放系统。⑩ 具体体现为国家教育共同体、学校教育共同体和班级教育共同体等三种类型，⑪ 交叉呈现在宏观、中观和微观三个层面。在宏观层次上，教育共同体表现为终

① 王天晓，李敏．教师共同体的特点及意义探析［J］．教育理论与实践，2014（8）：25-27.

② 沈佳乐．教师共同体的要素及其情境分析［J］．课程．教材．教法，2015（4）：105-109.

③ 李伟．教师共同体中的知识共享：困境与突破［J］．教育发展研究，2017（20）：74-78.

④ 邱德峰，李子建．教师共同体的发展困境及优化策略［J］．河北师范大学学报（教育科学版），2018（2）：53-58.

⑤ 孙艳玲．教师共同体校本建构的三重向度：教学、教研与文化［J］．教育理论与实践，2019（26）：31-34.

⑥ 魏宝宝，孟凡丽．教师共同体构建：蕴含价值、现实困境与实现路径［J］．当代教育论坛，2019（4）：23-33.

⑦ 于泽元，邱德峰．教师共同体的泛化与反思［J］．教师教育学报，2016（6）：24-31.

⑧ 沈佳乐．教师共同体的要素及其情境分析［J］．课程．教材．教法，2015（4）：105-109.

⑨ 宋萍萍，黎万红．西方教师共同体研究：概念、实践与展望［J］．中国人民大学教育学刊，2017（1）：109-120.

⑩ 张荣伟．教育共同体及其生活世界改造：从“新基础教育”“新课程改革”到“新教育实验”［D］．苏州：苏州大学，2006.

⑪ 翟楠．教育共同体的类型及其道德意蕴［J］．教育理论与实践，2012（31）：53-56.

身教育视野下有大教育观特征的家庭、学校和社会的联合；在中观层次上，教育共同体表现为学校教育者的联合，具体还可以分为本校教师间的联合、横向同级别学校间的联合和纵向不同层次学校间的联合；在微观层次上，教育共同体存在于以教师为主导、学生为主体的教学关系中。①

多数文章将教育共同体定位在中观和宏观层次上。中观层次教育共同体的研究主要探讨中小学之间合作与联结形成的教育共同体，类似于对“学校共同体”的普遍理解，校级之间形成教育共同体。②③④ 有的研究强调在大学与中小学，或者大学、政府与中小学之间形成教师教育共同体⑤⑥⑦⑧⑨，强调高校和中小学互赢⑩，有的探索互联网支持下城乡教育共同体的构建与运行模式⑪，在理论和实践中逐渐出现集团化办学、定期交流、跨校竞聘、学区一体化管理、学校联盟、名校办分校、乡镇中心学校教师走教等多种不同的教师交流方式⑫。宏观层次教育共同体把教育共同体扩展到社区⑬，在

---

① 林上洪．“教育共同体”刍议［J］．教育学术月刊，2009（10）：20-21.

② 陈龙宽．教育共同体：教师专业成长的沃土［J］．上海教育科研，2006（7）：72-73.

③ 李建林．金华开发区15所学校结为教育共同体［N］．金华日报，2010-11-20（3）.

④ 张仲明，黄继鑫．靖江建成14个教育共同体：城乡学校领导、教师定期互派交流［N］．泰州日报，2011-08-04.

⑤ 张景斌，朱洪翠．U-S教师教育共同体运行机制的四维构建：基于复杂性理论的视角［J］．教师教育研究，2015（3）：1-6.

⑥ 张增田，赵庆来．教师教育共同体：内涵、意蕴与策略［J］．首都师范大学学报（社会科学版），2012（6）：132-135.

⑦ 张增田，彭寿清．论教师教育共同体的三重意蕴［J］．教育研究，2012（11）：93-97.

⑧ 蔡春，张景斌．论U-S教师教育共同体［J］．教育科学研究，2010（12）：45-48.

⑨ 卓进，蔡春．论U-S教师教育共同体的文化冲突［J］．教育学术月刊，2018（3）：89-96.

⑩ 朱元春．教师发展学校：营造高校与中小学教师教育共同体［J］．教师教育研究，2008（6）：24-28.

⑪ 童兆平，来钇汝，张立新，等．互联网支持下城乡教育共同体的构建与运行模式：浙江省“互联网+义务教育”的实践探索［J］．中国电化教育，2021（8）：78-84.

⑫ 乔雪峰，卢乃桂．跨边界能量再生与扩散：跨校专业学习共同体中的教育能动者［J］．教育发展研究，2017（24）：1-7.

⑬ 郭润明．建立学校—家庭—社区教育共同体的条件探析［J］．教育科学论坛，2015（24）：13-16.

区域内建构教育共同体①，倡导家校合作②③，提出大湾区高等教育共同体的构想④并具体探讨其蕴意、价值与生成⑤，还提出建立以包容和优质为特色的教育共同体的 APEC 教育战略⑥。“一带一路”的时代背景下，教育部直接参与提出和实施国际教育合作与交流的教育共同体构想。⑦ 在职业教育领域内率先实现了一系列国际合作，⑧⑨《世界教育信息》杂志开辟“‘一带一路’教育共同体建设”栏目，专门探讨与我国“一带一路”合作与交流事业。在宁波举办了以打造“一带一路”职业教育共同体为主题的第二届职业教育国际开放论坛，在深圳也举办了“一带一路”职业教育国际研讨会。⑩不难看出，“教育共同体”也是一个充满歧义的术语，但更多还是比较接近校级之间“学校共同体”的概念。此外，“教育共同体”不同层次的定位给后续教学评研共同体研究提供了可资借鉴的启示。

（八）学习共同体

共搜索到学习共同体研究的相关文献 4456 篇，文献数量总体呈逐年上升趋势。最早以“学习共同体”为篇名的文献为 1998 年钟启泉根据博耶尔所著《基础学校》日译本摘录的书中要旨，指出学校要构成所谓的“学习共同体”。⑪ 有关学习共同体的研究在 2004 年之前数量甚微，但之后数量基本上

---

① 葛锦文.“城乡教育共同体”的区域推广实践［J］. 上海教育科研，2012（7）：72-73，76.

② 婉然. 构建家校协同的教育共同体［J］. 教育科学研究，2020（10）：1.

③ 郝文武. 建立以校为主的农村家校合作教育共同体［J］. 当代教育与文化，2020（4）：11-15.

④ 莫文艺，朱小翠. 2035 年建成大湾区高等教育共同体［N］. 广东科技报，2018-07-13.

⑤ 王志强，焦磊，郑静雯. 粤港澳大湾区高等教育共同体的蕴意、价值与生成［J］. 高教探索，2021（1）：37-43.

⑥ 钱丽欣. APEC 教育战略：建立以包容和优质为特色的教育共同体［J］. 人民教育，2017（21）：69-70.

⑦ 董鲁皖龙. 统筹内外资源构建教育共同体［N］. 中国教育报，2017-04-12.

⑧ 董洪亮. 打造一带一路职业教育共同体［N］. 人民日报，2017-06-15.

⑨ 柴葳. 构建“一带一路”教育共同体：教育部有关负责人就《推进共建“一带一路”教育行动》答记者问［N］. 中国教育报，2016-08-12.

⑩ 李楠. 互学互鉴构建“一带一路”职业教育共同体：“一带一路”职业教育国际研讨会综述［J］. 中国职业技术教育，2018（16）：57-61.

⑪ 钟启泉. 基础学校：学习的共同体：新世纪“基础学校”的构图（之一）［J］. 上海教育，1998（8）：13-16.

保持上升趋势；2007年至2008年间翻倍增长，到2010年，文献数目达到3位数，之后基本上平稳发展，2017年文献数目超过200篇，2019年和2020年每年500篇左右，达到高峰。其研究热点领域主要集中在教师专业发展、学校教育改革、课堂学习共同体和网络虚拟学习共同体等方面。从2000年开始，万明钢撰文于《中国教育报》浅谈建构网络条件下的学习共同体，直至2003年，基于网络的学习共同体研究开始崭露头角①。现今，随着信息技术的迅速发展，有学者指出，"'脱域式'和'重嵌式（re-embedding）'的过程"发生在经济和生活等各个领域，② 人们越来越重视各种真实或虚拟的"共同体"的构建，一个新的"脱域的共同体"正向我们走来。因而在组成方式上要注意采用线上线下、虚实结合的教学共同体形态，并采用混合学习、真实情境、行动探究的深度学习方式。③

研究者分别从不同视角对学习共同体进行研究，在相关概念、特征、因素、构建及其理论基础等理论研究上取得了不少的成就。学习共同体问题研究的内容比较丰富，将集中在"教学共同体"研究的核心内容部分进一步深入分析。

二、教学共同体研究的核心内容

学者们围绕"教育共同体""班级共同体""学校共同体""课堂共同体""师生共同体""教师共同体""教学共同体"和"学习共同体"等相关主题进行探索，在教学共同体的概念、特征、要素、建构及其理论基础等核心内容方面取得了丰富的研究成果。

（一）教学共同体的概念

共同体没有明确统一的定义。"对于共同体的认识出自人的主观体验：我们每个人都可以决定自己的共同体构成形式，它可以基于我们的工作同事、邻里关系、宗教信仰和民族群体等等。而且，人们还可以同时从属于多

① 文军萍．学习共同体研究热点领域与发展趋势：基于2003年—2015年CNKI核心期刊文献的共词可视化分析［J］．山东高等教育，2016（10）：62-72.

② 吉登斯．第三条道路：社会民主主义的复兴［M］．郑戈，译．北京：北京大学出版社、三联书店，2000：169.

③ 王淑莲，金建生．城乡教师协同学习共同体深度学习：问题、特点及运行策略［J］．教育发展研究，2018（8）：72-76，84.

个共同体，但依附的程度又可能各不相同，这就使问题变得更为复杂化。"①各种与教学共同体相关的定义亦如此，这些概念的内涵和外延也都一直处于不断变化之中。

1. 班级共同体的概念

胡麟祥（2008）提出班级教育共同体的概念，意指以班级每位学生个性的健康和谐发展为共同目标，由班级全体任课教师、学生家长和班级学生共同组成的、相互协作支持、彼此关系融洽，并在班级发展、教育价值和教育方式上达成高度一致的共同体。② 吴文胜（2012）还提出两个班组成"班级组"。其中，组长教师一般由有经验的或核心学科教师担任，组长采用双向聘任方式吸收其他教师加入，形成对两个班级各项事务负责的"班级共同体"。③ 吕明（2015）认为班级共同体是指在平等基础上共同协商建立的、有规则运行的团体，是强调共同价值、学生自主管理、平等对话的生命共同体。④

2. 师生共同体的概念

陆朋等人（2016）指出，"师生共同体"是指具有共同愿景的师生在团体情境中通过有效互动而促进师生共同成长的教育活动组织。⑤ 任欢欢等人（2016）认为师生共同体是教育体系中稳定有序的有机结构，构建平等性、交往性、互助性的师生发展关系，在师生主体间性的教育结构中实现教师、学生和师生共同体的有效持续发展。⑥

3. 教学共同体的概念

王富强（2014）指出，教学共同体是师生基于共同的目标任务，在互动交流与合作发展的基础上构成的群体，具有互动合作、交往生成、持久稳定

---

① 霍普．个人主义时代之共同体重建［M］．沈毅，译．杭州：浙江大学出版社，2010：139.

② 胡麟祥．建设班级教育共同体：现代班集体建设系列讲话之十二［J］．中国德育，2008（1）：16-18，90.

③ 吴文胜．"班级共同体"制度的建构与实践分析：以阜新市卫生学校教育教学管理改革实践为例［J］．辽宁经济管理干部学院（辽宁经济职业技术学院学报），2012（4）：60-61.

④ 吕明．例谈班级共同体创建的策略［J］．中小学德育，2015（12）：54-55.

⑤ 陆朋，冯玉珠，王立宝．高校"师生共同体"及其活动方案［J］．合作经济与科技，2016（17）：182-183.

⑥ 任欢欢．主体间性：师生共同体发展的内在逻辑［J］．中国教育学刊，2016（12）：10-13.

的特点。其核心要义包括：教学共同体的主体是参与教学活动的教师和学生，情境是教学活动中呈现出的课堂状态，指向是教学活动中需要师生共同解决的实际问题，目标是师生共同的发展和进步。① 课堂教学共同体则是指师生在教学过程中共同完成一定任务，通过沟通、交流来共同分享各种学习资源，最终促进教师专业发展和学生个体成长的学习共同体。② 曾小丽等人（2015）则认为教学共同体是由具有自我统一性和自我完整性的师生在特定的课堂教学活动中以对话、合作、交往为主要形式进行交互式教学、建构教学意义而形成的较为开放的环境系统。③

4. 学习共同体的概念

学习共同体有不同层次之分。一所学校、一个教研组、一个备课组、一个班级等都可以看作是一个学习共同体，④ 班级里的小组也是小型学习共同体。有学者借鉴佐藤学的相关研究，从更为宏观的视角来定义大型的学习共同体，提出将学校创建为学习共同体，⑤ 也有学者进一步将学习共同体往外扩展为学校之间的学习共同体⑥、教师之间的学习共同体⑦⑧、社区学习共同体⑨、移动学习共同体⑩、网络学习共同体和 MOOC 学习共同体⑪。还有学

---

① 桑雷．“互联网+”背景下教学共同体的演进与重构［J］．高教探索，2016（3）：79-82，92.

② 王富强．论课堂教学共同体的特征及其建构［J］．周口师范学院学报，2014（1）：137-139.

③ 曾小丽，田友谊．论课堂教学共同体的内涵、价值与构建［J］．教育理论与实践，2015（25）：51-55.

④ 王天晓．理论视野下的学习共同体探析［J］．中小学教师培训，2007（4）：1-5.

⑤ 佐藤学．转折期的学校改革：关于学习共同体的构想［J］．沈晓敏，译．全球教育展望，2005（5）：3-8.

⑥ 乔雪峰，卢乃桂．跨边界能量再生与扩散：跨校专业学习共同体中的教育能动者［J］．教育发展研究，2017（24）：1-7.

⑦ 王淑莲，金建生．教师协同学习共同体：教师专业发展新范式［J］．中国高教研究，2017（1）：95-99.

⑧ 秦鑫鑫，武民．教师专业学习共同体运行机制研究［J］．教育理论与实践，2018（14）：32-35.

⑨ 汪国新，项秉健．社区学习共同体：重拾共同体生活的现实载体［J］．教育发展研究，2018（9）：64-69.

⑩ 王湘玲，王律，尹慧．基于社交 APP 的翻译移动学习共同体模式构建与实验研究［J］．外语电化教学，2017（4）：31-37.

⑪ 刘红晶，谭良．基于知识地图的 MOOC 学习共同体的学习研究［J］．中国远程教育，2017（3）：22-29，79-80.

者从课堂教学较为狭义的角度对学习共同体进行界定。钟志贤（2005）认为是为完成真实任务（问题），学习者与他人相互依赖、探究、交流和协作的一种学习方式。① 冯锐等人（2007）认为学习共同体是通过团体成员进行对话或开展某种实践活动实现知识建构的过程。② 郑威（2007）认为学习共同体是一个系统的学习环境。③ 南腊梅（2010）认为学习共同体是包括教师、专家、教辅人员和家长的一个“课堂环境”。④ 伏荣超（2010）认为学习共同体是进行文化交流、融合与撞击的组织形式。⑤ 陈宗章（2010）认为学习共同体是一种融合文化生态意识所内含的整体性、互动性、共生性和适应性的生态系统。⑥ 潘洪建（2011）、袁丽（2016）和贾月明等人（2016）把学习共同体当作一种新型的教学模式。⑦⑧⑨ 潘洪建（2013）认为学习共同体是一种组织与实体、一种意识与精神、一个系统的学习环境。⑩ 李艳（2014）认为学习共同体是一个成员之间可以相互交流与合作，为了实现共同愿景，并最终形成创造性知识的组织。⑪ 贾月明等人（2016）将课堂学习共同体的组织者扩大至任课教师、助教和学长。⑫ 张炜等人（2017）则认为学习共同体是一种实践共同体和探究共同体。⑬ 文军萍等人（2017）将学习共同体往

---

① 钟志贤．知识建构、学习共同体与互动概念的理解［J］．电化教育研究，2005（11）：20-24，29.

② 冯锐，殷莉．论学习共同体形成和发展的社会性建构观［J］．中国电化教育，2007（8）：10-13.

③ 郑威，李芒．学习共同体及其生成［J］．全球教育展望，2007（4）：57-62.

④ 南腊梅．试论课堂学习共同体的建构［J］．现代教育论丛，2010（2）：37-41.

⑤ 伏荣超．学习共同体理论及其对教育的启示［J］．教育探索，2010（7）：6-8.

⑥ 陈宗章．文化生态意识与“学习共同体”的建构［J］．南京社会科学，2010（3）：151-155.

⑦ 潘洪建，仇丽君．学习共同体研究：成绩、问题与前瞻［J］．当代教育与文化，2011（3）：56-61.

⑧ 袁丽．“学校学习共同体”理念在亚洲的发展及实践经验［J］．比较教育研究，2016（1）：78-83.

⑨ 贾月明，贾月亮，李秀丽．高师教育学公共课“课堂学习共同体”教学模式的探索［J］．教育评论，2016（2）：122-125.

⑩ 潘洪建．学习共同体构建的基本理念［J］．现代教育论丛，2013（16）：3-7.

⑪ 李艳．学习共同体中教师身份的建构［J］．教育理论与实践，2014（12）：5-7.

⑫ 贾月明，贾月亮，李秀丽．高师教育学公共课“课堂学习共同体”教学模式的探索［J］．教育评论，2016（2）：122-125.

⑬ 张炜，万小朋，张军，等．高等教育强国视角下的学习共同体构建［J］．中国高教研究，2017（2）：1-3.

外扩展为由学习者、教师、专家、辅导者共同构成的课程学习共同体。①

分析结果显示，有学者从学校层面分析将学校建设成为学习共同体的理想与实践，更多的学者则分别从班级、师生、课堂学习、课堂教学、教学、学习等不同角度对课堂层面的教学共同体做出了不同的界定，呈现出多元化的理解，也体现出一定的共性，都在一定程度上强调了共同的学习任务、共同成长与进步的目标、持续深层的合作和互动、情感归属、共同的实践活动、共同的话语、共同的工具资源和共同的关系等要素的重要性，表明教学共同体是具有“主体”“内容”“交往”和“目标”等本质特征的系统。课堂教学狭义的角度和学校层面更为广义的角度的定义都给教学评研共同体的概念界定带来一定的启示。教学评研共同体可以是基于课堂层面的教学评研共同体，也可以在条件成熟的情况下逐层向内和向外扩张，向内在学习小组与教师之间形成更为微观的教学评研共同体，向外在年级或学科、学校甚至是全社会层面形成更为宏观的教学评研共同体，并逐步形成教学评研共同体巨系统。

（二）教学共同体的特征

从对所搜到的相关文献的分析来看，课堂层面教学共同体特征的主要论述涉及“课堂教学共同体”“学习共同体”“学习者共同体”和“教学共同体”等几个主题。按照发表的时间顺序，将有关论述归纳如下：

裴新宁（2001）认为“学习者共同体”中的合作性活动涉及学生们要协商见解、贡献自己的知识、承担社会性责任等多个方面。具有真实任务、相互依赖、协商理解、公开呈现、请教专家、分担责任等几个方面的特征。②王天晓（2007）认为学习共同体具有内在要素的杂糅性、愿景的共同性、活动内容的学习与探究性、活动目的的发展性、活动方式的参与与合作性、活动途径的沟通与分享性、活动保障的内化规范性、建设类型的多元性等重要属性。③安富海（2007）认为课堂学习共同体应该具有教学目标的整体性、

① 文军萍，陈晓端．超越课堂：课程学习共同体的建构［J］．课程．教材．教法，2017（4）：42-48.

② 裴新宁．“学习者共同体”的教学设计与研究：建构主义教学观在综合理科教学中的实践之一［J］．全球教育展望，2001（3）：10-15.

③ 王天晓．理论视野下的学习共同体探析［J］．中小学教师培训，2007（4）：1-5.

学习系统的开放性、学习过程的有序性、成员行为的主体性、师生关系的和谐融洽等特点。① 南腊梅（2010）认为课堂共同体具有充满和谐的互动、具有共同愿景、具有共同的课堂规范、具有异质性、具有宽松积极的课堂文化氛围等特征。② 王彦明（2012）认为教学共同体是师生由于共同的愿景，在平等交流与合作的基础上构成的群体，具有平等合作、和谐共生、交往生成的特点。③ 曾小丽（2015）认为课堂学习共同体具有师生的自我完整、教学中的互动交往和开放的环境系统等特征。④ 和丽君（2016）认为以课堂学习共同体理念指导下的课堂应具有以下几个特征：要构建新型的教—学、师—生、生—生关系；促进对知识的建构性学习；创建和谐、快乐、有向心力的课堂氛围。⑤ 文军萍等人（2017）认为课程学习共同体体现学习共同体的共享愿景、合作学习、对话协商和智识共享四个特点，共识、异质、脱域和互动构成了课程学习在学习共同体内的投影。⑥ 王明娣（2018）认为基于学习主体、课堂环境、教学方式和课堂学习型组织的角度来看，课堂学习共同体具有异质性、民主性、合作性和规范性等四个特征。⑦

不同研究者分别从社会学、教育学、心理学等不同角度论述了教学共同体的特征，突出其目标整体性、互动平等性、过程生成性和系统开放性的特征，值得后续研究借鉴。教学评研共同体研究要关注整体的教学评研目标，突出互动的平等性，基于人性、生成性为核心观点的人性论和生成论教学哲学建构教学评研共同体，以促使教学评研共同体沿自在、自主、自为、自由阶段不断演进，通过教学评研共同体系统与环境的边界转换充分展现系统的

---

① 安富海．课堂：作为学习共同体的内涵及特点［J］．江西教育科研，2007（10）：106-108.

② 南腊梅．试论课堂学习共同体的建构［J］．现代教育论丛，2010（2）：37-41.

③ 王彦明．教学共同体：一种社会学的分析［J］．当代教育科学，2012（11）：13-16,22.

④ 曾小丽，田友谊．论课堂教学共同体的内涵、价值与构建［J］．教育理论与实践，2015（25）：51-55.

⑤ 和丽君．基于课堂学习共同体的大学英语词汇教学策略初探［J］．云南农业大学学报（社会科学），2016（1）：115-118.

⑥ 文军萍，陈晓端．超越课堂：课程学习共同体的建构［J］．课程．教材．教法，2017（4）：42-48.

⑦ 王明娣．课堂学习共同体的理论建构及特征研究［J］．当代教育与文化，2018（3）：44-50.

开放性。

（三）教学共同体的要素

从搜索到的文献来看，对教学共同体要素的探讨主要散见于“实践共同体”和“学习共同体”等主题中。分析当前学术界对“实践共同体”和“学习共同体”构成要素的讨论，有助于把握教学评研共同体的构成要素。

1. 实践共同体的要素

温格识别出实践共同体不同于传统正式组织的结构要素。他认为，所有实践共同体的基本结构都包含三个要素：知识的领域、共同关注该领域的人的共同体，以及这些人们为有效获得该领域知识而发展的共同实践。① 相互介入（mutual engagement）、共同的事业（a joint enterprise）、共享的技艺库（shared repertoire）是“实践”作为“共同体”一致性来源的三个特征。②温格等人对实践共同体构成要素的探讨给教学评研共同体研究带来很大的启发。其中，知识的领域提醒本研究要注重课程这一教学评研共同体的知识领域，教师和学生作为共同关注该领域的人会围绕课程结成各种关系构成共同体，师生为促进该领域知识的发展而共同参与教、学、评、研等具体的实践活动，并在此过程中促进人与社会的发展。

2. 学习共同体的要素

三因素论。潘洪建（2011）认为一个完整的学习共同体的构成至少包括多层次的参与者、共同的目标、活动的载体（信息、情感的互动交流）。③佐藤学的学习共同体主要包括愿景、哲学和活动系统等三个方面。④ 学习共同体的愿景是不让一个学生掉队，把每个学生当作主人公，保证每一个学生的学习权利。学校改革哲学包括“公共性”“民主主义”“卓越性”三方

① 赵健．从学习创新到教学组织创新：试论学习共同体研究的理论背景、分析框架与教学实践［J］．教育发展研究，2004（Z1）：18-20.

② 周楠．实践共同体理论的三要素对课堂建设的理论意义［J］．现代教育技术，2011（2）：86-89.

③ 潘洪建，仇丽君．学习共同体研究：成绩、问题与前瞻［J］．当代教育与文化，2011（3）：56-61.

④ 佐藤学．教师的挑战：宁静的课堂革命［M］．钟启泉，陈静静，译．上海：华东师范大学，2012：138-140.

面。[①] 活动系统是指以学习作为学校生活的中心，废除一切学习所不需要的东西；教师要主动开放课堂，通过“课例研究”建构“同僚性”关系，研讨日常教学，重视课后研究甚于课前研究。[②]

四因素论。全守杰（2007）认为学习共同体至少包括以身份建构为发展目标的参与者、促进参与者成长的共同目标、互动的交往、以活动为载体等四个基本要素。[③]

五因素论。刘月红（2008）认为学习共同体由学习主体、共同愿景、课程知识、规则和学习活动分工等五个要素组成。[④] 这一观点突出了具体的课堂情境中课程知识的重要性。

六因素论。文军萍等人（2017）认为课程学习共同体围绕学习者这一核心要素，由与课程学习相关的助学者、课程资源、学习情境、规则和技术共同构成。[⑤] 李洪修等人（2018）提出基于虚拟学习共同体的深度学习模型是由参与者、共同愿景、网络交互平台、共同任务、资源共享、互动交流手段六大要素构成。[⑥]

总的来看，学习共同体的构成要素主要分为两种类型：一类是佐藤学的研究，他从宏观整体的角度系统描述了学习共同体的共同愿景、哲学和活动系统等三个构成要素，三者相互呼应。愿景更偏重于学生的学习，没有涉及他在学习共同体的定义中谈到的教师之间的学习、家长之间的学习。在这里，哲学被限定为“公共性”“民主主义”“卓越性”三方面，和活动系统中提到的“学习”中心、开放课堂、建构“同僚性”关系形成内在关联。哲学作为学习共同体的组成部分，而非理论基础，与愿景、活动系统并列，逻

---

① 吴井娴．通过对话来学习：佐藤学的学习共同体述评［J］．上海教育科研，2016（1）：40-43.

② 陈得军．一位教育“行动研究者”的成长与使命：佐藤学教授访谈录［J］．全球教育展望，2017（5）：3-13.

③ 全守杰．“学习共同体”研究理论考察与新探［J］．湖北经济学院学报（人文社会科学版），2007（10）：34-35.

④ 刘月红．课堂学习共同体中的“互动”研究［D］．苏州：苏州大学，2008：10.

⑤ 文军萍，陈晓端．超越课堂：课程学习共同体的建构［J］．课程．教材．教法，2017（4）：42-48.

⑥ 李洪修，丁玉萍．基于虚拟学习共同体的深度学习模型的构建［J］．中国电化教育，2018（7）：97-103.

辑严密性还有待提高。学习共同体的活动系统仅涉及学生学习和教师之间的课例研究，虽然抓住了学习共同体中的主要活动，但没有回应新时代对教师和学生作为评价者和研究者的呼唤。这些都需要在后续研究中加以完善和超越。另一类研究受传统教学论的影响，结合教学过程的理解，顺着分析教学要素的思路来分析学习共同体的构成要素，并形成了不同种类的三因素论、四因素论、五因素论和六因素论。把参与者、目标、活动、载体、愿景、交往、规则、主体、分工、技术相提并论，逻辑关系有需要进一步厘清之处，但也在一定程度上扩宽了研究者的视野，为从结合教学要素、教学过程和学习共同体理论的角度来思考教学评研共同体的构成要素提供了有益启示。教学评研共同体的构成要素可以涉及共同愿景（以及归属感）引领下，师生主体要素围绕课程客体要素展开的各种交往活动中构成的各种关系要素。

（四）教学共同体的建构

共同体概念的现代转换对学校教学具有重要的意义。因为，学校不属于原始意义的自然共同体，它是基于一定目标组织起来的，需要建设和培养，只有通过规划、建设，才能成为现代意义上的学习共同体。① 教学共同体亦是如此。“教学中心范式”向“学习中心范式”的转换是基础教育发展的必然要求，在“学习中心范式”下，通过学校组织属性的重新定位、教学规范的重新建立和师生关系的重新建构，建立体现以生为本的教学共同体，对促进学生个性发展、推动基础教育改革的深入发展具有重要意义。② 学术界对构建教学共同体的探讨主要围绕教学共同体构建的原则、策略、过程等几个方面来进行。

1. 教学共同体的构建原则

从收集到的文献分析来看，对教学共同体构建原则的相关讨论主要出现在2011—2014年，现按照发表的时间顺序将各种有代表性的观点列举如下：屠锦红（2011）坚持和而不同、对话协商、活动体验、合作共享的原则。③

① 潘洪建．“学习共同体”相关概念辨析［J］. 教育科学研究，2013（8）：12-16.

② 王丽娜，李平．范式转换视阈下教学共同体的构建［J］. 当代教育科学，2014（18）：27-30.

③ 屠锦红，潘洪建．大班额“有效教学”的困境与出路：基于学习共同体的视域［J］. 课程．教材．教法，2011（11）：30-35.

王彦明（2012）强调共同理解、共同愿景、互动合作、安全自由。① 潘洪建（2013）提出个体差异、班组异质、真实任务、互动交往和共同进步等几个基本理念。② 不难看出，学者们对教学共同体构建原则、理念和条件的看法比较一致，都比较重视共同愿景、共同理解、平等交往、安全感、求同存异。

2. 教学共同体的建构策略

教学共同体的建构策略散见于“教学共同体”“课堂共同体”“课堂学习共同体”“课堂教学共同体”和“学习共同体”的一些相关文献中。

夏正江（2008）提出师生之间、学生之间互为艺友、共同提高。③ 屠锦红（2013）认为要重构课堂组织形式、变革课堂教学方式、创新课堂管理模式、丰富课堂教学资源。④ 和丽君（2016）认为任务驱动的小组合作学习方式、向学生赋权、开展资源和经验的分享交流及营造愉快的课堂氛围等策略都充分地体现了课堂学习共同体的理念。⑤ 文军萍等人（2017）认为课程学习共同体的组织运行主要分为抛锚问题、创设活动情境、重塑课堂学习活动和利用网络联通课堂内外等几个方面，可以将学习看作一种意义建构、实践参与、社会交往的过程和一种分布式认知的活动。⑥

不同的学者从不同的角度对教学共同体的建构提出了不同的观点，在不同程度上揭示了教学共同体建构的奥秘。师生角色、教学方式、教学活动、教学任务、教学资源、教学文化和教学愿景的转变和提升都给后续教学评研共同体研究以启示。但整体来讲，这些建构策略要么基于理论思辨，要么基于小面积的实践经验总结，在整体架构的逻辑严密性和理论与实践融合的适

---

① 王彦明．教学共同体：一种社会学的分析［J］．当代教育科学，2012（11）：13-16，22.

② 潘洪建．学习共同体构建的基本理念［J］．现代教育论丛，2013（16）：3-7.

③ 夏正江．迈向课堂学习共同体：内涵、依据与行动策略［J］．江苏教育研究，2008（11）：15-21.

④ 屠锦红，潘洪建．大班额“有效教学”的困境与出路：基于学习共同体的视域［J］．课程．教材．教法，2011（11）：30-35.

⑤ 和丽君．基于课堂学习共同体的大学英语词汇教学策略初探［J］．云南农业大学学报（社会科学），2016（1）：115-118.

⑥ 文军萍，陈晓端．超越课堂：课程学习共同体的建构［J］．课程．教材．教法，2017（4）：42-48.

洽性等方面还存在可待改进的空间。

3. 教学共同体的建构过程

对教学共同体建构过程的探讨体现在“课堂学习共同体”“课堂教学共同体”和“学习共同体”的一些相关文献中。

郑葳等人（2007）认为要赋权学生，建立学生共同体；赋权教师，建立教师共同体。学习共同体生成的过程包括文化创生、赋予权利和对话协商。① 刘光余等人（2009）认为教学共同体的构建过程分为五个阶段：共享愿景，寻求共同的情感归属；建立规章，确定内化的行为标准；解决冲突，建立互惠的合作关系；沉浸体验，达成双赢的发展目标；反馈信息，实现动态的持续发展。② 时长江等人（2013）认为“学习共同体”的活动由五个环节组成：基于真实性任务的教学；学生的发展建立在小组活动中积极互赖的基础上；学生与学生、教师与学生之间的争论与协商达成共同的理解；教师与学生或合作或独立地与共同体成员分享观点；学生课外与专家、教师或学生交流沟通。③ 梁广东（2015）认为基于真实性任务的教学，突出学生的主体地位，通过建构学习小组，大学生成员在小组活动中积极互动，以及学生间、师生间思想上的碰撞和观点上的争论，最终达到共同的成长与进步。④ 贾月明等人（2016）认为“课堂学习共同体”构建的基础准备包括划分学习小组和培训助教和组长，实施主要包括确立目标、明确分工、自主探索、合作探究、倾听分享、总结评价几个环节。⑤ 林莘（2018）认为学习共同体课堂教学模式的构建策略包括从多维度促进课堂深度转型、构建“学习共同体”课堂教学的新形态以及破解学校改革难题，全方位助力学习共同体的构建，⑥

---

① 郑葳，李芒．学习共同体及其生成［J］．全球教育展望，2007（4）：57-62.

② 刘光余，邵佳明，董振娟．课堂学习共同体的构建［J］．中国教育学刊，2009（4）：65-67.

③ 时长江，刘彦朝．课堂“学习共同体”教学模式的探索：浙江工业大学《思想道德修养与法律基础》课建设的研究与实践［J］．教育研究，2013（6）：150-155.

④ 梁广东．课堂学习共同体的意蕴及实践探索：以高校思想政治理论课为例［J］．教育理论与实践，2015（33）：37-39.

⑤ 贾月明，姜凤云．高师教育学科公共课程“课堂学习共同体”教学模式的构建［J］．教书育人（高教论坛），2016（6）：92-94.

⑥ 林莘．基于学习共同体的课堂教学模式构建研究［J］．教育评论，2018（4）：146-149.

促使课堂教学共同体从“共存”走向“共生”。①

已有研究对课堂层面教学共同体建构的原则、策略及其过程进行了理论探讨，并在实践中取得了一定的成效。有的研究者从理论层面构思了教学共同体的建构过程，如：文化创生、赋予权利和对话协商等；有的研究者从实践层面总结了教学共同体的建构过程，具体总结了建构的具体阶段和环节；有的研究者提出有一定理论支撑的教学共同体实践建构的环节和阶段。但整体来看，教学共同体建构的理论和实践结合还不够紧密，高中阶段教学共同体的实践建构更是薄弱。教学共同体的建构最终需要落实到课堂层面，其建构表现为一个连续体，“从理论上来说，这个过程是一个永恒的没有终止的过程”②。后续研究可以从理论和实践相互观照的角度来整体探讨教学评研共同体的理论建构与实践探索，以严密的理论论证作为教学评研共同体实践活动的前提，并在探索过程中不断改进实践、发展理论，实现教学评研共同体理论与实践的双重建构。

（五）教学共同体的理论基础

教学共同体的理论基础是教学共同体问题研究的薄弱点，相关的零星研究散见于学习共同体问题研究的相关文献之中。

王黎明（2004）从杜威、人本主义、学习型组织理论、建构主义与学习共同体的关系来讨论学习共同体的理论基础；③ 赵健（2004）从学习的社会本质、实践本质、分享本质和默会本质出发来审视学习共同体的理论背景；④ 王天晓（2010）认为国际教育领域中的学习共同体理念主要有社会学理论、教育学理论、学习型组织理论和文化历史学派理论等四个来源；⑤ 王静文（2015）则分别从文化、学习型组织、合作学习、实践与学习共同体发展关系的视角来讨论学习共同体的理论基础。⑥

① 蔺海沣，杨柳，王昕也．课堂教学共同体建构：从“共存”走向“共生”［J］．教育理论与实践，2018（29）：3-6.

② 钟志贤．知识建构、学习共同体与互动概念的理解［J］．电化教育研究，2005（11）：20-24，29.

③ 王黎明．基础学校建立学习共同体的研究［D］．上海：华东师范大学，2004.

④ 赵健．从学习创新到教学组织创新：试论学习共同体研究的理论背景、分析框架与教学实践［J］．教育发展研究，2004（Z1）：18-20.

⑤ 王天晓．理论视野下的学习共同体探析［J］．中小学教师培训，2007（4）：1-5.

⑥ 王静文．国内外有关学习共同体研究现状综述［J］．学周刊，2015（1）：5.

这些理论基础要么从学习的本质中寻找得来，要么从其他学科的概念推演得出。社会学的共同体理论、心理学的分布认知理论以及人本主义和建构主义、维果茨基的文化历史理论、杜威的学校作为“雏形社会”的思想、彼得·圣吉的学习型组织和温格的实践共同体理论都大大推进了教学共同体理论的发展，但教学共同体研究中缺乏关于教学共同体理论基础的系统研究和严谨的逻辑论证。这是后续教学评研共同体研究亟待解决的主要问题之一。

小　结

我国教学共同体问题的相关研究至今已有20多年历史，学者们围绕学习共同体、教育共同体、学校共同体、教师共同体、师生共同体、课堂共同体、教学共同体和班级共同体等不同研究主题，在教学共同体的概念、特征、要素、建构和理论基础等核心内容方面取得了丰富的研究成果，但仍有不少有待解决的问题。徐婷婷等人（2015）认为相关研究重理论概述，轻开发应用；过分关注教师群体，忽略学生团体；研究内容不新颖，与研究热点结合不深入；研究机构单一，缺乏合作。① 潘洪建等人（2011）指出，已有研究存在概念界定模糊不清、理论基础薄弱以及实践研究不足等问题，今后相关研究应进一步厘清学习共同体概念，夯实理论基础，加强学习共同体的行动研究。②

学校再生之道，只能是恢复学校在现代化整顿并合理地武装的过程中业已丧失了的东西，朝着“学习共同体”的目标脱胎换骨地改造。③ 后续教学评研共同体研究在充分借鉴已有研究成果的基础上，力图在以下几个方面实现一定程度的超越。

第一，夯实教学评研共同体的理论基础。将系统论述人性论、生成论教学哲学、米德符号互动理论和分布式认知理论等理论的核心内容，深入探讨这些理论作为教学评研共同体理论基础的合法性和合理性，并努力将这些理论有机融入教学评研共同体的理论建构与实践探索的全过程之中。

---

① 徐婷婷，杨成．学习共同体研究现状与未来趋势［J］．现代远距离教育，2015（4）：37-42.

② 潘洪建，仇丽君．学习共同体研究：成绩、问题与前瞻［J］．当代教育与文化，2011（3）：56-61.

③ 佐藤学．课程与教师［M］．钟启泉，译．北京：教育科学出版社，2003：83.

第二，建构教学评研共同体的理论模型。在综合梳理国内外教学共同体研究和教—学—评一致性研究相关成果的基础上，厘清教学评研共同体概念，整体建构教学评研共同体的理论模型。吸收已有“教学共同体”“学习共同体”“师生共同体”“班级共同体”和“课堂共同体”等相关研究成果，需要课堂层面开展教学评研共同体研究，形成课堂层面由某一科任教师和全班学生共同组成的教学评研共同体，以此为基础向微观层面和宏观方面不断拓展，形成相互嵌套或相互包含的教学评研共同体巨系统。

第三，把握教学评研共同体的实践现状。依据教学评研共同体的理论框架，对教学评研共同体的客观现状展开实证调查，把握教学评研共同体的发展阶段及其成因和高中教师建构教学评研共同体的行为意向及其影响因素。

第四，促进教学评研共同体的实践改进。针对教学评研共同体实践中的具体问题，开展改进教学评研共同体实践的行动研究。教学评研共同体是有机的，需要维护教学评研共同体，更需要精心设计其演化历程，引领教学评研共同体从自在、自主、自为到自由阶段不断演进，并反过来促进教学评研共同体理论模型的完善，从而实现教学评研共同体理论与实践的双重建构。

佐藤学指出，教师的责任不是“上好课”，而是促成每一位儿童实现学习，保障每一位儿童挑战高水准的学习机会；教师责任的实现要求围绕教师自身挑战精神形成一个专业成长的“同心圆”：内层为个体教师的课堂研究，中层为同事间的课例研究，外层是学校中以及学校间的校本教研制度。① 这和林上洪（2009）对教育共同体的三种分类和界定有异曲同工之妙。教师专业成长的“同心圆”内层个体教师的课堂研究以及微观层次上的教育共同体都类似于课堂层面的教学评研共同体。学校层面学习共同体的建构、教师专业学习共同体的建构以及中观和宏观层次上的教育共同体都作为课堂层面教学评研共同体这个系统的外部环境起作用，但在一定的条件下可以转化为更大范围内的教学评研共同体的系统要素，共同形成层层延展的教学评研共同体的巨系统。简言之，可以聚焦于课堂层面教学评研共同体的理论建构与实

① 王艳玲．教师的核心责任及其实现：《学校的挑战——创建学习共同体》评介［J］．全球教育展望，2011（3）：92-96.

践探索，并逐层向内和向外拓展，将涉及学习小组和教师组成的微观层面的教学评研共同体以及年级和科组、学校和社会等宏观层面教学评研共同体的建构。充分整合专家、教师、学生、学生家长以及其他教育利益相关者的力量，打通“课程”“学习”和“课堂”之间的壁垒，① 为学校课堂学习和课外学习搭建桥梁。通过理论与实践层面教学评研共同体的建构研究，回归教学的本真，“实现人、文化与社会的三重建构”。②

第三节 教—学—评一致性的国内外研究现状

当今多数国家与地区基本靠评价来引领国家或地区的课程改革，把课程标准开发与基于评价监控的课程实施纳入统一的框架内，③ 基于目标的课程标准开发，基于课程标准的评估框架，和评估监控下的课程实施得以统一，从而实现目标、教、学与评价的一体化，普通高中课程改革强调“教、学、考有机衔接，形成育人合力”④，义务教育课程改革也强调“教—学—评”有机衔接⑤，教—学—评一致性研究随之成为热点领域。

20 世纪的“教育评价”经历了一个教育测量时代、教育评价时代和矫正教育评价时代的历史演变过程。⑥ 20 世纪最初 30 年的教育测量时代普及了可靠性高的客观测验。接下来 30 年的教育评价时代开发了基于教育目标这一绝对的价值标准来进行评价的方法，现代意义上的教育评价诞生于这一时期 40 年代的“史密斯-泰勒报告”。布卢姆（Bloom）等人创建的教育目标分类学，为“清晰地陈述目标”“测验如何与目标相匹配”做出了杰出贡献。

---

① 文军萍．学习共同体研究热点领域与发展趋势：基于 2003 年—2015 年 CNKI 核心期刊文献的共词可视化分析［J］．山东高等教育，2016（10）：62-72.

② 帅飞飞，李臣之．米德符号互动理论的教学意蕴［J］．教育理论与实践，2017（7）：61-64.

③ 邵朝友，周文叶，崔允漷．基于核心素养的课程标准研制：国际经验与启示［J］．全球教育展望，2015（8）：14-22，30.

④ 教育部．普通高中课程方案［S］．北京：人民教育出版社，2020：5（前言）.

⑤ 教育部．义务教育课程方案［S］．北京：人民教育出版社，2022：16.

⑥ 森敏昭，主编．21 世纪学习的创造［M］．北大路书房，2015：34-35. 转引自：钟启泉．基于核心素养的课程发展：挑战与课题［J］．全球教育展望，2016（1）：3-25.

20世纪60年代以来的矫正教育评价时代倡导“诊断性评价”与“形成性评价”，诸多新型评价方式逐渐被教师所掌握，并影响着教师的课堂教学，促进教学与评价的一致性。1967年，斯克里文（Scriven）首次区分“总结性评价”与“形成性评价”,① 20世纪70年代，布卢姆等人创立“掌握学习”教学模式。② 20世纪80年代，萨德拉（Sadler）进一步细致区分了终结性评价和形成性评价。③ 真正对“教—学—评一致性”的关注是20世纪80年代以后的事情。随着美国国家教育及课程标准出台，一系列“基于标准、追求质量”的改革措施陆续登场，“教—学—评一致性”的概念逐步被建立并不断传播。④

世纪之交，终身学习已经变成全球性的趋势。与之相随，形成性评估也引起全球范围内的兴趣。哈钦森等人（Hutchinson and Hayward）称这种趋势为“静悄悄的革命（quiet revolution）”。⑤ 很多知名教育家（如William and Black等）认识到终结性评价的局限，纷纷倡导形成性评价。既然知识形成于学习的流动过程之中，学生的主体性便成为这一过程的核心。突出学生主体性，促进学生终身学习能力发展的评估思维也要发生革命性的变化。⑥

随着核心素养的倡导，产生了与之配套的“学习评价”模式的探索。除了终结性评价（summative assessment）和形成性评价（formative assessment）之外，评估领域内不断涌现出一系列适合“终身学习”的新的评价概念，如可持续发展评价（sustainable assessment），动态跟进的评价（ongoing assessment），动态评价（dynamic assessment），学校为本评价（school-based assessment），课堂评价（classroom assessment），课堂为本评价（ classroom-based

① 许建钺．简明国际教育百科全书：教育测量与评价［C］．北京：教育科学出版社，1992：50.

② 崔允漷，夏雪梅．“教—学—评一致性”：意义与含义［J］．中小学管理，2013（1）：4-6.

③ SADLER D R. Formative assessment and the design of instructional systems［J］. Instructional Science，1989，18（2）：119-144.

④ 崔允漷，夏雪梅．“教—学—评一致性”：意义与含义［J］．中小学管理，2013（1）：4-6.

⑤ HUTCHINSON C，HAYWARD L. The journey so far：Assessment for learning in Scotland［J］. The Curriculum Journal，2005，16（2）：225-248.

⑥ BOUD D. Sustainable assessment：Rethinking assessment for the learning society［J］. Studies in Continuing Education，2000，22（2）：151-167.

assessment)，教师为本评价（teacher-based assessment)，学生参与的课堂评价(student-involved classroom assessment)，真实性评价（authentic assessment)，基于情境的评价（scenario-based assessment)，档案袋评价（portfolio assessment)，嵌入式评价（embedded assessment)，同伴评价（peer assessment)，自我评价（self-assessment)，对学习的评价（assessment of learning)，为了学习的评价（assessment for learning)，作为学习的评价（assessment as learning)，学习导向的评价（learning-oriented assessment)，为了终身学习的评价（assessment for lifelong learning）等。这些与终身学习相对应的评估不仅注重评估学生对知识和技能目标的掌握，更为重要的是要评估学生建构这些知识和技能的能力，通过评估引导学生掌握知识和技能，并且获得建构知识和技能的能力，从而提高学生终身学习的能力，以适应信息化社会的发展。①

其中，香港的卡尔斯（Carless）等人在反思形成性评价优缺点的基础上提出了学本评估（Learning Oriented Assessment）的概念②③及其概念框架④⑤。普普拉（Purpura）和特纳（Turner）也在反思课堂为本评价（classroom-based assessment）不足的基础上，转向学本评估理念，并将其应用到二语学习的学习评估中，⑥ 有学者在此基础上提出了学本语言评估（learning-oriented language assessment）的概念。⑦ 还有学者提出了自主学习导向评价体

① SU Y H. Ensuring the continuum of learning：The role of assessment for lifelong learning [J]. International Review Education，2015，61（1）：7-20.

② CARLESS D. Learning-oriented assessment：conceptual bases and practical implications [J]. Innovations in Education and Teaching International，2007，44（1）：57-66.

③ CARLESS D，JOUGHIN G，MOK M M C. Learning-oriented assessment：principles and practice [J]. Assessment and Evaluation in Higher Education，2006，31（4）：395-398.

④ CARLESS D. Learning-oriented assessment：conceptual bases and practical implications [J]. Innovations in Education and Teaching International，2007，44（1）：57-66.

⑤ CARLESS D. Exploring learning-oriented assessment processes [J]. Higher Education，2015，69（6）：963-976.

⑥ PURPURA J E. Assessing Grammar [M]. Cambridge，UK：Cambridge University Press. See WYNER L. Learning-Oriented Assessment：An Introduction [M]. Teachers College，Columbia University Working Papers in TESOL & Applied Linguistics，2004，14（2）：38-40.

⑦ HAMP-LYONS L，GREEN A. Applying a concept model of learning oriented language assessment to a large-scale speaking test [C]. New York：Teachers College，Columbia University，2014.

系（Self-directed Learning Oriented Assessment，SLOA），并开展了系列研究。①② 我国学者还进一步论证了学本评估的价值认识论原理③，建构了教—学—评一致性理论模型④，并取得了一些实践成果⑤⑥⑦⑧。2014 年 11 月，华东师范大学课程与教学研究所主办第十二届上海国际课程论坛，聚焦“指向改进的教学与评价”主题，讨论了教—学—评一致性的理论模型和基本主张，提出了教—学—评一致性视角下的课堂研究范式转向和方法上的尝试，分享了相关课堂教学改革经验，使得教—学—评一致性成为课堂研究与教学的新动向。⑨ 此后，教—学—评一致性相关理论研究不断深化，主要探讨采用合适的实施策略⑩、通过科学命题⑪和应用形成性评价课堂技术⑫来促进教—学—评一致性落地。实践探索的相关文献数目呈现出爆发式增长态势，不仅涌现出大量不同学段、不同学科教—学—评一致性引领下的课堂教学改

---

① 莫慕贞．利用自主学习导向评估框架变革评价：实施工具［J］．考试研究，2013（1）：74-95.

② 莫慕贞．利用自主学习导向评估框架变革评价：理论基础［J］．考试研究，2012（4）：79-89.

③ 曾文婕，黄甫全，余璐．评估促进学习何以可能：论新兴学本评估的价值论原理［J］．教育研究，2015（12）：79-88.

④ 崔允漷，雷浩．教—学—评一致性三因素理论模型的建构［J］．华东师范大学学报（教育科学版），2015（4）：15-22.

⑤ 张菊荣．“教—学—评一致性”给课堂带来了什么？［J］．中小学管理，2013（1）：7-9.

⑥ 周建国．变革教研活动，让“教—学—评一致性”思想落地生根［J］．中小学管理，2013（1）：10-11，14

⑦ 蒋银华．目标导向下“教—学—评一致性”的课堂设计［J］．中小学管理，2013（1）：12-14.

⑧ 吴晓亮．课堂现场的“教—学—评一致性”：以“解决问题的策略——替换”一课的教学为例［J］．中小学管理，2013（1）：15-16.

⑨ 黄山，刘丽丽．教—学—评一致性：课堂研究与教学的新动向——第十二届上海国际课程论坛综述［J］．教育发展研究，2014（22）：82-84.

⑩ 李明照．教学评一致性实施三策略［J］．中国教育学刊，2020（11）：104-105.

⑪ 张立兵．科学命题促教学评一致性落地［J］．中国教育学刊，2020（11）：107.

⑫ 邵朝友，韩文杰．“教—学—评”一致性何以可能：形成性评价课堂技术及其应用［J］．教育测量与评价，2020（3）：15-19，40.

革案例，还出现了整体推进“教—学—评一致性”改革的区域探索。①②③

普通高中课程改革强调“教、学、考有机衔接，形成育人合力”④，义务教育课程改革也强调“教—学—评”有机衔接⑤，因而教—学—评一致性仍然会是教育教学理论研究和实践探索领域的一个热点问题。然而，教育目的制定、课程标准开发、教材编写、教学实施和学生学业评估分别由不同部门负责，会在一定程度上影响各要素间的内在一致性。⑥ 对于学本评估的理论研究也还处于引进阶段⑦，实践应用研究还几乎是空白⑧，自主学习导向评价体系和教—学—评一致性理论研究和实践探索也有待进一步深化。虽然有学者提出了“一种研究者、实践者与评价者合一式的评价”⑨，但还缺少如何通过研究推动“教—学—评一致性”的理论梳理和深入的实践探索。因此，走向深度的课程改革在顺序安排上要敢于“先难后易”⑩，从评估这个“课程改革的瓶颈”⑪ 入手，通过各级各类教育利益相关者的共同研究，建立基于核心素养的评估体系，使评估融入并统整教与学，追求教师的教、学生的学以及对学生学习的评价之间的协调配合，实现“素养为本”的“教、

---

① 邱刚田，冯之刚，刘光文，等．基于课程标准的“教学评一致性”区域开展的调查报告［J］．教育科学论坛，2020（17）：64-68.

② 逄凌晖，褚艳秋．重塑课堂理性：“教学评一致性”的区域化实践［J］．中小学管理，2022（3）：34-37.

③ 于丽萍，蔡其全．义务教育阶段大概念教学研究：教学评一致性区域探索［J］．教育理论与实践，2022（14）：52-55.

④ 教育部．普通高中课程方案［S］．北京：人民教育出版社，2020：5（前言）.

⑤ 教育部．义务教育课程方案［S］．北京：人民教育出版社，2022：16.

⑥ 崔允漷，夏雪梅．试论基于课程标准的学生学业成就评价［J］．课程．教材．教法，2007（1）：13-18.

⑦ 曾文婕，黄甫全．学本评估：缘起、观点与应用［J］．课程．教材．教法，2015（6）：33-41.

⑧ YIN X Y，BUCK G A. There is another choice：an exploration of integrating formative assessment in a Chinese high school chemistry classroom through collaborative action research［J］. Culture Studies of Science Education，2015，10（3）：719-752.

⑨ 叶澜，吴亚萍．改革课堂教学与课堂教学评价改革：“新基础教育”课堂教学改革的理论与实践探索之三［J］．教育研究，2003（8）：42-49.

⑩ 吴康宁．教育改革的“中国问题”［M］．南京：南京师范大学出版社，2015：105.

⑪ 刘启迪．课程教学评价的理论与实践探索：海峡两岸课程教学评价学术研讨会述评［J］．课程．教材．教法，2006（6）：9-13，17.

学、评”一致性，促进学生核心素养发展。①

整体上，“教—学—评一致性”相关研究取得了丰富的成果，尤其是坚持目标的导向作用、将评估融入教与学之中等方面，值得后续教学评研共同体研究借鉴，但仍存在需要克服的诸多问题，也还没有找到融合教—学—评一致性研究和教学共同体研究的专门文献。因而，有必要融合教—学—评一致性研究和教学共同体研究，并充分发挥研究的推动与黏合作用，开展教学评研共同体的构建研究，实现对前期相关研究的超越，同时促进课堂教学改革的不断深化。

① 杨季冬，王后雄．论“素养为本”的“教、学、评”一致性及其教学实现［J］．教育科学研究，2022（11）：64-70.

第二章

教学评研共同体的理论基础

教学评研共同体的理论基础包括人性论、生成论教学哲学、米德符号互动理论和分布式认知理论等。人性论是理解人和一切社会哲学问题的核心，是一切人文研究的基础。人性论因而成为贯穿整个教学评研共同体研究过程之中最深远的理论基础，教学评研共同体的建构应基于人性、依据人性和为了人性；生成论教学哲学作为哲学基础，对教学评研共同体建构的各个时段和各个横切面进行整体观照，其基本立场和观点，尤其是对成交往观、关系进化论和人文化成观对教学评研共同体的本质探寻、实践建构及其功能取向方面起着全面和直接的哲学导向作用；将宏观和微观社会心理研究统一起来的米德符号互动理论作为教学评研共同体研究的社会心理学基础，将在宏观理论视角和微观研究技术方面对教学评研共同体的理论建构与实践探索提供指导；分布式认知理论作为一种认知理论，为开展各种属性复杂、形式多样的立体交往与对话以及在信息技术背景下进行线上线下教学评研共同体的混元设计提供操作层面的引领。

第一节　人性论

“一切科学对于人性总是或多或少地有些联系，任何科学不论似乎与人性离得多远，它们总是会通过这样或那样的途径回到人性。”① 古今中外，人们都会有意无意把某种人性假设作为教育理论建构或实践行为的预设前提或逻辑起点。教育现代化更应该立足于学生健全人格的发展，培养出身心健全

① 休谟．人性论［M］．关文运，译．北京：商务印书馆，1980：6.

发展的人。[①] 对人性的不同看法，往往导致不同的教育主张和教育行动。[②] 在人性研究方面，我们不能"背离"或完全抛弃马克思经典著作中对人性的许多论断，但也不能只拘泥于这些论断而放弃其他思想中的优秀成果。[③] 教学评研共同体研究中的人性论主要依据马克思主义经典作家在劳动本质论、社会关系决定论和需要本性论等三个方面的论述，[④] 再融入国内外其他相关的优秀研究成果。

一、劳动本质论

马克思在1844年写道："一个种的全部特性、种的类特性就在于生命活动的性质，而人的类特性恰恰就是自由的自觉的活动。"[⑤] 马克思在这里论述了人与动物相区别的一般的类本质。卡西尔（Cassirer）也指出："人的突出特征，人与众不同的标志，既不是他的形而上学本性也不是他的物理本性，而是人的劳作（work）。正是这种劳作，正是这种人类活动的体系，规定和划定了人性的圆周。"[⑥] 劳动创造了人本身，确立了人的存在，并使人同自然界的动物区分开来。使人作为人而存在的根本因素，劳动从一开始就是人的内在规定性，并且是第一个永恒的规定性。人性就是在劳动或者劳作等历史性的实践活动中产生的。"人是什么样的，同人存在和生活于其中的人的世界以及人是怎样生产和创造这个世界的活动是一致的。"[⑦]从人类社会发展的初级阶段到高级阶段，以及从个人发展的低水平阶段到高水平阶段，作为单数个体的人和作为复数种类的人也不断地从事越来越高级复杂的劳动或劳作，并在这些实践活动中渐次生成越来越复杂与丰富的人性。

师生身份的特殊性决定了师生劳动的特殊性。师生劳动具体表现为在教学评研共同体的建构实践中学生在教师的引领下围绕课程参与的教学评研活

---

① 张中原．教育现代化的人性论审视［J］．教育研究与实验，2021（2）：28-35.

② 文雪，扈中平．人性假设与教育意谓［J］．高等教育研究，2004（5）：11-15.

③ 沈亚生，杨琦．我国当代人性论研究的回顾与思考［J］．清华大学学报（哲学社会科学版），2014（1）：66-73，160.

④ 黄明理．马克思人性论思想对当代思想政治教育的启示［J］．马克思主义研究，2009（5）：110-114.

⑤ 马克思，恩格斯．马克思恩格斯全集：第42卷［M］．北京：人民出版社，1979：96.

⑥ 卡西尔．人论［M］．甘阳，译．上海：上海译文出版社，1985：87.

⑦ 夏甄陶．人是什么［M］．北京：商务印书馆，2000：303.

动。以教学评研目标为导向，通过师生共同研究的推动作用，促进教—学—评一致性。随着教学评研共同体的不断演化，教学评研活动越来越丰富多样，彼此相互渗透、相互转化、相互融合，逐步实现教学评研一体化。师生怀着“民胞物与”的精神，融认知、教学、学习、研究于共同体中，“为伟大事物的魅力所凝聚”①，围绕课程，展开主客体之间的对话以及以课程客体为中介的主体际之间的对话，发挥课程激活学习人性、依靠学习人性进而成就学习人性的作用。② 学生在参与各自高度发展而又不断一体化的教、学、评、研等对象化活动中，不断发展和完善自己的人性，并在某种程度上实现教学评研共同体自由发展阶段所具有的人与伟大事物“物我两融”“天人合一”的境界。

二、社会关系决定论

马克思在1845年的《关于费尔巴哈的提纲》中提出：“人的本质不是单个人所固有的抽象物，在其现实性上，它是一切社会关系的总和。”③ 人作为社会存在物，“不是处在某种虚幻的离群索居和固定不变状态中的人，而是处于现实的、可以通过经验观察到的、在一定条件下进行的发展过程中的人”④。在社会中，自然界成为人与人联系的纽带，而社会关系使人与自然之间的关系成为属人的关系。社会关系即是人与人之间围绕自然界结成主体—客体—主体的主体际关系。人从自己所处的社会关系中的特殊位置出发反映其所属社会脉络的结构，形成自我结构，这使得同一种类从属同一社会的人都可能成为不同质的人。此外，人们在各种活动的交互作用中所发生的社会联系和社会关系的总和，涉及某个具体的人，是这个人的本质，涉及所有人，则就形成了这些人所从属的社会。不管其形式如何，社会都只不过是“人们交互活动的产物”⑤。个人发展与社会发展、社会重建与自我重建是相

---

① 帕尔默．教学勇气：漫步教师心灵［M］．吴国珍，余巍，等译．上海：华东师范大学出版社，2014：83.

② 曾文婕．学习人性论：课程人性基础的发展走向［J］．课程．教材．教法，2019（11）：82-88.

③ 马克思，恩格斯．马克思恩格斯选集：第1卷［M］．北京：人民出版社，1995：56.

④ 马克思，恩格斯．马克思恩格斯选集：第1卷［M］．北京：人民出版社，1995：67.

⑤ 马克思，恩格斯．马克思恩格斯选集：第1卷［M］．北京：人民出版社，1995：532.

互联系、相互促进、相互耦合的关系，具有相互性、内在性和有机性。

“我们正在进入一个社会间相互联系和相互依存日益增加为特征的新的历史时期。”① 一个人参与和建立的社会关系的多寡和质量决定其人性发展的广度和深度，反过来也在一定程度上决定着社会发展的水平和程度。因而需要在建构教学评研共同体的过程中为学生建立复杂多样的人际关系提供必要的条件，以拓宽学生人性发展的深度和广度。传统教学在秧田式“座学”的教室风景里②主要是以教师讲—学生听和教师问—学生答为主要特征的一言堂，阻碍了学生参与和建立复杂多样的人际关系的可能性。有必要建立小组合作学习机制，按照“组间同质、组内异质”的原则将全班分成4人一组的若干学习小组，在教师个体、学生个体、学生小组、全班学生等多极教学评研主体之间展开各种形式多样、属性复杂的立体交往，使学生有机会在其所从属的教学评研共同体中与不同的教学评研主体建立各种不同的人际关系，承担不同的他人的角色，促进学生人性的完整发展，同时促进社会的全面进步。

三、需要本性论

马克思在1846年《德意志意识形态》中提出，“他们的需要即他们的本性”③。在《1844年经济学和哲学手稿》中他还指出人的需要的丰富性，认为人首先“直接是自然的存在物”④，具有与其他生物共有的、生而固有的性质，包括“动物”性征及其本能需要。但更重要的是，人还是社会存在物、有意识的存在物。“人能超出他的自然存在，即由于作为一个有自我意识的存在，区别于外部的自然界。”⑤ 人的社会属性和理性精神使得人有更高层次的需求。马斯洛（Maslow）在融合机能主义传统、格式塔心理学的整体论和心理动力学的基础上，提出了生理的需要、安全的需要、归属和爱的需

① TANG Q, et al. Rethinking education: towards a global common good? [M]. Paris: UNESCO Publishing, 2015: 15.

② 佐藤学. 教师的挑战：宁静的课堂革命［M］. 钟启泉，陈静静，译. 上海：华东师范大学出版社，2012：130.

③ 马克思，恩格斯. 马克思恩格斯全集：第3卷［M］. 北京：人民出版社，1979：514.

④ 马克思，恩格斯. 马克思恩格斯全集：第42卷［M］. 北京：人民出版社，1979：167.

⑤ 黑格尔. 小逻辑［M］. 贺麟，译. 北京：商务印书馆，1980：92.

要、自尊的需要以及自我实现的需要等不同层次的人本主义需要层次理论，并讨论了需要层次的动力学和满足基本需要的先决条件。① 马斯洛的需要层次理论表明，人在满足了低层次的生存需要之后会有更高层次的归属以及自我实现的需要。在个体发展的初级阶段，人的需要是比较基本的生存需要，更接近动物的本能需要，但随着个体的不断成长和不断社会化，人的需要越来越理性，成为“符号的动物”②。“人能够具有‘自我’的观念，这使人无限地提升到地球上一切其他有生命的存在物之上，因此，他是一个人。”③ 人的这种自我意识使得人能把握住一个最形式化的、无限的、绝对的和超世俗的存在观念，实现从自在、自主、自为到自由的发展，这是一个从自然性到社会性到精神性、从抽象自由到具体自由的过程。

教学评研共同体的建构要具有一种合乎人性的形式，基于学生需要，依据学生需要，不断提升学生需要，使“人的天性将通过教育而越来越好地得到发展”④，促进学生的人性从未成熟逐步走向成熟，引导学生的人性自觉和精神自由，促进学生人性的生成与丰富；使学生意识到自己不仅仅是一种自在的、受动的存在，而且是自为的、主动的存在，还是能超越物质关系的精神性存在；并在此基础上确认自己的崇高人生理想，领悟和追求生活的精神向度和意义，不断优化自己的生存状态。⑤

马克思主义经典作家认为人“处在变异的绝对运动之中”，存在主义者也宣称“存在先于本质”。海德格尔（Heidegger）进一步指出此在的本质“在于它去存在”。可见，人性不是预先确定而是随后展开的，人性具有可变性、生成性和创造性。“它的存在是随着它的存在并通过它的存在而对它本身开展出来的。”⑥ 因此，人是一种未完成的存在物，具有未确定性、可塑性和创造性，他不会停留于某种已达到的状态或者已经变成的东西上，而是总是处在不断自我塑造和自我创造之中。人性的可变与可塑具有丰富的教学意

---

① 马斯洛．动机与人格［M］．许金声，等译．北京：中国人民大学出版社，2007：16-30.

② 卡西尔．人论［M］．李琛，译．北京：光明日报出版社，2009：25.

③ 康德．实用人类学［M］．邓晓芒，译．重庆：重庆出版社，1987：1.

④ 康德．论教育学［M］．赵鹏，何兆武，译．上海：上海人民出版社，2005：6.

⑤ 文雪，扈中平．人性假设与教育意谓［J］．高等教育研究，2004（5）：11-15.

⑥ 海德格尔．存在与时间［M］．陈嘉映，王庆节，译．北京：生活·读书·新知三联书店，2014：14.

涵。“如果人性是不变的，那么，就根本不要教育了，一切教育的努力都注定要失败了。因为教育的意义的本身就在改变人性，以形成那些异于朴质的人性的思维、情感、欲望和信仰的新方式。如果人性是不可改变的，我们可能只有训练，但不可能有教育。”① 儿童是“未成熟的”社会个体，② 人性的未确定性和儿童对成人的依赖性与儿童的可塑性使得教育教学不仅必要而且可能。

马克思从人的社会属性出发，以“现实中的个人”③ 为基点来阐述人性问题。人“不是自然的产物，而是历史的产物”④。在人类社会发展的初级阶段，整个人类和每个个人都依赖于自然和社会环境，而在高级阶段则摆脱了对这两方面的依赖，获得了自由而全面的发展。“全面发展的个人”是指不受外在力量，如自发形成的社会分工体系等支配，而能够充分和全面发展“本身的才能的一定总和”的人。⑤ 按照马克思的观点，人的社会关系越丰富，人的本质也就越丰富，人的发展也就越全面。但个人要获得丰富的社会关系，就必须从事全面丰富的社会实践活动，这里，既包括多方面的物质活动，又包括多方面的精神活动。总之，个人必须与外部世界建立起丰富的对象性关系，必须从事“全面的活动”⑥。如果一个人的生活“包括了一个广阔范围的多样性活动和对世界的实际关系，因此过着一个多方面的生活”，这个人就可能获得“全面的性质”。⑦

“人性是生成的，教育也是生成的，人性与教育在生成中互塑，两者皆具过程性。”⑧ 教学评研共同体的建构是一种人为的、为人的活动，不仅“出于人性，通过人性”，而且需要“为了人性”，⑨ 旨在促进学生的全面发展和终极幸福。因此，要唤醒学生的自我意识，逐渐觉察到自身对外界的依

① 杜威．人的问题［M］．傅统先，邱椿，译．南京：江苏教育出版社，2006：184.
② 杜威．民主主义与教育［M］．王承绪，译．北京：人民教育出版社，1990：7.
③ 马克思，恩格斯．马克思恩格斯文集：第1卷［M］．北京：人民出版社，2009：524.
④ 马克思，恩格斯．马克思恩格斯全集：第30卷［M］．北京：人民出版社，1995：112.
⑤ 马克思，恩格斯．马克思恩格斯全集：第3卷［M］．北京：人民出版社，2002：76.
⑥ 扈中平．探讨马克思关于人的全面发展学说必须坚持全面的观点［J］．湖北社会科学，1990（10）：45-47.
⑦ 马克思，恩格斯．马克思恩格斯全集：第3卷［M］．北京：人民出版社，1995：296.
⑧ 牛军明，李枭鹰．教育生发图式的人性论审视［J］．教育评论，2016（6）：17-20.
⑨ 肖绍明，扈中平．教育何以复归人性［J］．高等教育研究，2010（6）：25-32.

赖性与超越性、自身需要的多样性与层次性以及社会关系的多样性与复杂性。在全面的教学评研一体化活动中建构起形式多样、属性复杂的立体交往关系网络，在教学评研共同体的建构过程中创造一个不断超越现实生活的可能世界，使得“去存在”的人可以向着“可能性”不断超越，生成和丰富自己的人性，从有限走向无限，从自身走向世界，从当下走向永恒，从自在走向自由。人的这种“绝对运动之中”的人性发展过程是在社会的、文化的存在中以其天赋的可塑性不断再生产、不断再创造自己的过程。这种再生产、再创造活动以社会和文化先前的历史发展为前提，同时又超越这个前提，不断促进社会和文化的历史发展，从而实现人、文化与社会的三重建构。

第二节　生成论教学哲学

生成论教学哲学基于教学本身及人的存在与发展是一个不断发生、生长、演化的过程的基本理念，秉持以关系性、生成性思维为核心的思维方式，探讨和追求教学生成，进而促进人的文化生成的教学哲学。滋生于时代文化土壤和当代中国教学哲学丰厚思想的生成论教学哲学，经过近 30 年的研究发展，逐渐在教学本体论、价值论、认识论、审美观、历史观等领域，形成外部联系愈益密切、内在关联走向统一的基本立场、观点和方法，即以教学存在的对成交往观、人文化成观、关系进化论、超越艺术观、文化历史观等为核心架构的中国本土教学哲学理论。① 其具有较强的内在逻辑一致性和现实合理性，丰富了教学论的理论研究，推进了教学哲学领域的理论发展。② 生成论教学哲学的基本立场和观点，尤其是对成交往观、关系进化论和人文化成观对教学评研共同体的本质探寻、实践建构及其功能取向等方面起着全面和直接的哲学导向作用。

一、教学本体论

教学可以分为主观观念的教学、客观自在的教学、客观现实的教学和客

---

① 曾瑶，宋文文．生成论教学哲学：内涵、特征与路径选择［J］．当代教育与文化，2018（5）：80-87.

② 张广君．生成论教学哲学的核心观点［J］．当代教育与文化，2012（2）：30-38.

观观念的教学等四种形式。[①] 教学本体论将教学本体存在，即教学的自在与现实，作为研究对象。它独立于人的主观意识，有着自身发生、运行、演进与消亡的历程和机制。生成论教学哲学之教学本体论持对成交往观，认为教学是以促进人与文化的双重建构为核心，以特定文化价值体系为中介，以教与学的对成为存在方式的师生特殊交往活动，简而言之，是旨在促进人的文化生成的师生特殊交往活动。[②] 实体、活动、关系、过程及其内在联系构成教学存在的本体论分析框架。

教学评研共同体也是关系、活动、实体及其过程的统一。教学评研共同体先是一种关系性的存在。教与学相待而生、相对而成。教师、学生、课程构成教学评研共同体的实体要素，教师和学生围绕课程展开各种教学评研活动，并在此过程中进一步形成形式多样、属性复杂的教学关系，构成教学评研共同体的关系要素。实体要素和关系要素共同组成教学评研共同体的结构，在特定时空条件下发挥一定的教学功能。教学评研共同体作为一种人为的和为人的事物，也有一个发生、运行、演化甚至消亡的历程，不断建构教学评研共同体的要义在于不断促使其从自在、自主、自为到自由阶段的不断演进。

教学存在的四种不同形态对于教学评研共同体建构有很大的启示。首先，在教学本体论上，“关系先于实体”的思想使得首先有对作为人为事物的教学评研共同体的超前反映、功能要求与结构设计的整体意识状态的主观观念的存在，然后才有相应的具体实体潜能及其显现，使其在特定的历史条件下跃迁而成客观自在的教学评研共同体。在对已有的客观观念教学评研共同体进行梳理和对客观现实的教学评研共同体进行总结的基础上，努力把握客观自在的教学评研共同体，并根据需要在客观现实的教学评研共同体和客观观念的教学评研共同体之间移动和转换，不断改进客观现实的教学评研共同体和不断生成客观观念的教学评研共同体。也就是说，在对已有的教学评研共同体研究理论成果进行梳理和对教学评研共同体实践经验进行总结的基

① 张广君．教学本体问题研究的方法论范型［J］．西北师大学报（社会科学版），2000（3）：11-16.

② 张广君．教学存在的本质透视［J］．西南师范大学学报（人文社会科学版），2000（4）：65-70.

础上，努力探寻教学评研共同体的存在及其如何存在的奥秘，提出新的教学评研共同体理论，并将之运用到实践改进之中，根据需要在理论完善和实践改进之间不断移动和转换，不断促进教学评研共同体的实践改进和理论完善，实现理论与实践的良性互动和深度融合。

二、教学认识论

生成论教学哲学的教学认识论，是关于如何认识教学存在问题的一系列观点和理论，是以教学认识为研究客体，以教学认识的发生、发展、过程、结果及其运用转化为研究对象，讨论如何认识、看待教学存在及如何运用教学认识的结果问题。简言之，研究如何认识进而如何促进教学存在的问题。生成论教学哲学之教学认识论强调关系进化论，认为作为一种人为的存在，教学存在是生成的、创造的、演化的。因而“可以从不断促进各类教学论关系的改善、深化或转化，即不断促进教与学、师与生、人与文、人与人、人与己、人与事物之关系的生成和进化中，认识并促进教学存在，同时达成对现存教学存在发展层次与水平的不断超越”①。总的来说，教学存在在宏观历史进化尺度上，是沿着时间轴不可逆地向着更加有序、有效的方向进化，实现从自在、自主、自为到自由阶段的发展。但在微观教学系统的个别发育尺度上，有正演化、负演化和零演化等三种演化。② 教学演化体现为由教学活动的要素、结构、功能的改变而导致的教学存在的形态演替和性能波动，是内涵型演化、外延性演化和功能性演化的统一。

生成论教学哲学之教学认识论的理论立场对于教学评研共同体的建构具有很大的启示意义。教学评研共同体也与人和教学的发展阶段相一致，在历史宏观尺度上不可逆地经历自在、自主、自为和自由等四个阶段，但在微观教学评研共同体的建构实践中，却存在正演化、负演化和零演化等三种演化方式，这就使得教学评研共同体的建构实践活动充满了机遇和挑战。从教学评研共同体的要素、结构和功能的改变，来深化教学评研共同体的关系，引起其形态的演进和性能的提升，是建构教学评研共同体不断努力的目标。依

① 张广君．生成论教学哲学的核心观点［J］．当代教育与文化，2012（2）：30-38.

② 张广君．本体论视野中的教学演化：一种新的教学史观［J］．教育研究，2002（11）：56-60.

据要素、结构和功能的改变，可以推演促进教学评研共同体正向演化的七条建构策略，即：建立共同的教学评研目标体系、增进教师和学生的主体性、创生立体交往的关系网络、开发丰富多样的课程资源、搭建整体优化的课程架构、丰富教学评研的活动意涵和促进教学评研一体化运作等。

三、教学价值论

生成论教学哲学之教学价值论持人文化成观，从人道主义的价值论立场出发，① 认为教学作为一种人为的和为人的存在，“天然”具有的目的论承诺就是对人的文化生成的根本指向。教学基本职能在于促进人与文化的双重建构，亦即加速人的文化生成。值得一提的是，教学职能和教学目的是两个不同的概念。教学职能是教学的自在机能和本能，是制定教学目的的基础与依据。教学目的是教学职能在特定社会条件下的具体化、现实化和价值化。此外，还有一个重要的相关概念是与教学结构相对应的教学功能。几个概念之间的逻辑关系可做如下理解：在对教学基本职能的理解上，基于一定的现实条件，提出具体的教学目的，据此构建教学结构，发挥现实的教学功能。从生成论教学哲学之教学价值论的视域出发，教学评研共同体的基本职能在于促进人与文化的双重建构，实现对人的文化生成的终极关怀。在现代具体历史条件下，学科本位（中心）、学生本位（中心）、社会本位（中心）的课程思潮在国内外教育研究领域争论和摇摆了一个多世纪，人与社会的关系及其相互发展也是其中绕不开的话题。作为培养人的社会实践活动，教育的全部意义与价值就在于教育能够在个体知识与社会知识之间建立起一座桥梁，实现二者之间的互通，从而不断解决社会与人之间的矛盾。② 涂尔干也坚持认为教育的目的在于使学生整体社会化。因而有必要基于对教学基本职能的理解，根据现实历史条件，提出人、文化与社会三重建构的教学目的，并在此基础上建构教学结构，发挥教学功能。

教学评研共同体中人（学生）、文化与社会三重建构的具体机制是：个体通过教学掌握社会历史经验，在此过程中合目的地主体化、个性化、社会

---

① 张广君．生成论教学哲学的核心观点［J］．当代教育与文化，2012（2）：30-38.

② 杨兆山，张海波．基于人性论的教育学学科体系建构［J］．教育研究，2010（4）：12-16.

化，即文化；文化内容通过教学而附着内化于个体，同样合目的地个体化、个人化（或特殊化）、活化，即人化。① 此外也包括：个体通过在其所从属的社会脉络中复演该社会的结构而实现自身的社会化，社会也在个体身上实现具体化，这对历史上的唯名论与唯实论争论的调和与整合也有一定的积极意义。还包括：社会在教学这一人为的和为人的文化实践活动中不断地提升文化水平，实现社会的文化；同时文化因为在社会中的流动而实现文化的社会化。因此，人、文化与社会的三重建构过程是一个人的文化与社会化、文化的人化与社会化、社会的人化与文化相统一的过程。在理论分析的过程中，可以分开来进行论述，但是在实际存在中，各个过程与环节是相互依存、相互渗透、相互转化、相互融合的整体。

生成论教学哲学的理论领域及基本问题以整体的方式存在，以教学存在的对成交往观为特征的教学本体论、以教学存在的关系进化论为核心的教学认识论和以教学存在的人文化成观为核心的教学价值论都从不同的角度对教学评研共同体的本体理解、生成建构和功能取向提供了基本的理论立场和坚实的方法论基础。

第三节 米德符号互动理论

符号互动理论渊源可以追溯到 18 世纪的苏格兰道德哲学，在亚当·斯密（Adam Smith）、休谟（Hume）等人的思想中就出现了符号互动意念的萌芽。这些萌芽在上个世纪之交经由冯特（Wundt）、詹姆斯（James）、杜威、库利（Cooley）和狄尔泰（Dilthey）的继承和发展，到米德那儿结出了硕果。米德从心理学的视角出发解决社会问题，把研究社会个体的微观社会学和研究社会整体的宏观社会学有机统一起来，建构起了符号互动理论的思想体系。其理论主要体现在《心灵、自我和社会》一书中。米德运用社会行为主义的方法分别论述心灵、自我、社会及其关系。米德认为有意义的符号（特别是语言）是心灵、自我和社会产生、维持、发展及相互作用的主要工具。

① 张广君．教学基本职能：人与文化的双重建构［J］．内蒙古师大学报（哲学社会科学版），2000（2）：53-57.

在不断变化的社会过程中，人们通过语言符号进行互动，力求通过他人审视自身行为和对他人行为进行解释，进而达到彼此行为的相互适应和认同。① 无论是从理论视角和方法论层面，还是其经验研究技术和实证结果，米德符号互动理论都给教学评研共同体的理论与实践研究带来很多启示。

一、社会行为主义

符号互动理论研究的社会行为主义的立场为构建教学评研共同体奠定了方法论基础。米德强调从他人可以观察到的行为举止出发来研究个体经验的重要性，认为心灵和自我都是社会的产物。他指出，“整体（社会）先于部分（个体）而存在”，“部分要根据整体来说明”。② 因而，研究个体的经验和行为，还要研究它所属的社会群体。③ 还特别关注这样的经验在这种作为整体而存在的过程中的产生过程，认为人的行为要作为整个社会过程来理解，从能动的、进行中的社会过程以及作为其组成成分的社会动作出发，亦从社会的观点、至少从交往的观点出发来论述个体经验及其心灵和自我的产生。④

从“整体（社会）先于部分（个体）而存在”的观点逻辑地推出教学评研共同体先于教学评研主体（师生）而存在，关系先于实体存在，关系先于主体存在。这肯定了关系的优先性，先有教学评研共同体，然后才有教师、学生和课程。这些实体要素只有进入教学评研关系，才是真正意义上的教师、学生和课程。如果没有进入教学关系，他们只不过是别的意义上的实体。米德认为从宏观发生学的角度看，先有了人类社会发展的初级阶段，才有了人类主体的心灵和自我的产生。从微观发生学来看，只有人类个体所属的社会存在，人类个体的心灵和自我的发展才有了可能。同理，只有以教学评研共同体的存在为前提和背景条件，通过不断展开的不同教学评研主体之间外在的姿态对话以及内化在既定个体和他自身的内在姿态对话，教学评研主体的心灵与自我发展才是可能的。

---

① 李敏，王平．符号互动论对我国传统教育的启示［J］．科教文汇，2014（23）：32-33.

② 米德．心灵、自我和社会［M］．霍桂桓，译．北京：北京联合出版公司，2014：7.

③ 米德．心灵、自我与社会［M］．英文版．北京：中国传媒大学出版社，2015：5.

④ 唐月芬．米德符号互动理论述评［J］．哈尔滨学院学报（社会科学版），2003（7）：25-28.

社会行为主义的立场以及实用主义的伦理观启示教学评研共同体研究要致力于研究教学评研主体（教师和学生）围绕客体（课程）展开的教学评研活动中的符号互动行为。“自我的起源和各种基础与思维的起源和各种基础一样，都是社会性的。”① 心灵和自我都是通过由处于某种社会或者经验脉络之中的姿态对话组成的沟通而产生的，而不是沟通通过心灵而产生。教学评研活动是人为的和为人的存在，促进人的心灵和自我的终极发展是其本体论承诺。那么，学生理应在教学评研活动中享受沟通，不断发展其心灵和自我。需要给学生提供各种社会过程或者经验脉络，使学生能够在其中开展各种姿态对话组成的交往，并通过这种沟通和交往不断发展心灵和自我。“从教学系统存在的层次来看，最基本的教学手段是语言。但不是或不仅仅是有声语言，而是发展到符号系统水平的书面语言（文字）后的语言符号系统。”② 有必要关注教师和学生（尤其是学生）所从属的社会结构，以及教师和学生（尤其是学生）在其中与对象世界、与他人、与自己的各种对话中的外显行为及其内在的态度变化。因此，教学评研共同体成为这种社会过程或者经验脉络之必要逻辑前提，各种交往活动成为各种姿态对话的具体表征形式，因而有必要建构教学评研共同体及其立体交往网络，以开展有意义的符号互动来促进学生心灵和自我的发展。

二、心灵

在论述心灵时，米德使用有意味的符号、共相、论域、智力、明智的行为举止、反思性行为举止、非反思性行为举止、社会性和语言等一系列关键概念架构起了心灵何以产生与存在的理论体系。符号互动理论强调有意味的符号的姿态是心灵产生的基础。“只有根据那些作为有意味的符号的姿态，思维——它只不过是个体利用这些姿态与他自己进行的一种已经内化的（internalized）或者潜在的对话而已——才能出现。”③ 而如此得到内化的姿态就是有意味的符号，对于这个既定的社会或者社会群体的所有个体成员来说，它们都具有同样的意义，也就是说，在做出它们的个体和对它们做出反应的

① 米德．心灵、自我和社会［M］．霍桂桓，译．北京：北京联合出版公司，2014：192.
② 张广君．教学本体论［M］．兰州：甘肃教育出版社，2002：58-59.
③ 米德．心灵、自我和社会［M］．霍桂桓，译．北京：北京联合出版公司，2014：51.

个体那里，它们分别导致的反应是相同的，即某种共义或共相。教学从某种意义上“可以说是学生借助言语从心理上重新体会并创造性构造教师精神状态的活动”①。教学的目标之一就是要使学生从代表社会文化的老师那里获得更多和老师的理解一致的意义和共相，实现心灵、思维或智力的发展。当然也不排除学生个体从其他学生个体那里获得共义或共相，也不排除师生共同创造新的意义。

从现象学的角度来看，完全相同的反应或完全的共义是不可能的。但可以将这种反应和共义的一致程度看作是教师的教与学生的学相互之间的可见程度，或者学生个体的学对其他学生个体的学相互之间的可见程度。反应越一致，共义程度越高，可见的教与学实现的程度也就越高。提高这种反应和共义的一致性以提高教与学的可见度是促进学生心灵、思维或智力的发展的一条重要途径。可见的学习既指“学生的学对教师可见”，也指“使教学对学生可见，从而使学生学会成为自己的教师”。② 为催生可见的教和可见的学，需要把学习当作一项明确的目标且具有适当的挑战性，教师和学生用各自不同的方式确定挑战性的目标是否达成及其达成的程度，需要进行旨在掌握目标的刻意练习并提供和寻求反馈，需要教师、学生、同伴等积极主动地、满怀热情地参与到教学中，使教师成为自己教学的学习者、学生成为自己的教师，促进最大教学效果的产生，获得更多的共义或共相。

促进学生心灵、思维或智力发展的另一条重要途径就是由具有共同经验和行为的师生个体参与共同的教学评研过程而形成共同的论域。在这个论域中，共同反应和共义在丰富多样的教学评研主体之间（师生之间、生生之间）的各种立体交往形成的复杂教学评研关系网络中得以实现。不同教学评研主体在交往中逐渐对表层知识、深层知识和概念形成共义性的理解，尤其是学生形成和教师一样的理解（当然也有超越教师理解的可能性）。那么，学生就能不断获得知识和概念以及有意义的姿态和符号，从而不断获得心灵和认知的发展。通过增加交往频率和拓宽交往面，学生逐渐获得更多的对同一姿态的同一反应和共义，并根据其他教学评研个体的态度和一般化他人的

① 石鸥．教学过程：飘忽的声音和流动的本质：兼论教学语言［J］．湖南师范大学社会科学学报，1997（3）：74-78.

② 哈蒂．可见的学习：最大程度地促进学习［M］．教师版．金莺莲，洪超，裴新宁，译．北京：教育科学出版社，2015：1.

态度形成思想和理性，以及根据现在的行为可能产生的未来后果进行延迟反应的反思性行为举止而形成智力，从而实现学生心灵、思维或智力的发展。

三、自我

米德认为社会先于自我而存在。个体通过采取其他个体或者一般化他人的非个人的客观态度使自己成为自己的对象而获得自我意识。自我有其独特的结构。首先，自我结构如同其产生于其中的社会结构一样具有完整性和统一性，构成这个完整的自我的各个基本自我也因而反映了这一社会结构诸构成方面之中的某一方面。“每一个个体自我都通过它的结构，都以它自己在这整个（由展示这种关系模式的、有组织的社会行为组成的）过程内部所特有的和独一无二的位置或者立场出发，来反映这种关系模式的某个独一无二、与众不同的侧面或者视角。”① 其次，完整的自我由“主我”和“客我”构成。“客我”是个体采取的一组有组织的其他人的态度，而“主我”是这个个体对其他人的态度的反应。“主我”既导致了“客我”，又对它做出反应，它们共同构成了一个出现在社会经验之中的人格。从实质上说，自我就是一个社会过程，它借助于这两个可以区分的方面而不断进行下去。② 自我是一个与其产生与存在的社会共同体一起不断辩证发展的社会过程。

符号互动理论强调自我在社会中形成和充分发展。在教学评研共同体的立体交往过程中，通过教师与学生、学生与学生之间不断的互动，学生能采取其他教学评研主体的态度来看待自我，形成“客我”，并因为其他教学评研主体的丰富性与多变性而形成丰富立体的“客我”系统。在“客我”形成的同一过程中，“主我”不断对这些态度做出反应，与“客我”不断进行互动，形成完整和谐的自我。可以为学生创造更多的途径，使学生可以从更多的他人的角度和一般化他人的角度来看自己，以获得更为充分的自我发展。一方面，可以给学生创造尽可能多的机会承担角色和承担他人的角色，更多采取教学评研共同体中其他个体或一般化他人的态度。如：在小组中，分设组长、副组长、学科攻坚员、辅导员、记分员、监督员等角色，这些角色定期轮换，让每一个个体都有机会承担不同的角色，从而更容易采取其他个体

① 米德．心灵、自我和社会［M］．霍桂桓，译．北京：北京联合出版公司，2014：224.

② 米德．心灵、自我和社会［M］．霍桂桓，译．北京：北京联合出版公司，2014：197.

的态度，更易达成共情和共义。另一方面，学生还可成为课程开发者、评价者和研究者，还强调教师从学生的视角看待如何学，学生从教师的视角看待如何教，使教师的教对学生可见以及学生的学对教师可见，同时学生还作为老师教其他的学生。

符号互动理论还指出自我结构复演社会结构。因此，为使学生形成全面和谐的自我结构，就有必要形成教学评研共同体丰富立体、完整和谐的结构。教学评研共同体的结构由教学评研实体和教学评研关系组成。在教学评研实体因素方面。一方面，要增强教学评研主体的主体性，尽量使每一个教学评研主体都参与到教学评研共同体的活动之中，尽量提高每一位教学评研主体自身的主动性；另一方面，还要充分挖掘和有效利用各种丰富的课程资源。在教学评研关系因素方面。在逐步架构其整体科学的课程体系的同时，改变传统“师班交往”和“师个交往”占主导的单一的垂直的交往模式。以语言为互动媒介，以学习小组为核心，在教师、学生个体、学生小组和全班学生等不同教学评研主体之间展开师班交往、师个交往、师组交往、组班交往、组组交往、个组交往、个班交往、个个交往、无交往等九种形式的课堂交往。不断丰富交往形式，拓展学生的交往面，增加学生的交往机会，形成丰富多样的立体交往网络和教学评研共同体立体和谐的结构，为学生自我结构的和谐发展提供基础。

四、社会

米德主要论述了社会与心灵和自我在产生、发展、重建中的互动机制和关系问题，区分了人类个体的两类基本的社会—心理冲动，并强调以语言为媒介的沟通必须以一定的内容为基础，个体无法只是传达作为一种纯粹抽象过程而存在的语言，任何真正的沟通都会涉及语言背后的生活，也就是说，话语背后一定存在着某种合作性活动。要使其进一步称之为某种团队活动，则需要共同体所有人都为了实现某一共同目标而工作，而且每个成员在履行其职能的过程中都始终意识到这种共同目的。① 另外，从社会的观点来看，每一个人类个体都共同具有两类基本的社会—心理冲动或者行为倾向，分别导致个体之间的社会合作和社会对抗。借助“友好的”人类冲动对“敌对

---

① 米德. 心灵、自我和社会［M］. 霍桂桓，译. 北京：北京联合出版公司，2014：306.

的”人类冲动进行组织，能避免后者的损害而在社会的子群体之间发挥其基本的动力作用。还有，社会重建和自我重建或者人格重建是同一个过程——人类社会的进化过程——的两个侧面，具有相互性、内在性以及有机性。①最后，米德提出人类社会的理想是，通过采用有意味的符号充分地发展必要的沟通系统，使人们通过其相互关系而极其紧密地联合起来，从而使履行自己独特职能的个体都能够采取他们所影响那些人的态度，组织起一个使这种交往成为可能的共同体。②

符号互动理论认为真正的沟通会涉及一定的合作性活动。由教学评研主体和教学评研关系组成的只是教学评研共同体的表层结构，教学评研共同体中的立体交往还必须表达一定的内容，这就决定了教学评研共同体必须具有一定的深层内涵，由教学评研目标、课程、可见的教、可见的学、学本评估和师生共同研究组成。具体表现为在教学评研目标的引领下，以课程为对象，以语言为媒介，通过师生共同研究实现教学评研一体化运作。这是教学评研共同体的深层内涵，是内在的教学评研共同体并使其成为自身而又区别于他物的内在规定性。

米德吸收了达尔文（Darwin）进化论的精华，认为心灵和自我是社会的产物，强调人的心灵和自我的发展与社会的发展是相互促进、不断生成的，突出了人与社会的生成性。这为教学评研共同体的实践建构提供了坚实的理论支撑，要求我们要不断建构教学评研共同体，推进教学评研共同体沿着自在、自主、自为和自由的方向不断演进，为促进学生心灵和自我的完善与成长创造条件。

由于每一个人类个体都共同具有两类基本的社会——心理冲动和行为倾向，分别导致个体之间的社会合作和社会对抗，有必要在教学评研共同体内开展各种小组内的合作性交往活动和小组间的竞争性交往活动，借助于组内“友好的”合作性冲动对组间“敌对的”竞争性冲动进行组织，对这两种冲动进行整合，避免“敌对的”冲动的损害并使其在立体关系网络中发挥基础性的动力作用，为学生基于其社会本质性而发展心灵、智力、思维和自我提

---

① 米德．心灵、自我和社会［M］．霍桂桓，译．北京：北京联合出版公司，2014：343.

② 米德．心灵、自我和社会［M］．霍桂桓，译．北京：北京联合出版公司，2014：362-363.

供发生的基础和存在的条件。

同时，每一个教学评研主体（教师和学生）的“主我”都对其他教学评研主体的态度做出主动性的反应，这些反应又导致其他主体的反应，以此反复无穷。在这一过程中，每一教学评研主体“主我”的每一次反应都会给教学评研共同体带来一些新的内涵：新的目标、新的课程、新的教学、新的评估或新的研究等等。正是这一点一点新质内容的出现，使得一个组织程度更高的教学评研共同体的出现成为可能。每一个教学评研主体也在促进教学评研共同体的逐步完善中发挥着自己独特的主体职能，从而实现教学评研主体与其所属的教学评研共同体的共同发展。

教学评研共同体是学生自我完整和谐发展的功放机。学生的自我结构反映其所属的教学评研共同体的结构，开展各种立体交往，拓展学生的交往面，增大学生的交往频率，为他们创造更多交往和承担他人角色的机会，有助于学生发展出立体丰富、完整和谐、主体性不断增强的自我。此外，社会活动和社会过程是学生心灵和自我发生和存在的前提。自我在发展过程中内化他所从属的含有一定规范和价值体系的社会活动和社会过程的结构，实现社会的传承。社会还会选择一定的文化内容以课程的形式呈现给学生，使学生掌握其中的意义以获得心灵的发展。这种文化的传承因为社会的选择而留有社会意志的烙印，学生也在心灵和自我的发展中以其“主我”独特的主观能动性不断推进社会的发展，推进社会的人化和人的社会化、人的文化和文化的人化以及文化的社会化和社会的文化，实现个人本位、学科本位和社会本位的有机融合，学生、文化和社会三者在动态的、辩证的平衡中不断发展，实现“人、文化与社会的三重建构”①，使教学评研的本质得以回归，教学评研目标得以实现。

第四节 分布式认知理论

学习理论研究随着时代的发展而发展，经历了行为主义、建构主义、认

---

① 帅飞飞，李臣之．米德符号互动理论的教学意蕴［J］．教育理论与实践，2017（7）：61-64.

知主义等不同阶段。早期认知心理学注重对个体认知的研究，随着电视、电话、计算机、计算机网络等电子科技和信息技术的迅猛发展，认知学习理论与信息技术不断融合。以网络为核心的多媒体技术的发展与新一代 E-learning 的出现带来了混合式学习环境，催生了分布式认知理论。① 人们越来越意识到许多认知活动（尤其是涉及信息技术的认知活动）不仅依赖于认知主体自身，还高度依赖于认知情境、认知工具、认知对象乃至其他认知个体。

一、分布式认知理论的发展

分布式认知的思想可以追溯到 1879 年第一个心理学实验室的建立，后来杜威、冯特、吉布森（Gibson）等学者也论述了认知超越个体头脑的“去中心化”思想。② 1884 年，杜威曾写道：“机体离不开环境。有了环境这个概念，把心理活动看作是孤立存在于真空中的个体活动是不可能的。”冯特的著作中也包含着分布式认知的思想。他提出，心理学包含物理心理学和民族心理学两个方面。前者对应于外界刺激引发的人脑内的心理过程，后者包括推理、人类语言产生等高级心理功能的研究，这些高级心理功能超越于个人意识之外，需要从社会文化中寻找认知资源。③ 吉布森也明确指出，人的知觉应该以人与环境的交互为基础，为物体被感知到的决定物体可能被如何使用的功能性特性提供量的概念。④ 赫钦斯（Hutchins）等人在对轮船导航、飞机驾驶等复杂场景的认知过程进行描述与分析后，于 20 世纪 80 年代提出了分布式认知（Distributed Cognition），这一概念在 20 世纪 90 年代后受到学术界的广泛关注。

---

① 毛灿，杨小洪．分布式教学范式对集体智慧的激发［J］．远程教育杂志，2013（4）：92-99.

② 翁凡亚，何雪利．分布式认知及其对学习环境设计的影响［J］．现代教育技术，2007（10）：14-17.

③ 周国梅，傅小兰．分布式认知：一种新的认知观点［J］．心理科学进展，2002（2）：147-153.

④ GIBSON J J. The ecological approach to visual perception［M］. Boston：Houghton Mifflin，1979.

二、分布式认知理论的概念

对于分布式认知理论的概念，学术界没有统一的认识。科尔（Cole）、恩格斯托姆（Engestrom）以及所罗门（Solomon）认为，分布式认知是一个包括认知主体和认知环境的系统化分析方法，认知可以分布在个体内、个体间、媒介、环境、文化、社会和时间等之中，① 是一种包括所有参与认知的事物的新的分析单元。Chuah、Zhang Jiajie 和 Johnson 等人认为，分布式认知是对头脑中的内部表征和环境中的外部表征的信息加工过程。② 作为认知科学研究的一个新兴视角，分布式认知致力于解释人类智力活动如何超越个体边界，试图用个体头脑内部的表征过程来解释人与人、人与技术设备之间的交互。因为单纯考虑存在于人类头脑内部的东西，难以解释我们的认知活动，还必须要考虑文化、社会环境和物质环境等的认知角色。

三、分布式认知理论的特征

20 世纪 80 年代中期，赫钦斯等人明确提出了分布式认知的概念，并认为它是重新思考所有领域的认知现象的一种新的基本范式。他们认为认知的本性是分布式的，认知现象不仅包括个人头脑中所发生的认知活动，还涉及人与人之间以及人与技术工具之间通过交互实现某一活动的过程，认知不仅分布于个体内，还分布于媒介、环境中，分布于个体间，分布于由多个个体、工具、环境组成的较复杂的系统中。分布式系统具有没有强制性的中心控制、次级单位具有自治的特质、次级单位之间彼此高度连接、点对点的影响通过网络形成非线性因果关系等四个突出特点。③

分布式认知具有以功能系统为分析单元、高度重视社会物质静脉、存在

① COLE M，ENGESTRÖM Y. A cultural-historical approach to distributed cognition ［C］ // SALOMON G. Distributed cognitions：psychological and educational considerations ［C］. Cambridge：Cambridge University Press，1993.

② CHUAH J，ZHANG J，JOHNSON T. Distributed cognition of a navigational instrument display ［M］ //HAHN M，STONESS S，ed. Proceedings of the Twenty First Annual Conference of the Cognitive Science Society. Mahweh，New Jersey：Lawrence-Erlbaumm，1999：789.

③ 凯利．失控：全人类的最终命运和结局［M］．张行舟，等译．北京：电子工业出版社，2016：35.

系统水平的协同努力、重视信息的集聚与共享以及关注交互作用等基本特征。① 不同于总是基于个体层次视角、从大脑内部处理信息的角度给予认知分析的传统认知观，分布式认知理论给出了一个新的分析单元——功能系统（Functional system）。这是一种包含全体参与者以及制品的社会—技术系统。这一视角在超越个体认知的基础上，强调认知在空间与时间、个体内外部、个体与个体之间、制品上的分布性，充分肯定了在工作情境的整体层次上解释认知过程的必要性。

四、分布式认知理论的启示

分布式认知理论作为教学评研共同体的理论基础之一，认为认知分布于个体内、个体间以及媒介、环境、文化、社会和时间之中，为立体交往活动的开展以及教学评研共同体线上线下的混元设计提供了理论依据。个体内体现在个体内尤其是脑内不同的部分起着不同的认知作用，发挥不同的认知功能，要通过不同的方式和媒介激发个体脑部不同的部分。认知分布于个体间和社会之中提示教学评研共同体研究要建构教师与学生等不同教学评研主体之间的立体交往，以促使认知最大程度地发生。认知分布于媒介、环境和文化之中，启发教学评研共同体研究要注重学生与各种媒介以及课程客体之间的对话，充分利用各种媒介和制品来促进学生认知的发展。总而言之，就是要引导学生积极展开与自身（个体内）、与他人（个体间、社会中）以及与对象世界（媒介、环境和文化）的对话来进行认知和学习。认知还分布于时间之中，之前的认知对现在的认知有影响，现在的认知对以后的认知有影响。按照米德符号互动理论的观点，人们对以后可能发生事情的估计也会影响人们现在的思维和行为，也就是说未来也会影响现在。认知的这种时空的广延性对于教学评研共同体研究的启示在于，教学评研共同体建构不仅可以通过线上线下的混元设计实现空间上的拓展，还可以通过历时态的建构实现时间上的延伸。

可以聚焦课堂层面教学评研共同体，让共同体扎根课堂实践的沃土，再整合各种与之相关的共同体，逐层向内向外扩展，形成多层次相互嵌套的教

---

① 李丹．分布式认知视角下小组合作学习的实施策略研究［D］．成都：四川师范大学，2012.

学评研共同体巨系统。最基本的一层是扎根实践土壤的课堂教学评研共同体，向内延展可以形成由学生学习小组与教师组成的教学评研共同体，往外拓展可以形成学科教研组的同学科教师与学生之间的教学评研共同体、同班级的不同学科教师之间的教学评研共同体、不同班级的同学科教师之间的教学评研共同体、不同班级的不同学科教师与学生之间的教学评研共同体、年级范围内或学校范围内的教学评研共同体、学校之间的教学评研共同体、区域之间的教学评研共同体，最终拓展到全社会乃至国际范围内的教学评研共同体，扩宽认知的分布空间。

为进一步扩大认知的分布时空，在改进教学评研共同体实践的行动研究中引入新兴的信息技术，开展网络化行动研究。也就是说，在所有层面的教学评研共同体建构中都可以根据需要采用各种信息技术手段，借助微信、QQ、ClassDoJo 和国际教育资源网（International Education And Resource Network，IEARN)，形成由教师、学生、家长和/或其他教育利益相关者组成的微信群、QQ 群、ClassDoJo 和 IEARN 平台，实现线上线下教学评研共同体的混元设计，将认知不断分布到更广阔时空范围内的个体间、社会中以及媒介、环境和文化等对象世界中，借助信息技术促进学生之间、学生与教师之间、师生与资源之间融“虚拟”和“现实”为一体的“在线”与“离线”互动，更好地促进学生认知的发展。

小　结

鉴于研究对象的复杂性、研究问题的人文性、研究论域的广泛性以及论证过程的协同性，教学评研共同体研究必将涉及有关人的、哲学的、社会的、心理的乃至技术的诸多相关领域的学科和理论，从中获得必要的养分和有益的启示。正如佐藤学教授指出的那样，学校改革和课堂改革需要人文社会科学的一切领域的理论知识，唯有借助多样化学术理论的整合才能提供准备和付诸实践。而人性论、生成论教学哲学、米德符号互动理论和分布式认知理论等四个学科领域只是众多基础学科和理论中的主要部分。

第三章

教学评研共同体的理论建构

基于人性论、生成论教学哲学、米德符号互动理论和分布式认知理论，建构起教学评研共同体的理论模型，具体表现为一个以教学评研目标为顶点、教学评研为底面四个顶点的四棱锥结构，集中体现交往、合作、共享等教育的支柱性内涵。在不同的课程运作层面分别对应国家课程、地方课程、校本课程、班本课程和生本课程等不同层面的课程。先从宏观视角整体阐释由不同层面教学评研共同体组成的教学评研共同体巨系统；再深入剖析每一层面教学评研共同体的横向机理；最后聚焦课堂层面的教学评研共同体，从共时态的立体结构与人文化成的主要功能、历时态的演化阶段与演化机制、独特的建构原则与建构策略等方面，具体而微地剖析这个实体、活动、关系和过程的统一体。

第一节　教学评研共同体巨系统

分布式认知理论认为，认知分布在个体内、个体间、媒介、环境、文化、社会和时间等之中。因而，有必要集聚各类认知资源和认知力量，“统筹一线教师、管理干部、教研人员、专家学者、社会人士等力量。充分发挥各自优势，明确各支力量在教书育人、服务保障、教学指导、研究引领、参与监督等方面的作用。围绕育人目标，协调各支力量，形成育人合力”①。共同参与教学评研共同体的建构活动，促进人、文化与社会的共同发展。

① 教育部．关于全面深化课程改革落实立德树人根本任务的意见：教基二〔2014〕4号［Z］. 2014.

一、教学评研共同体巨系统的理论模型

米德符号互动理论认为，心灵和自我的产生和发展，都是社会性的。“每一个个体自我都通过它的结构，都以它自己在这整个（由展示这种关系模式的、有组织的社会行为组成的）过程内部所特有的和独一无二的位置或者立场出发，来反映这种关系模式的某个独一无二、与众不同的侧面或者视角。”① 为促进学生心灵和自我的发展，有必要建构结构完善的教学评研共同体巨系统。这个巨系统由从底层微观的教学评研共同体到顶层宏观的教学评研共同体等八个层面组成。

一是，结合已有“师生共同体”相关研究中几名学生和 1 名教师组成的“师生共同体”的做法，在班级管理、学生生涯指导、综合实践活动和跨学科主题学习中，由班级所有科任教师全员参与指导学生，形成 5 至 9 名学生和 1 至 2 名教师组成的教学评研共同体。还可以结合已有的“班级共同体”“学习共同体”和“教育共同体”等相关研究中邀请家长、专家和/或其他教育利益相关者参与的做法，形成更大范围内的教学评研共同体。

二是，在单个学科教学的课堂层面由某一科任教师和全班学生共同组成教学评研共同体。还可以邀请家长、专家和/或其他教育利益相关者参与，形成更大范围内的教学评研共同体。

三是，任教相同学科的教师就相同或者相似的内容，集体备课，同课异构，形成更大范围内的教学评研共同体。还可以邀请家长、专家和/或其他教育利益相关者参与，形成更大范围内的教学评研共同体。

四是，通过已有“教师共同体”相关研究中任教相同学科的教师相互进入彼此的课堂教学，交换彼此任教的学生，拓展各自课堂教学层面的教学评研共同体，形成更大范围内的教学评研共同体。还可以邀请家长、专家和/或其他教育利益相关者参与，形成更大范围内的教学评研共同体。

五是，通过已有“教师共同体”相关研究中任教不同学科的教师相互合作，面向共同的学生共同开展综合实践活动或跨学科主题学习，拓展各自课堂教学层面的教学评研共同体，形成更大范围内的教学评研共同体。还可以

① 米德．心灵、自我和社会［M］．霍桂桓，译．北京：北京联合出版公司，2014：224.

邀请家长、专家和/或其他教育利益相关者参与，形成更大范围内的教学评研共同体。

六是，结合已有“班级共同体”相关研究中两个班合作组成的“班级组”工作模式，联合两个甚至更多的班级，组成基于班级课堂层面教学评研共同体的更大范围内的教学评研共同体。可以是这些班所有老师和学生的沟通与合作，也可以是班主任、某一门或某几门学科的科任老师之间和这些班级学生之间的沟通与合作。还可以邀请家长、专家和/或其他教育利益相关者参与，形成更大范围内的教学评研共同体。

七是，结合已有“学校共同体”相关研究中全校范围内的领导、教师和学生，形成全校范围的教学评研共同体。还可以结合已有“学校共同体”“教育共同体”和“教师共同体”相关研究中中小学不同学校之间及其教师之间，以及中小学和高校之间及其教师与高校研究者之间的合作，也可以在不同学校、不同区域甚至不同国家之间形成更大范围内的教学评研共同体。

八是，社会层面所有利益相关者都参与的关涉学生、教师、家长、学校、行政部门和社会所有相关人士的不同地区乃至扩展到世界范围内的教学评研共同体巨系统。

在所有这些不同层面教学评研共同体的建构过程中，都可以基于分布式认知理论，充分利用各种传统资源和信息技术手段，采用线上线下的混元设计模式，建构虚拟与现实有机结合的教学评研共同体巨系统。

生成论教学哲学认为，教学本身及人的存在与发展是一个不断发生、生长、演化的过程，教学评研共同体的范围也会随着时间推移而不断变化，其范围大小变化是通过教学评研共同体系统和环境之间的边界变换来实现的。某一具体学科的科任教师和本班学生之间，形成教学评研共同体。两个或两个以上这一学科的科任教师可以分别和自己班的学生形成两个或两个以上不同的教学评研共同体。如果这些教师相互之间展开交流，可以形成基于他们各自教学评研共同体的教师共同体，但如果他们之间、他们的学生之间以及他们和彼此的学生之间产生了交流，就产生了更大范围内的教学评研共同体。这样一来，作为系统环境的教师共同体就成为更大范围内教学评研共同体的有机组成部分。

如：英语教师 a 带一个班 a′，英语教师 b 带一个班 b′。a 和 a′形成教学评研共同体 A（即 a+a′），b 和 b′形成教学评研共同体 B（即 b+b′）。如果，

a 和 b 之间基于自己的教、学、评、研进行专业交流，但 a 和 b′之间、b 和 a′以及 a′和 b′之间均没有教、学、评、研方面实质性的交流，那么 a 和 b 之间只是形成了基于教学评研共同体 A 和教学评研共同体 B 的教师共同体（即 a+b）。这个教师共同体是教学评研共同体 A 和教学评研共同体 B 的环境。但如果 a 和 b′之间、b 和 a′以及 a′和 b′之间产生了教、学、评、研意义上的交流，那么就会发生质的变化。有可能是随着 a 加入 b′，产生了 a+B 的教学评研共同体；随着 b 加入 a′，产生了 b+A 的教学评研共同体；a 和 b 之间没有教、学、评、研方面的专业交流，但 a′和 b′之间产生了教、学、评、研意义上的交流，则产生了 A+B−a（即 b+a′+b′）或者 A+B−b（即 a+a′+b′）的教学评研共同体；a 和 b 之间有教、学、评、研方面的专业交流，a′和 b′之间也产生了教、学、评、研意义上的交流，就产生了 A+B（即 a+a′+b+b′）的教学评研共同体。也有可能只是一位教师 a 进入了另一位教师 b 任教的班级 b′，产生了 a+B（即 a+b+b′）的教学评研共同体。还有可能是一位教师 a 同时任教两个不同的班（a′和 b′），教师 a 和一个班 a′形成教学评研共同体 A（即 a+a′），和另一个班 b′产生教学评研共同体 C（即 a+b′）。如果两个班的学生相互交往、互动与合作，就产生了 A+C（即 a+a′+b′）的教学评研共同体。当然还有其他不同的组合方式，可以形成诸多不同类型和不同范围的教学评研共同体。值得一提的是，这种质变不只是像符号表达的那样产生一个“加（+）”的效果。通常情况下，系统会产生新质，导致系统质的产生，产生 1+1>2 的效果。

从微观到宏观不同层面的教学评研共同体相互渗透、相互嵌套，形成多层一贯的教学评研共同体巨系统（见图 3−1），通过不同层面课程决策、课程设计、课程实施与课程评价各环节的课程运作，① 实现有机转化、动态展开、持续演进。这个教学评研共同体巨系统“底层的活动较快，上层的活动较慢”②，其动态建构与整体实现主要倚重自上而下的行政推动式和自下而上的草根生发式等相互靠近、相互作用、相互渗透和相互转化的两条基本路径。

① 代建军．我国课程运作机制研究的现状与发展趋势［J］．教育科学研究，2009（6）：58−61．

② 凯利．失控：全人类的最终命运和结局［M］．张行舟，等译．北京：电子工业出版社，2016：70．

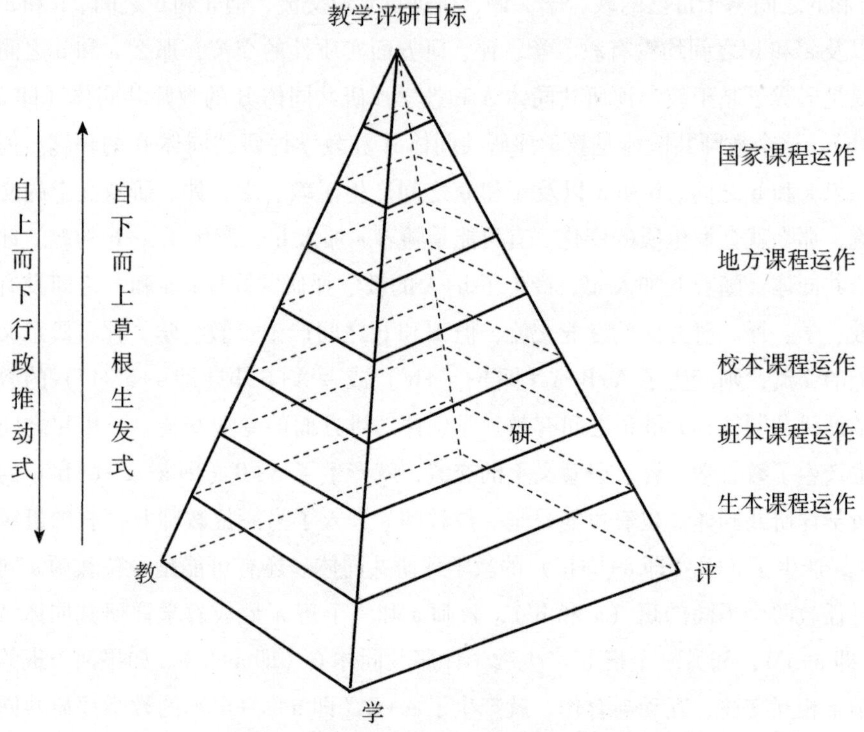

图 3-1　教学评研共同体巨系统理论模型

大体来讲，第一层面的教学评研共同体对应的是生本课程运作，第二层面的教学评研共同体对应的是班本课程运作，第三、四、五、六层面的教学评研共同体对应的是校本课程运作和地方课程运作，第七、八层面的教学评研共同体对应的是地方课程运和国家课程运作。但这八个不同层面教学评研共同体的划分及其分别对应的课程运作层面都不是绝对的，不同层面的教学评研共同体之间相互渗透、相互交织、相互作用和相互转化。同时，不同层面的教学评研共同体之间还存在一些过渡性质的教学评研共同体。

二、单一层面教学评研共同体的理论分析

教学评研共同体巨系统中每一层面的教学评研共同体都或多或少受到其他层面教学评研共同体的影响，宏观层面的教学评研共同体一般以微观层面的教学评研共同体为基础，微观层面的教学评研共同体可能会逐步延伸和发展成为更宏观层面的教学评研共同体。每个不同纵向层面的教学评研共同体

都具有相同的结构和机理。

课程与教学的基本原理涉及目标、内容、方式和评价等四个方面的基本问题。① 而提出和回答这些问题则有赖于研究。因而，单一层面教学评研共同体的结构都涉及目标导向下围绕课程开展的教学评研活动要素及其间关系，形成一个教学评研目标为顶点、教学评研为底面四个顶点的四棱锥结构。各个部分之间既有区别，也有联系。其中，教与学在本体层面上相对而生、相待而成、相互可见、相互依赖、相互渗透、相互转化。评融入教与学之中，通过师生研究的推动与黏合作用，实现教、学、评一致性，即教的内容、学的内容和评的内容之间具有一致性。共在的师生主体共同参与以课程为客体的教学评研活动，以语言为主要媒介展开交往和互动，通过一种“合力”的方式共同致力于育人目标的达成，促进学生发展核心素养的提高并终而促使学生成为“全面发展的人”。

教学评研共同体理论模型中的课程是教学评研活动的对象和中心，在教学评研共同体建构过程中发挥着重要的凝聚作用。帕尔默认为课堂不应以教师或学生为中心，而应以主体（subject）为中心。这个“主体”是具有内在魅力的伟大事物，是共同探究的对象，包括人、事、物等。师生为伟大事物的魅力所凝聚，聚集在伟大事物周围并尝试去理解他们而成为求知者、教师和学习者。② 米德符号互动理论也认为不能脱离语言代表的内容。“人们必须具有需要沟通的东西，然后才会进行沟通。”③ 生成论教学哲学也认为师生特殊交往必须以特定文化价值体系为中介，在教学目的方向上，围绕着教学内容展开教与学。④ 还有学者指出，教师的教和学生的学是以课程为中介展开的，“课程是以教材为基本形式和载体的各种教学资源，是教师教学和学生学习内容的总称。”⑤ 综合以上理论观点，可以进一步提出教学评研共同体理论模型中课程的概念，课程是指经过精心挑选的体现一定社会意志和文化价

① 泰勒．课程与教学的基本原理［M］．罗庚，张阅，译．北京：中国轻工业出版社，2008：1.

② 帕尔默．教学勇气：漫步教师心灵［M］．吴国珍，等译．上海：华东师范大学出版社，2014：100.

③ 米德．心灵、自我和社会［M］．霍桂桓，译．北京：北京联合出版公司，2014：286.

④ 张广君．本体论视野中的教学与交往［J］．教育研究，2000（8）：54-59.

⑤ 郝志军．中小学课堂教学评价的反思与建构［J］．教育研究，2015（2）：110-116.

值取向、主要以教材为基本形式和载体、且能加速人的文化生成的各种人、事、物等资源，是教、学、评的内容的总称。

课程是课程与教学研究的核心要素，因而有必要从课程运作入手，发挥课程在教学评研共同体建构过程中的凝聚作用。从课程论的角度来看，课程在教学评研共同体理论模型的纵向结构中体现为从国家到课堂等不同层面的诸多表现形式。古德莱德（Goodlad）提出了理想课程、正式课程、领悟课程、运作课程、体验课程的线性—层级模型。我国实行国家、地方和学校三级课程管理制度，课程在运作的不同纵向层面表现为国家课程、地方课程、校本课程、班本课程和生本课程等。从教学论的角度来看，课程在教学评研共同体理论模型的横向结构中体现为教师所教的内容、学生所学的内容和评价者所评价的内容。课程不仅是教学评研活动的直接对象，还内含于研究的深层结构之中，是教学评研活动的客体与对象，各级各类教学评研主体围绕课程客体展开各种形式多样、属性复杂的教学评研活动，共同促进教学评研目标的达成。

教学评研共同体理论模型中的教学评研目标，是预设的外在于教学评研共同体中教学评研活动的一般育人目标与内在于教学评研共同体中教学评研活动的具体育人目标之间动态平衡的综合产物。

教学评研目标结构具有层次性，在课程运作的不同层面即不同层面的教学评研共同体中呈现出不同的形式。夸美纽斯（Comenius）最早将教育目的分为宗教目的和世俗目的，① 赫尔巴特（Herbart）提出教育的较近目的和最高目的。② 因而，有必要建构一种层次性的教学评研目标体系，用以引领教育方向、指导教学过程和评价学习成果。人的自由发展是教育的终极善。③ 作为一种人为的和为人的活动，教学要基于人性、依据人性、为了人性，教育目的应定位于培养“人”。④ 联合国教科文组织提出“发展的目标是人的

---

① 夸美纽斯．大教学论［M］．傅任敢，译．北京：教育科学出版社，1999：1-10.

② 赫尔巴特．普通教育学、教育学讲授纲要［M］．李其龙，译．杭州：浙江教育出版社，2002：240.

③ 金保华．人的自由发展：教育管理的终极善［J］．教育研究，2014（12）：30-36.

④ 扈中平．教育目的应定位于培养“人”［J］．北京大学教育评论，2004（3）：24-29.

完整实现”，是具有丰富内涵的个性的“全面实现”。[①]《中国学生发展核心素养》也将我国最高教育目的定位为培养“全面发展的人”。而较近的教育目的可由高到低分为人才规格培养目的、学校培养目标和课程目标三个层次。[②] 课程目标又可具体化为课程总目标、学科课程目标、学年教学评研目标、学期教学评研目标、单元教学评研目标和课时教学评研目标。

教学评研目标的内容具有完备性。要使教学评研目标真正发挥引领作用，除了纵向结构的层次性之外，横向内容的完备性也是不可或缺的关键因素。可以综合吸收国家有关教育目的相关文件的精神、三维目标和学生发展核心素养及其他相关研究成果，建构起较为完备的教学评研目标内容体系。首先，教育目的作为把受教育者培养成为一名社会需要的人的总要求，是教育工作的出发点和最终目标，也是确定教育内容、选择教育方法、检查和评价教育效果的根据。[③] 我国从 1985 年以来提出了一系列教育目的，整体上都比较宏观和概括，注重素质教育和学生核心素养的培养，使之成为全面发展的社会主义建设者和接班人。其次，“三维目标”作为基础学力的一种具体表述，是当今世界各国课程标准或教学大纲的共同元素，[④] 它整合了知识的客观性、过程性和动力性等三大属性。[⑤] 从学生个性的完整性层面准确把握三维目标之间的内在一致性，认识到教学是培养人的活动，而不是完成三项任务的过程，[⑥] 克服认知教育与情感教育分离的状况、培养和谐发展的创新型人才。[⑦] 再次，核心素养是可迁移的、多功能的一系列知识、技能和态度的集合，是每个人发展自我、融入社会及胜任工作所必需的。联合国教科文组织（UNESCO）提出了学会求知、学会学习、学会共存、学会生存和学会

---

① FAURE E. Learning to be: the world of education today and tomorrow [M]. Paris: UNESCO, 1972: 6.

② 张等菊，扈中平．对层次教育目的的思考 [J]. 教育科学，2001 (4)：1-3.

③ 中国大百科全书出版社编辑部．中国大百科全书：教育 [M]. 北京：中国大百科全书出版社，1985：172.

④ 钟启泉．打造教师的一双慧眼：谈“三维目标”教学的研究 [J]. 上海教育科研，2010 (2)：4-7.

⑤ 黄梅，李远蓉．三维目标的知识加工与教学策略 [J]. 课程．教材．教法，2010 (4)：22-28.

⑥ 杨九俊．新课程三维目标：理解与落实 [J]. 教育研究，2008 (9)：40-46.

⑦ 李亦菲，朱小蔓．新课程三维目标整合的 KAPO 模型 [J]. 天津师范大学学报（基础教育版），2010 (1)：1-10.

改变的五大支柱。经合组织（OECD）将核心素养体系概括为“人与社会”“人与自己”和“人与工具”三个方面。[①] 欧盟（EU）提出八个领域的核心素养。综合吸收上述研究成果，可拟出不同层面教学评研共同体比较完备的教学评研目标内容体系。如：课时教学评研目标的内容框架（见表3-1）。

表3-1 课时教学评研目标的内容框架

<table>
<tr><th>本质特征</th><th>对话形式</th><th>实体要素</th><th>教学关系</th><th>指标要素</th><th>表现描述</th></tr>
<tr><td rowspan="6">认知—文化性实践
对象性活动</td><td rowspan="6">人与物</td><td rowspan="3">教师·课程</td><td rowspan="3">调适关系</td><td>目标确定</td><td>明确、具体、可测</td></tr>
<tr><td>内容设置</td><td>主题、结构、呈现</td></tr>
<tr><td>技术运用</td><td>关联性、新颖性、多样性</td></tr>
<tr><td rowspan="3">学生·课程</td><td rowspan="3">创生关系</td><td>学习方式</td><td>自主、反思、质疑、探究</td></tr>
<tr><td>学习过程</td><td>规范、灵活、轻松</td></tr>
<tr><td>学习效果</td><td>学会、学好、人文化成</td></tr>
<tr><td rowspan="6">社会—交往性实践
社会性活动</td><td rowspan="6">人与人</td><td rowspan="3">教师·学生</td><td rowspan="3">导学关系</td><td>提问应答</td><td>启发性、挑战性、全体性</td></tr>
<tr><td>活动引导</td><td>任务、责任、路径、时效</td></tr>
<tr><td>评价反馈</td><td>客观、及时、正向</td></tr>
<tr><td rowspan="3">学生·学生</td><td rowspan="3">合作关系</td><td>合作研讨</td><td>团结、互助、共享</td></tr>
<tr><td>良性竞争</td><td>互促、互学、竞争</td></tr>
<tr><td>指导评估</td><td>互教、互评、相互指导</td></tr>
<tr><td rowspan="6">情感—伦理性实践
反思性活动</td><td rowspan="6">人与自身</td><td rowspan="3">教师·自身</td><td rowspan="3">反身关系</td><td>教学动机</td><td>个人价值、职业要求</td></tr>
<tr><td>教学状态</td><td>有激情、有精力、有情怀</td></tr>
<tr><td>教学体验</td><td>感悟、愉悦、成功</td></tr>
<tr><td rowspan="3">学生·自身</td><td rowspan="3">反身关系</td><td>学习动机</td><td>内在兴趣、升学要求</td></tr>
<tr><td>学习状态</td><td>有动力、有精力、有活力</td></tr>
<tr><td>学习体验</td><td>感悟、愉悦、成功</td></tr>
</table>

教学评研共同体巨系统的有效生成与运行演化，有赖于自上而下的行政推动式和自下而上的草根生发式等两种路径不断地相互靠近、相互渗透、相互作用和相互转化，通过这种双向建构的方式使得教学评研共同体的教育生态系统最终得以整体建构。具体分析教学评研共同体巨系统中某

① 裴新宁，刘新阳．为21世纪重建教育：欧盟“核心素养”框架的确立［J］．全球教育展望，2013（12）：89-102.

一层面教学评研共同体的结构和机理将会加深对其他层面教学评研共同体的深入了解。

“课程改革的核心环节是课堂改革。”① 由于研究条件、研究时间和研究者能力等方面的限制，研究者无法对教学评研共同体巨系统每个层面的教学评研共同体都进行全面深入研究，教学评研共同体研究主要基于生成论教学哲学，聚焦课堂层面的教学评研共同体，再视具体情况向微观层面的教学评研共同体和宏观层面的教学评研共同体适当拓展，形成更大范围内的教学评研共同体。有必要具体探讨课堂层面教学评研共同体的概念、结构、功能、演化阶段、演化机制、建构原则和建构策略。

三、课堂层面教学评研共同体的核心概念

教学评研共同体的构建研究涉及教学评研、共同体、交往、立体交往、教学评研共同体和立体交往教学评研共同体等基本概念及其内在联系，对它们进行操作化界定和合理解释是教学评研共同体研究的逻辑前提。

1. 教学评研

教学不仅仅是甚至严格来说并不是教师或学生的活动存在，而是师生共同的活动存在。也并非师生的任何共同活动都是教学，只有作为特别社会角色的师与生的特别活动，即师生教与学的共同活动，才是教学。只有教师的教和学生的学真正地相互作用，只有教和学的特定内涵在合目的的、一体化的方向上对应的和适当的能动展现，才有教学的真正发生，才能成就教学的存在。② 教学在本质上是一种特殊的交往活动。③ 通过师生共同研究的推动作用，评融入教与学之中，实现教—学—评一致性。具体来讲，教学评研是以促进人、文化与社会的三重建构为目的，以课程为对象，以教与学的对成为发生机制和存在方式，通过研究的推动与黏合作用，融评入教与学之中实现教学评研一体化运作的师生间特殊的交往活动。

---

① 钟启泉．基于核心素养的课程发展：挑战与课题［J］．全球教育展望，2016（1）：3-25.

② 张广君．教学存在的发生学考察：一个新的视角［J］．教育研究，2002（2）：63-67，96.

③ 张广君．反思·定位·回归：论“教学认识论”［J］．西北师大学报（社会科学版），2002（5）：37-42.

2. 共同体

马克思和恩格斯指出，存在着种种假冒的、虚假的、虚幻的共同体。严格来说，并非任何人类群体都是真正意义上的人群共同体。① 也不是人们在一起交往，就会形成共同体。共同体是指共在的主体朝着共同的目标，在共同的实践活动中以共同的实践领域为客体展开相互联系、相互作用、相互沟通和相互理解时不断生成的生态系统。这个生态系统既体现了早期“共同体”意义之中原始自然的情感与舒适，也体现了现代分工合作所需的理性与秩序。共同利益与个体担当并重，并蕴含着从自在、自主、自为到自由阶段不断演化的特征。

3. 交往

交往是指以语言符号为媒介，以一定内容为客体的共在的主体之间动态的关系或联系，其本质是共在的具有主体性的个体之间、群体之间或个体与群体之间动态的相互联系、相互作用、相互沟通和相互理解。这些相互关系或联系在课堂上融入教、学、评、研具体活动之中。交往还必须以一定内容为客体，因为“人们无法传达作为一种纯粹抽象过程而存在的语言，人们必须在某种程度上同时传达存在于这种语言背后的生活”②。课堂交往的内容是课程，涵盖了帕尔默提及的“伟大事物”或“主体”。正如帕尔默所言，一切活动都应该围绕它们展开。③ 也就是说，课程是交往的内容和核心。

4. 立体交往

立体交往是指在课堂教学评研过程中，以学习小组为核心，共在的具有主体性的教师个体、学生个体、学生小组与全班学生等多极教学评研主体间运用语言媒介，在共同的教学评研活动中以课程为客体展开的各种属性复杂、形态多样的、立体丰富的相互联系、相互作用、相互沟通和相互理解。具体体现为师班交往、师个交往、师组交往、组班交往、组组交往、个组交往、个班交往、个个交往等八种不同的交往方式及其相互间的立体关系。如：虽然所有交往形式在伦理上都是平等的水平交往，但按知识技能的掌握

---

① 郭湛．论社会群体及其主体性［J］．社会科学战线，2001（6）：76-81.

② 米德．心灵、自我和社会［M］．霍桂桓，译．北京：北京联合出版公司，2014：214.

③ 帕尔默．教学勇气：漫步教师心灵［M］．吴国珍，等译．上海：华东师范大学出版社，2014：100.

情况和熟练程度，师生之间、组内学优生和学弱生之间的交往，属于纵向垂直交往；而组内合作和脑力激荡、同等学力的生生之间和组组之间的合作与竞争，则属于横向水平交往。立体交往的实现及其价值，不在于其表面的复杂与主体的类分，而在于其深入个体内心和关涉在场群体的整个课堂交往文化的内在品性。

5. 教学评研共同体

教学评研共同体是共在的具有主体性的师生朝着共同的教学评研目标，在共同的教学评研活动中以课程为客体展开相互联系、相互作用、相互沟通和相互理解时不断生成的教育生态系统。生成论教学哲学认为教学存在是实体、活动、关系与过程的辩证统一体，人文化成是教学存在的基本职能。教学评研共同体的实体要素包括师生主体和课程客体，活动要素包括体现一定教育意涵的教、学、评、研具体行为。师生主体之间在共同的教学评研活动中以课程为对象展开交往形成各种内部联系或关系，即教学评研共同体的基本结构。教学评研共同体与外部环境的联系或关系体现在外部环境为教学评研共同体系统提供一定的条件并提出一定的要求。而教学评研共同体则在接受外部条件和回应外部环境要求的同时，通过其结构对外部环境表现出人、文化与社会的三重建构的主要功能，这种功能就是教学评研共同体共同的教学评研目标。功能的确定与发挥程度受制于外部条件和要求，也取决于教学评研共同体的主观能动性。作为建构教学评研共同体的主体，教师及其引导下的学生很难有机会和能力掌控外部条件和要求，因而在探索教学评研共同体和外部环境的双边关系时，将侧重讨论教学评研共同体的功能，只在必要的时候就环境对教学评研共同体提供的条件和提出的要求做适当探讨。因而师生主体、课程客体、教学评研活动、交往和共同的教学评研目标成为教学评研共同体的核心组成部分。

6. 立体交往教学评研共同体

立体交往教学评研共同体是共在的具有主体性的师生朝着共同的教学评研目标，在共同的教学评研活动中以课程为客体展开各种属性复杂、形态多样、立体丰富的相互联系、相互作用、相互沟通和相互理解时形成的立体的教育生态系统。师生主体、课程客体、教学评研活动、立体交往和共同的教学评研目标成为立体交往教学评研共同体的核心组成部分。“在真正的共同体的条件下，各个人在自己的联合中并通过这种联合获得自己的自由。”①“共同利益要在相互关系中才能实现，在这种关系中或者通过这种关系，人们才能够实现他们的福祉。”② 师生主体性和共同的教学评研目标只能在共同体条件下的相互关系中或通过这种关系实现，其实现程度直接受制于教学评研共同体中各种联合或关系的立体化水平和丰富程度。立体交往因而成为师生之间、生生之间联合的最佳表征形式和立体交往教学评研共同体的根本特性。立体交往教学评研共同体功能的不断改善与其主体、客体、活动等诸要素及其结构的不断优化形成立体交往教学评研共同体的演进过程。

交往、立体交往、教学评研共同体和立体交往教学评研共同体之间有着层次分明的内在逻辑区分与衔接。一方面，立体交往和立体交往教学评研共同体分别由交往和教学评研共同体升华而成。前两者增加了交往属性的复杂性和交往形态的多样性，使之相对于后两者显得更为丰富立体，但各自诸多其他的相同本质属性又将它们紧密衔接在一起，前两者必须以后两者为基础。另一方面，教学评研共同体和立体交往教学评研共同体分别由交往和立体交往跃迁而来。前两者增加了师生主体、课程客体、教学评研活动和共同的教学评研目标等四大组分，使之相对于后两者有了质的变化而跃升为新的存在。但是，后两者作为前两者最为本质的特征，融入前两者之中，并成为它们各自不可分割的有机构件。

第二节　教学评研共同体的结构和功能

生成论教学哲学秉持“关系优先”的教学本体论前设，认为“教学首先是一关系概念，其次是活动概念，再次才是实体概念”③。教学评研共同体之实体间的关系体现为共在的多极教学评研主体之间在以课程为客体展开交往或互动的过程中形成的主体—客体—主体的立体结构；教学评研共同体之活

① 马克思，恩格斯．马克思恩格斯选集：第 1 卷［M］．北京：人民出版社，1995：119.

② TANG Q，et al. Rethinking education：towards a global common good？［M］. Paris：UNESCO，2015：78.

③ 张广君．教学本体论［M］．兰州：甘肃教育出版社，2002：117.

动间的关系则体现为教、学、评、研具体行为在相互依存、相互制约、相互渗透、相互转化过程中形成的教学评研一体化结构。两者相互交织，共同发挥人、文化与社会等三重建构的主要功能。

一、教学评研共同体的基本结构

（一）实体结构

教学评研共同体的实体要素包括师生主体和课程客体。师生主体具体表现为共在的具有主体性的教师个体、学生个体、学生小组和全班学生等多极教学评研主体。他们之间形成“主体—主体”的主体际关系，还与课程结成“主体—客体”的主客体关系。即是说，多极主体之间以课程为客体，通过各种不同的方式相互作用、相互联系、相互沟通和相互理解，形成教学评研共同体主体—客体—主体的实体结构，反映的是内含客体的主体际关系。这些交往方式纵横交错的展开可以产生不同的交往组合样态，创生出各种不同属性和不同形态的师生关系和生生关系，形成丰富立体的教学评研关系网络可以在不同学校、不同年级、不同学科、不同课型、不同授课内容以及不同教师风格的课上融合几种不同的交往方式，形成相对稳定的交往模式。如：昌乐二中的“271 高效课堂模式”等。复杂多变的交往组合样态和相对稳定的交往模式的不断展开和形成，促使现实中的课堂教学评研过程总是处于不断转变生成之中，同时又能保持一定的稳定性和连贯性，教学评研共同体的实体结构也在教学评研活动的绵延展开和教学评研过程的持续生成中不断实现自我的更新、扬弃和优化。

（二）活动结构

教学评研共同体的活动要素包括体现一定教育意涵的教、学、评、研具体行为。在共同的教学评研目标导向下，教学评研活动相互依存、相互制约、相互渗透、相互转化，实现目标导向下的教学评研一体化运作，形成教学评研共同体的活动结构，反映的是主体行为之间的一体化关系。这个由目标统一引领，教、学、评、研四维互动的立体活动结构在形式上呈现为一个四棱锥，四棱锥的顶点是教学评研目标，底面的四个顶点分别对应教、学、评、研四种活动，各部分之间有区别亦有联系。生成论教学哲学秉承教学对成观，认为教与学在本体层面上相对而生、相待而成。① 教学评研共同体的发生、存在与演化都不能脱离教与学的对成，否则将成为一种非教学的存在而使教学评研共同体发生异化。评估也与教学、学习、研究一起构成教学评研四位一体的整体，以一种“合力”的方式致力于共同的教学评研目标的最终达成，在学习目标、课堂设计、课堂评价和教学活动等方面给课堂带来了深刻的变革。②

二、教学评研共同体的主要功能

生成论教学哲学认为教学的基本职能在于促进人的文化生成。教学评研共同体主体—客体—主体的立体结构决定其主要功能是加速人的文化与社会化，促进学生的全面发展。共在的多极教学评研共同主体之间，共同主体和课程客体之间在一体化的教学评研活动中相互联系、相互作用，实现实体结构和活动结构的有机整合，形成融入在具体活动中的共同体主体—客体—主体的立体结构。共在的师生主体在共同的教学评研目标的引领下，以语言符号为主要媒介，在教学评研活动中围绕课程展开交往的过程成为共同主体，获得共同主体性。在本质上，共在的多极主体之间的交往是一种人与人之间的对话实践，在实现人与自己、人与课程的对话实践中起着中间桥梁的作用。通过这种沟通作用，共在的多极主体之间的交往最终得以融入更为广阔的“人与社会”“人与自己”和“人与工具”③ 等三个方面的立体对话网络之中，使学生在“文化基础、自主发展、社会参与”等方面的核心素养得以整体提高，并终而成为“全面发展的人”。

第三节　教学评研共同体的演化

为准确把握实体、活动、关系和过程相统一的教学评研共同体，不仅要以

---

① 张广君．教学存在的建构交往观：内涵·特征·意义［J］．西北师大学报（社会科学版），2001（6）：5-11.

② 张菊荣．“教—学—评一致性”给课堂带来了什么？［J］．中小学管理，2013（1）：7-9.

③ 裴新宁，刘新阳．为21世纪重建教育：欧盟“核心素养”框架的确立［J］．全球教育展望，2013（12）：89-102.

静态的眼光解读其共时态的立体结构，对教学评研共同体这个存在者进行诠释，回答它“是怎样的”问题；还要从动态的角度追踪其历时态的演化机制，对教学评研共同体这个存在本身进行解读，回答它“是如何演化的”问题。

一、教学评研共同体的演化阶段

莱夫和温格认为不是从无到有地创造实践共同体，而是通过精心设计引领它们的演化。他们认为实践共同体的发展大致经历了潜在期、接合期、成熟期、管理期和转变期等五个阶段。① 佐藤学借鉴真木悠介提出的“自在性共同体”“群集性共同体”“自为性共同体”等三种社会形态，认为课堂作为一个微型社会，其发展也经历了原始共同体社会、群集性社会和学习共同体社会等三种形态。生成论教学哲学秉持教学认识论的生成性思维方式，强调事物及其属性在发展过程中不断生成。教学评研共同体是一个人为的过程性存在，其发生、运行和演化的宿命理应是基于人性、顺应人性、为了人性。从“目的论、认识论、伦理学、美学诸关系范型”② 的演进历程来看，人一般来讲要经历自在、自主、自为和自由的几个发展阶段。开展教学评研活动和建构教学评研共同体的终极目的是促进人（尤其是学生）的全面发展，随着师生主体（尤其是学生）在教、学、评、研活动中从自在、自主、自为和自由阶段不断发展，教学评研共同体也相应大体上经历了为着一定的目的而基本上是自发生成、自然运行的自在发展阶段，为着更有效的目的达成而寻求事物规律并选择合理工具的手段自省、过程调控的自主发展阶段，基于人本意识的觉醒、道德标准的确立而道德反思、发展自觉的自为发展阶段，以及在某种程度某些方面发生着、显示出和正在为人们所追求着的基于对目的—手段—结果—自我内在规定性的一体化占有、整体性超越而全面扬弃、综合创造的自由发展阶段。这四种发展阶段的合理性基础分别是：目的合理性，目的—工具合理性，目的—工具—道德合理性，目的—工具—道德—创造合理性。③

① 温格．实践社团：学习型组织知识管理指南［M］．边婧，译．北京：机械工业出版社，2003：58.

② 周浩波，迟艳杰．教学哲学［M］．沈阳：辽宁教育出版社，1993：102.

③ 张广君．论教学存在的整体分析框架［J］．青海师范大学学报（哲学社会科学版），2002（2）：116-119.

与人的自在、自主、自为、自由的四个发展阶段相一致，教师和学生的发展也分成自在、自主、自为和自由四个阶段。师生在自然展开的教学评研活动中自发的、自然的历练和学习，更多是自在行为，此时的师生发展还处于自在阶段。师生在教学评研活动中的摸索、反思、积累中更多将注意力集中在教学评研活动本身，知道怎么做，还知道这么做的原因、意义和背景，这种思维状态下的行为是自主行为，但还处于技术阶段，可能有自觉，但是自为少一些，只是进入了自主发展阶段。而师生在意识情绪状态中对自我不断审视，这种自我感知、体验内感的自觉的思维状态，进一步外化成行为和实践，使内在自觉的思维过程与心态外化为对过程的不断反思与超越以及自我驾驭与把握的自为行为，就进入了自为发展阶段。这是有意识的、人为的、自为的、能动的生成，师生对于自我的发展有着明确的自觉意识、鲜明的道德标准、清晰的目标取向、合理的路线规划和适当的方法运用。师生发展的最高阶段则是教师和学生的整个生活的生成性、体验的生成性进入生命化的层次，使得教学评研活动以及社会和自我整体存在样式处于一种自我审视的关系中，从而不断实现自我超越，使师生的生命真正进入显性的澄明的存在状态。生命的这种自我展开、自我驾驭、自我控制和自我发展，以自我为中心的实现是一种自由的表现，在共时态和历时态的维度上不断改变、超越和实现自我自由发展。这种自由只是指标性的、理想性的、状态性的某种境界，而不是具体的、现实的、长存的某一阶段，类似于瞬间的“高峰体验”的某种感觉和某种样式，是寓居于生成性的发展状态。换句话说，并不存在永远的自由。与此相应，教学评研共同体的发展阶段也可以归为自在、自主、自为和自由四个阶段，但自由阶段的教学评研共同体也不会是具体的现实的某一阶段，亦是一种指标性的理想性的发展状态。

作为一个不断演进的过程性存在，教学评研共同体历经自在、自主、自为到自由等四个演化阶段，并在每个阶段呈现出其典型的阶段性特征。生成论教学哲学将实体、活动、关系和过程及其间关系作为教学存在的本体分析框架，对教学评研共同体演进阶段特征的分析也可以从实体、活动、关系和过程及其间关系入手，具体分析教学评研共同体在不同发展阶段呈现出的要素、结构和功能等方面的基本特征。要素包括实体要素之主体要素、客体要素和活动要素；结构包括师生主体及其间关系、课程客体及其间关系和活动及其间关系；功能则是教学评研共同体系统与外部环境之间的关系，侧重于教学评研共同体对外部环境要求的回应（见表 3-2）。

表 3-2 教学评研共同体的演化阶段及其基本特征

阶段	维度	基本特征
自在	要素	主体要素方面，师生主体性缺乏，处于一种自发生成、自然而然的教学评研状态，体现出对班集体的直接性归属意识与对课堂规范的无意识承认。客体要素方面，课程单一，主要倚重于课本和教辅资料。活动要素方面，多是教与学的活动，缺少评和研
	结构	师生间的交往方式单一，主要是教师讲—全班听的师班交往方式，没有建立学习小组。课程内部结构单一，课本和教辅资料被机械忠实地使用，缺乏调适与整合。活动间关系简单，教与学简单对成，评和研相对缺位
	功能	缺乏明确的目标意识，教学随机生成，基本上是学生学到什么就是什么
自主	要素	主体要素方面，师生主体性增强，为提高教学评研成效而主动探索教学评研规律，对比选择合理的工具与方法，并理性调控教学评研过程。体现出课堂中权利义务的契约关系与制度性的角色关系。客体要素方面，课程资源丰富多样。活动要素方面，在教与学的活动之中，出现了评和研
	结构	师生间的交往方式形态多样、属性复杂，建立了正式或非正式的学习小组。课程得到整合，课程体系开始得到建构。教、学、评、研四维互动
	功能	侧重追求优异的考试成绩和高升学率的教学成效，在一定程度上兼顾了人、文化与社会的三重建构
自为	要素	主体要素方面，除主体性进一步增强之外，师生的人本意识开始觉醒，道德标准也开始确立，有意识地自我审视各种关系并自觉将内省外化为变革实践的理性自为的行为。客体要素方面，课程资源得到充分挖掘与利用，并依据实际情况以忠实、调适或创生形式得到实施。活动要素方面，通过师生研究的推动作用，评融入教与学的活动之中
	结构	师生间出现立体化的交往网络，建立了正式的学习小组且运行良好。课程得到整合，建立了科学合理的课程体系。实现了教学评研一体化运作
	功能	发挥出人、文化与社会的三重建构功能，并旨在促进人的全面发展

续表

阶段	维度	基本特征
自由	要素	主体要素方面，师生全面占有了自己的本质，教学评研成为师生生命化的整体活动。客体要素方面，课程资源充裕，并以适当实行得到灵活实施。活动要素方面，教、学、评、研自由涌现
	结构	师生间的交往方式丰富多样，各种交往方式得以自由组合，正式或非正式的学习小组根据实际需要灵动显现或隐退。课程体系完整和谐。教、学、评、研有机融合、浑然天成，实现了教学评研一体化运作
	功能	人、文化与社会得到全面建构，实现了人的全面而自由的发展

二、教学评研共同体的演化机制

教学评研共同体的演化，是由其要素、结构、功能的改变引起的教学评研共同体系统存在的形态演替和性能波动。具体表现为由功能、实体要素及其结构、活动要素及其结构的改善所导致的教学评研共同体存在形态向高级阶段的不断演替和教学评研共同体系统性能向高阶水平的不断提升。实体要素分为师生主体和课程客体，因此，实体要素及其结构又进一步细分为主体要素及其结构和客体要素及其结构。功能方面，通过构建分层的纵向教学评研目标链和配以完备的横向内容“领域”，建立共同的教学评研目标体系。主体要素方面，通过使教师和学生成为课程开发者、教学评研过程创生者、学习为本评估者和教学评研研究者，增进师生的主体性。主体结构方面，通过开展各种交往形成丰富的组合样态和交往模式，优化教学评研共同体的关系网络。客体要素方面，调动各方面的潜能，对各种课程资源进行充分开发、深入挖掘和合理利用。客体结构方面，有机融合国家课程、地方课程和校本课程，整体优化课程结构。活动要素方面，促进学生的学对教师可见和教师的教对学生可见①、运用学本评估②以及创设校本教研和行动研究平台，丰富教学评研活动的教育意涵。活动结构方面，通过师生研究的推动作用，

① 哈蒂．可见的学习：最大程度地促进学习［M］．教师版．金莺莲，洪超，裴新宁，译．北京：教育科学出版社，2015：1.

② CARLESS D. Learning-oriented assessment: conceptual bases and practical implications [J]. Innovations in Education and Teaching International, 2007, 44 (1): 57-66.

增强教学评研主体行为之间的一体化程度。

教学评研共同体的演化是复杂的存在形态演替和系统性能波动。由教学评研共同体共同的教学评研目标的改善而引起的教学评研共同体的演进可称之为功能型演化；由实体要素及其结构的改善而引起的教学评研共同体的演进可称之为教学评研共同体的内涵型演化；而由教学评研活动要素及其结构的改善而引起的教学评研共同体的演进可称之为教学评研共同体的外延型演化。三者之间是互为表里、相互依存、相互促进、相互转化的耦合关系。既有可能是先由功能型演化引起内涵型演化和/或外延型演化；也有可能是先由内涵型演化引起外延型演化和/或功能型演化；还有可能是先由外延型演化引起内涵型演化和/或功能型演化。生成论教学哲学认为教学演化具有“历史尺度上的绝对不可逆和个体尺度上的相对可逆”的规律性，[①] 教学评研共同体在短时期内有可能出现正演化、负演化和零演化等三种或然的演化状态，但在历史长河中又显现出不可逆的正演化的必然趋势。在某一具体时期，教师和学生身处其中的教学评研共同体总是面临着三种或然的演化状态，成为困扰师生的现实问题，也确定了师生追求正演化而不懈努力的方向。

第四节　教学评研共同体的建构原则

要使教学评研共同体实现从自在、自主、自为到自由阶段的顺利建构，还需要借助于教学评研主体对教学评研共同体怀有的共同理解，就师生间特殊交往活动达成一定的共识，遵循平等对话、立体交往、相互理解和动态生成等一系列的原则。

一、平等对话原则

保罗·弗莱雷（Paulo Freire）曾经指出，没有了对话，就没有了交流，也就没有了真正的教育。对话是师生主体间交往展开的形态和灵魂，是指师

① 张广君．本体论视野中的教学演化：一种新的教学史观［J］．教育研究，2002（11）：56-60.

生在相互尊重、信任和平等的立场上，以语言为主要媒介，通过言谈和倾听而进行双向沟通的方式。对话不仅仅是指教学评研主体之间的语言交谈，更是指双方的内心世界坦诚的敞开和接纳，是指双方共同在场、相互吸引、相互包容的关系，这种对话更多是指双方精神交互性的承领，师生在互相对话的过程中，形成主体间性，建立和谐关系，并完成各自的意义建构。

在师生对话的交互关系中，师生之间、生生之间通过平等的对话达到精神相遇和视界融合。一方面，教师和学生是伦理上平等的教学评研主体，彼此之间结成主体际关系。教师是内在于教学评研情景的指导者，而不是外在于教学评研情景的专制者。要打破教师的一言堂，实现话语权由教师和学生共同分享，将话语权真正交给学生。另一方面，教师要树立正确的学生观，对所有学生持宽容的态度，平等对待每一位学生，同样关注每一个学生，保证对话得以维系，帮助学生树立自尊心、自信心，提高每一位学生课堂参与的积极性。

二、立体交往原则

马克思指出，人的本质是各种社会关系的总和。教学评研活动要依据人性，为了人性，使教学评研活动成为师生围绕课程展开的一种交往过程，走向立体交往因而成为建构教学评研共同体的必然追求。在这个“分布式、去中心化”①的立体交往网络和分布式系统中没有强制性的中心控制，教师作为一个引导者，既保持必要的权威，又以一种传统角色消解的方式和平等的身份步入教学评研情景，以一种敞开的伙伴的态度关照学生，贴近学生心灵，实现人对人的主体间心灵交流。学生小组以及学生个体具有高度的自主性和自治性，又彼此高度连接，相互间的影响通过交往网络形成非线性因果关系，使得这种立体交往能够唤醒生命、激扬生命、展示生命的力量。在交往中，师生成为自我生命的实现者，每个人都以自己独特的存在与发展方式，不断实现自我生成和自我超越。

在课堂教学评研的各种立体交往或多边互动活动中，学生不但能与教师直接交流，也可与同学进行多向沟通。可结合具体教学评研内容以及学生实

---

① 凯利．失控：全人类的最终命运和结局［M］．张行舟，等译．北京：电子工业出版社，2016：42.

际情况，把全班学生分成 4 人一组的若干学习小组，为学生提供更多的交往机会。教师、学生个体、学生小组和全班学生等多极教学评研主体之间开展各种立体交往活动，彼此间相互讨论、相互学习、相互启发、相互帮助，形成立体交互的思维网络，有利于充分利用学生资源，往往会涌现新的系统质，产生 1+1>2 的效果。通过交往，激发学生主动参与学习的动机，调动学生学习的积极性。这种团结合作、你追我赶的学习方式有利于培养学生合作精神和竞争意识，提升学生交往能力，加速学生的文化和社会化。

三、相互理解原则

理解因其涉及认知与文化的传承而成为建构教学评研共同体的主要原则之一。理解是有语言和行为能力的教师和学生之间认知统一的过程。“当姿态在做出它们的个体那里明显地导致——或者说被认为明显地导致——的反应完全相同的时候，它们就变成了有意味的符号。”① 理解成为获得有意味的符号的必要前提，教学评研共同体中的多极主体彼此承认各自思想观念的合法性，能够理解对方发出的姿态及其可能导致的反应，以达成和对方一致的理解，从而获得有意味的符号，实现心灵和智力的成长与发展。这就要求符号所表达的内容要联系生活和学生已有的知识经验，使师生在“生活世界”范围内相互理解。此外，语言媒介及辅助方式也应具有可理解性，教学评研主体之间相互沟通、相互协调，获得有意味的符号，并在此过程中不断提升语言的精确性。

理解也是教师和学生形成主体间性交往关系的唯一方式。哈贝马斯（Habermas）认为交往行为是一种以理解为取向的行为，这种意见一致不是简单的对客观世界的认识一致，不是在运用策略过程中的客观的一致，也不是通过规范等外力达成的意见一致，而是在相互信任和共同信念基础上的意见一致。这种意见一致必须通过理解来达到。教学评研主体要想真正理解对方，必须对对方话语中所包含的实际意义有所理解，并对对方的言说方式及其言外之意有切实的理解。在相互理解、共享知识、彼此信任的基础上导向某种认同。交往主体从各自的理解结构出发达成视界融合和精神世界的敞

---

① 米德．心灵、自我和社会［M］．霍桂桓，译．北京：北京联合出版公司，2014：52.

亮，实现人和人的心灵上最微妙的相互接触。①

四、动态生成原则

人是一种未完成的存在物，处在变异的绝对运动之中，人性因而具有可变性和生成性，“此在”的本质在于“它所包含的存在向来就是它有待去是的那个存在”②。与此相对应，生成论教学哲学认为教学作为人为的和为人的存在，也具有动态生成性。米德符号互动理论也深受达尔文进化论的影响，认为自我、心灵和社会都是一个相互促进、不断进化的过程。这要求我们不仅要横向把握教学评研共同体的结构，还要纵向促进教学评研共同体的演进，不断实现人的自我塑造和自我创造，促进学生人性的不断丰富与完善。

可以在对目标、内容、方式和评价等课程与教学基本要素进行大致预设的基础上，根据现实课堂情境中涌现与生成的课程与教学资源，不断调整目标、内容、方式和评价，从而生成更多的课程与教学资源，实现预设与生成的和谐共振。这要求教师根据课堂中不断变化生成的情景，充分发挥教学评研机智，捕捉课堂情境中以偶然的、即兴的、变化的、互动的、个性的、灵活的、情感的、复杂的活动方式出现的各种机遇与资源，适时调整教学评研策略与交往方式，促进师生间、生生间的相互交流与对话、认知冲突与理解、发现与认同，使课堂焕发出生命活力，在促进教学评研共同体的不断演进的同时实现人、文化与社会的三重建构。

第五节　教学评研共同体的建构策略

生成论教学哲学根据系统科学方法论的基本原理，以整体的、关联的、层次的、动态的和时序的观点看待教学存在的实体、活动、关系和过程及其间关系，不断改善教学评研共同体的要素、结构和功能，促使教学评研共同

① 帅飞飞．课堂教学交往的方式、原则与合理化途径［J］．教学与管理，2009（36）：5-6.

② 海德格尔．存在与时间［M］．陈嘉映，王庆节，译．北京：生活·读书·新知三联书店，2014：15.

体不断向前演进。在课堂实践中现实地构建教学评研共同体的基本策略应聚焦于其功能的改善与主体、客体、活动等诸要素及其结构的优化。

一、建立共同的教学评研目标

生成论教学哲学的人文化成价值论，是理解教学评研共同体的本体存在、结构构建、功能发挥的逻辑基础和价值前提。不仅需要在横向内容上配以认知、技能、情感等不同“领域”的具体内容，而且需要在纵向结构上从最高教育目的渐次具体化为课时教学评研目标。将横向上各不相同的教学评研目标内容渗透到一系列纵向分层的教学评研目标结构链中，构成内容完备、结构分层的教学评研目标体系。各层目标及其内容相互依存、相互渗透，在预设与生成中和谐共振、动态发展、持续完善，促进教学评研共同体不断发展。

以“高中生要不要带手机进校园?”的英语写作教学评研为例。内容方面，领会国家教育目的的基本精神，吸收学生发展核心素养体系研究的最新成果，综合考虑英语写作教学评研的本质和学习的内容、动机与互动三个维度。[①] 以此为基础，确定一个师生密切关注的写作话题，旨在引导学生在掌握写作知识与技能的过程中相互交流，学会辩证批判地看待现代科技，培养正确的价值观。确保写作教学评研目标涵盖了认知、技能、情感等不同“领域”的具体内容。结构方面，领会国家最高目的的精神，确立“人文化成”的写作教学评研宏观目标。中观目标细化为获得社会认可、获得英语学习能力等相互作用和相互转化的两个方面。微观目标是用适当的策略和方法完成即时的写作教学评研任务并享受不断改进当下写作教学评研实践的过程，细化为英语知识、写作技能、合作互动、情感、价值观等方面的小目标，形成逐级具体化的写作教学评研目标链。

二、增进教师和学生的主体性

从生成论教学哲学的视角来看，作为任何教学评研及其过程所必需并承载着全部教学评研性质的各主体要素，其各自基本特质、相互之间的内在联

① 伊列雷斯．我们如何学习：全视角学习理论［M］．孙玫璐，译．北京：教育科学出版社，2010：29.

系及演变过程，对于教学评研共同体来说，具有基本的和不可替代的本体论地位和作用，因而增进师生的主体性是构建教学评研共同体的一条重要策略。

在现实的教、学、评、研活动中，教师和所有学生全都不具备主体性的师生群体不是或最多只不过是自在阶段的教学评研共同体，而教师和所有学生全都具有完全的主体性，且这种主体性之间和谐共存的师生群体是处于自由阶段的教学评研共同体。这两种极端现象都很少存在于课堂教学实践之中。因而，现实地增进师生的主体性主要通过以下两条途径：一条是通过使教师和更多的学生投入教学评研过程之中来增加教学评研共同体中具有主体性的师生数目，并使之不断接近或达到教学评研共同体的成员总数；另一条则是通过使师生成为教学评研目标制定者、本校课程开发者、可见的教学评研过程创生者、学习为本评估者和教学评研研究者，以提高师生的反思水平和元认知能力，不断提高师生个体的主体性水平。

具有主体性的师生数目的增加和师生个体主体性水平的增强之间存在相互作用、相互促进的关系。具有主体性的师生数目的增加，会增加个体主体性的来源和动力，从而提升师生个体的主体性水平。反过来，师生个体主体性水平的提升也会改善教学评研活动的质量，从而吸引更多的师生参与其中。依次反复，形成良性循环，持续增进师生的主体性，实现教学评研共同体的不断演进。

三、创生立体交往的关系网络

关系进化论是生成论教学哲学认识论的一条方法论主线。① 马丁·布伯（Martin Buber）指出，“我们栖居于万有相互玉成的浩渺人生中”②。教学评研主体之间要结成亲切的“我—你”关系，而不是冷冰冰的“我—它”对象性关系。教学评研共同体是一种基于并促进各类相关关系不断形成、发展、提升、进化的关系性存在。教学评研关系的进化从根本上决定着教学评研共同体的演进。立体交往是教学评研关系的最佳表征形式。形态方面，教学评研关系的进化体现在创生课堂立体交往关系网络上，这需要改变传统师班交

① 张广君．生成论教学哲学的核心观点［J］．当代教育与文化，2012（2）：30-38.

② 布伯．我与你［M］．陈维纲，译．北京：商务印书馆，2015：19.

往和师个交往占主导地位的单一垂直交往模式，增加以学习小组为核心的师生之间、生生之间多样化的立体交往。属性方面，教学评研关系的进化体现在对当下具体教、学、评、研活动所涉目的、知识、主体、场域等的一体化占有和不断超越。如：在学习小组间开展合作、沙龙或竞争，在学习小组内开展合作、沙龙或互助。在课堂立体交往方面，洋思中学、杜郎口中学和昌乐二中等学校取得了令人瞩目的成绩，并对其他学校产生了广泛而积极的影响。

佐藤学指出，教学实践在其本质上是人与对象世界、与他人、与自己等三种对话的实践活动。① 教学评研共同体中的对话体现了主体和客体之间、主体与主体之间以及主体和自身之间的三种关系，分别反映了教学评研共同体中教、学、评、研活动的文化性、社会性和反思性特征。教学评研的关系内在于这三种对话关系之中。共在的多极主体之间的社会性对话、主体与客体之间的文化性对话、主体与其自身内在的反思性对话等三者之间相互交融，使得多极主体之间形成的课堂交往关系不断改善、深化或转化为宽广的立体对话关系网络，达成对现存教学评研共同体发展层次与水平的不断超越。

四、开发丰富多样的课程资源

作为整个教学评研活动的客体对象与核心内容，课程资源开发和教学评研活动形成了相互需求、相互支撑的关系。分布式认知理论认为认知可以分布在个体内、个体间、媒介、环境、文化、社会和时间等之中。因而，教师要树立课程资源意识，充分开发和利用课堂内外、校园内外的各种主体和物质等方面丰富的课程资源，推动教学评研共同体的形态演进。

主体方面，不仅要认识到教师和学生是课程资源的使用者和受益者，还要意识到教师与学生本身也是非常宝贵的课程资源。基于教师和学生的经验（尤其是学生经验），将教师和学生的（尤其是学生的）兴趣特长、自身需要、困难和问题、生活经历以及体验转化为可供利用的课程资源，使课程紧

① 佐藤学．教师的挑战：宁静的课堂革命［M］．钟启泉，陈静静，译．上海：华东师范大学出版社，2012：123.

密结合教师和学生（尤其是学生）的生活实际。① 物质方面，要充分利用校内的网络、图书馆、音乐室等各种场室设备和校外的博物馆、科技馆、工厂、农村、科研院所、教育实践基地等当地的自然资源、民间习俗和社区资源。打通学校与社会，实现学习与生活的深度融合，使学生的课程学习跨越课堂教、学、评、研活动的时空限制，从课堂内有限的教学评研空间延伸到课堂外乃至校外无限的自然与社会之中。

师生主体既是课程资源的开发者，又是可贵的课程资源，师生主体在开发各种课程资源的过程中不断展现和发挥自身的课程资源价值。随着信息技术的迅猛发展，越来越多的师生主体不仅借助 QQ 或微信平台开发独具个性的课程资源，还开始汲取大数据的力量，基于海量的用户“行为数据”来开发信息化课程资源，促进不同主体在校内、校际、地区间和在跨年级、跨学段、跨教育阶段的课程资源开发活动之间的协调和统整，实现教学评研共同体的不断建构。

五、搭建整体优化的课程体系

生成论教学哲学依据系统科学方法论，认为教学评研共同体课程功能的发挥除了取决于课程资源要素，还倚重于课程要素之间的结构。学生发展核心素养体系呼唤学校课程内在关系的优化，以培养“全面发展的人”。这不仅要求将丰富的课程资源整合成课程，还要进一步把这些课程要素编织起来，逐步搭建起整体优化、层次鲜明、动态关联的课程体系。

一方面，共在的师生主体可依据课程政策、地方状况、办学哲学、学校校情和自身水平，整合不同的课程资源，采取选择、改编和增补等方式对国家课程和地方课程进行校本化实施。如：寻找田园中的童年味道，② 用乡土资源滋养有根的地方课程。③ 也可以将独特的课程资源整合成校本课程。如：武汉、南京等地一些城市公办学校近年来关注农民工随迁子女在城市社会面

---

① 李晓静. 学生资源转化为课程资源的实践探索［J］. 中国教育学刊，2015（9）：88-91.

② 谢翌，邱霞燕. 童年的味道：寻找田园中的课程资源［J］. 课程. 教材. 教法，2015（7）：37-45.

③ 刘加宽. 用乡土资源滋养有根的地方课程［J］. 江苏教育研究，2016（Z4）：97-100.

临的“社会融合困境”，开发融合教育校本课程。① 另一方面，重视课程要素间的组织化程度和一致性水平，从宏观层面到微观层面实现课程结构的整体优化。在审视学校课程目标的基础上，分析各种课程类型的价值，从中选择符合学校课程目标的课程类型，调整各课程间的比例关系，优化课程内部各类知识及其在整个课程中所占的比例与地位。

丰富多彩的课程资源可以渗透到不同类型、不同比重的课程之中。像北京十一学校一样，从一个课程链上来为每一位学生设计，形成基于学校办学哲学的绿色健康的课程体系，使其结构具有分层、分类、综合、特需以及包容的特点，② 促进每一位学生的全面发展和教学评研共同体的形态演替。

六、丰富教学评研的活动意涵

体现一定教育意涵的教学评研作为具体的交往活动和师生主体的具体行为，对于教学评研共同体的演化同样具有基本的和不可替代的本体论地位和作用。丰富教学评研活动独特的教育意涵也就合乎逻辑地成为构建教学评研共同体的一条重要策略。

首先，共在的师生主体共同创生可见的教学评研过程，教师和学生一起通过协商合作的方式共同确立和分享可见的教学评研目标体系及其成功标准、共同设置可见的教学评研任务环、共同参与可见的学本评估，渐次增加教学评研活动对教师和学生的可见度。其次，根据不同的目的和情境灵活运用不同的学本评估手段，促进学生的学习。如：教师评估、学生自评和同伴互评等不同主体的评估方式以及“对学习的评价（Assessment of Learning）”“为学习的评价（Assessment for Learning）”和“作为学习的评价（Assessment as Learning）”等不同目的的评价模式。最后，师生共同成为教学评研研究者。作为一名反映的实践者（Reflective Practitioner），教师在行动中与复杂的、不稳定的教学评研情境进行反映性对话，“聆听情境的回话，并对情境做出新的评鉴，一步一步往前走”③。学生也通过对教学评研过程及

① 万荣根，郭丽莹，黄兆信．农民工随迁子女融合教育校本课程开发研究［J］．教育研究，2015（9）：111-118.

② 李希贵．为每一位学生的学习而设计［J］．课程．教材．教法，2015（1）：29-37.

③ 舍恩．反映的实践者：专业工作者如何在行动中思考［M］．夏林清，译．北京：教育科学出版社，2007：78.

其结果的反思和研究而学会成为自己的教师，表现出自我监控、自我评估、自我教学等自我调节的特征，从而学会学习。教师和学生在校本教研和行动研究中实现教学相长，共同发展。

七、促进教学评研一体化运作

在生成论教学哲学的理论视域内，需要以联系的观点看待教学评研的存在，在各种关系中看待和理解教学评研共同体发生、运行、演化的整个过程。在高度分化的基础上走向高度综合是国际课程与教学研究的一大趋势，试图整合教、学、评的学本评估和自主学习导向评价体系①的相关研究引起了很多国家与地区的关注。我国学者还建构了教—学—评一致性三因素理论模型，② 并取得了丰富的实践成果。在此时代背景下构建教学评研共同体，内在地规定我们不但要以分析的还原的方法深入挖掘和丰富教学评研活动各自独特的教育意涵，而且要以整体的关联的观点全面把握和整合教、学、评、研各项具体活动，实现教学评研一体化运作。

教学评研一体化强调在共同的教学评研目标的引领下，通过共在的具有主体性的教师个体、学生个体、学生小组和全班学生等多极教学评研主体共同推动作用，促进教学评研活动之间的有机整合和教学评研一体化运行与演进。在实际运用过程中，师生主体要依据课堂具体情境确立一体化的教学评研目标体系及其相应的成功标准，共同设置和协同完成一体化的教学评研任务环，共同创生对师生彼此可见的教学评研过程，以达成各项教学评研目标，从整体上促进教学评研共同体的持续构建。

小　结

通过前面的界定和阐释，一个课堂层面教学评研共同体的理论模型逐渐显现出来（见图 3-2）。以生成论教学哲学理论视域内的“教学存在的建构

① 莫慕贞．利用自主学习导向评估框架变革评价：实施工具［J］．考试研究，2013（1）：74-95.

② 崔允漷，雷浩．教—学—评一致性三因素理论模型的建构［J］．华东师范大学学报（教育科学版），2015（4）：15-22.

交往观或交往本体论”① 为其理论基础，这个模型可以解释为：在课堂教学评研情景中，共在的师生主体在共同的教学评研目标引领下，以语言符号为主要媒介，围绕课程客体，在体现一定教育意涵的教学评研活动中展开各种属性复杂、形态多样、立体丰富的相互联系、相互作用、相互沟通和相互理解时形成的教育生态系统。课程是教学评研共同体的核心，教师和学生围绕课程这个“伟大事物”，在师生之间、生生之间形成内含课程客体的“主体—客体—主体”的立体结构，并融入更为广阔的人与对象世界、人与他人以及人与自身的教学评研对话关系网络之中，实现师生的共同主体性。教学评研共同体也通过共同的教学评研目标的承载与达成来实现系统与环境的信息沟通和能量交换，从而得以融入更宏观的社会系统之中，实现人、文化与社会的三重建构，最终指向学生发展核心素养的整体提高和“全面发展的人”的生成。教学评研共同体也在其要素、结构、功能不断完善的过程中实现从自在、自主、自为到自由阶段的不断演替。

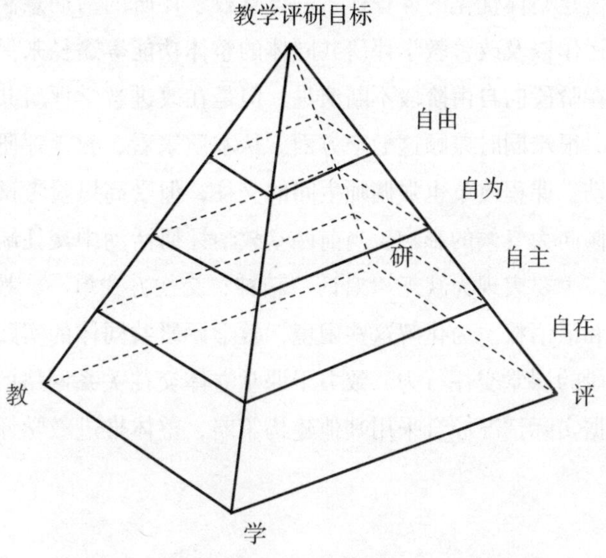

图 3-2 课堂层面教学评研共同体的理论模型

著名社会心理学家格根（Gergen）指出：“我们交往故我们存在。”教学

① 张广君．教学存在的建构交往观：内涵·特征·意义［J］．西北师大学报（社会科学版），2001（6）：5-11.

评研是师生间的特殊交往活动，走向立体交往的教学评研共同体是课堂教学改革的必然趋势。现实地构建教学评研共同体不存在一个严格的起点，相关研究可聚焦于不断增进师生的主体性、创生课堂立体交往关系网络、充分挖掘课程资源和搭建整体优化的课程体系来改善教学评研共同体的实体要素及其结构，使教学评研共同体在共同教学评研目标的引领和师生共同研究的推动下，通过丰富教学评研活动的教育意涵和促进教学评研一体化运作来改善教学评研共同体的活动要素及其结构，促使教学评研共同体从自在的低水平发展阶段向自为的高水平发展阶段不断演进，并尽可能地接近自由发展阶段。同时改善教学评研共同体的整体功能，提高学生的核心素养，帮助学生以更自信的面貌理解并积极融入更广阔深邃的文化和社会体系中去，终而实现人、文化与社会的三重建构。

改进教学评研共同体实践可以从教学评研共同体的要素、结构及其功能入手，通过增进教师和学生的主体性、创生立体交往的关系网络、充分挖掘课程资源和搭建整体优化的课程体系、丰富教学评研的活动意涵和促进教学评研一体化运作以及改善教学评研共同体的整体功能等途径来促使教学评研共同体从自在阶段向自由阶段不断演进。但是在改进教学评研共同体实践的行动研究中，很难同时兼顾这七个方面。从本质来看，教学评研是师生间特殊的交往活动，课程改革也强调师生间的交往，但受高风险考试压力和功利化教学评研倾向大气候的影响，当前课堂教学评研活动中交往缺失和异化现象仍然严重，主要表现为缺乏“对话”精神，交往方式单一，教师把持了交往的主动权和话语权。为化解这些困境，教学评研共同体的实践改进将重点聚焦高中阶段的课堂交往行为，致力于课堂立体交往关系网络的创生，在此基础上再根据实际情况综合采用其他建构策略，整体推进教学评研共同体的实践改进。

（部分内容发表在《教学与管理》2023 年第 22 期，有改动。）

第四章

教学评研共同体的实践现状

以教学评研共同体理论模型为基本分析框架，综合运用问卷调查法、课堂观察法、访谈法和实物分析法，先选取广东省中山市两所普通公办高中三名教师的课堂实践进行深入研究，发现高中阶段课堂层面教学评研共同体基本上处于自主发展阶段，也体现出一些自在发展阶段的基本特征，其成因主要包括文化因素的影响、师生主体的困扰和现实条件的钳制等各个方面。再采用调查问卷法，对广东省高中教师建构教学评研共同体的行为意向进行调查研究，发现广东省高中教师有着建构教学评研共同体的积极意向，其主要影响因素包括回报（包括利己性、利他性和社会责任感）和支持。从而开发出“高中教师建构教学评研共同体行为意向的量表”，并建构起高中教师建构教学评研共同体行为意向的结构方程模型。

第一节　教学评研共同体的现实困境

整体把握高中阶段课堂层面教学评研共同体的发展阶段及其成因，了解高中教师建构教学评研共同体的行为意向及其主要影响因素，是进一步改进课堂层面教学评研共同体实践的前提和基础。研究团队在广东省中山市 E 中学开展的 66 节课堂观察结果显示，师生交往占绝对优势（74. 17%），生生交往仅占 15. 39%，无交往占 10. 44%，表明 E 中学的课堂交往方式比较单一，以“教师—全班学生”的教师讲、学生听为主，伴有一些师生问答；学生独立学习的无交往形式亦占一定比重，其他课堂交往方式相对欠缺，没有形成真正意义上的学习小组。[①] 为深入了解课堂层面教学评研共同体的发展阶段及其成因，研究者选取中山市的 H 中学和 E 中学的课堂实践作为观课对象，包括 1 节英语课、1 节化学课和 1 节生物课，涵盖了文科和理科，授课教师包括 1 名中学高级教师、1 名中学一级教师和 1 名中学初级教师。按照历年高考成绩和教育行政机构、教师、学生及其家长的综合评价来看，E 中学是中山市所有普通高中中排名比较靠前的一所高中，属于中山市老牌的重点中学之一，但在重点中学的行列中排位靠后。H 中学是中山市排名靠后的一所普通高中，增挂中山市艺术学校牌衔。两所学校都有近百年历史，在中山市所有普通公办高中之中分别处于中上和中下水平，具有一定的代表性。

生成论教学哲学认为教学的本质是交往，新课程也“强调教学过程是师生交往、共同发展的互动过程”[②]。“学习是同新的世界的‘相遇’与‘对话’，是师生基于对话的‘冲刺’与‘挑战’。”[③] 考虑到教学评研活动的特殊交往本质，研究者聚焦于交往对选取的课堂进行观察和分析。从获得课堂层面教学评研共同体的初步印象，到了解学生课堂上的口头表达行为，再到聚焦师生课堂交往行为，在每个不同阶段都适当拓展至教学评研共同体本体分析框架中要素、结构和功能等三个维度的其他次级指标，发现教学评研共同体实践还面临不少现实困境。

一、教学评研共同体的初步印象

为获得高中课堂层面教学评研共同体的初步印象，研究者没有带任何专业观课表和辅助工具，仅以自身为研究工具，对 H 中学高二级 L 老师（中学英语高级教师）的一节英语课堂进行观察和分析。H 中学高二级的英语教材选用《新概念英语 2》，原因有二：其一，学校是艺术类学校，对艺术类考生的高考文化分数要求不高，学生的文化基础差，学生英语基础不好，选用的材料也相应简单一些；其二，广东省新的高考方案中有听说考试，选用的这

---

① 帅飞飞，吴祥明，邱日春．高中师生对课堂教学交往的看法［J］．教育理论与实践，2010（2）：8-10.

② 教育部基础教育司组织编写．走进新课程：与课程实施者对话［M］．北京：北京师范大学出版社，2002：5.

③ 佐藤学．教师的挑战：宁静的课堂革命［M］．钟启泉，陈静静，译．上海：华东师范大学出版社，2012：9.

类材料可以用来训练学生的听说能力。这一节课的教学内容是《新概念英语2》第11课：One good turn deserves another。这是一篇可以处理为以阅读为主、融合听说读写的语言材料，授课教师在这节课上采用的是非常典型的传统授课方式。其教学评研过程如下：

第一步：新单词

1. 学生跟着录音读新单词；

2. 学生跟着老师读新单词；

3. 学生齐读新单词。

第二步：听

1. 听录音，回答课本练习题中的三个问题；

2. 听录音，检查答案。

第三步：听

听录音，回答老师读出来的16个问题。

1. Where were you having dinner?

2. Who came in when you were having dinner?

…………

第四步：读

1. 学生跟着录音读课文；

2. 学生跟着老师读课文；

3. 学生跟着老师读一些难的单词、短语和句子。

第五步：写

老师要求学生在剩下的15分钟时间里写一篇课文摘要，下课后上交。

这节课的教学评研内容主要包括三点：1. 读单词、短语和课文；2. 听录音回答问题；3. 写摘要。教师主要采取了录音带读、教师带读、学生齐读、问答和写摘要等授课方式，属于典型的机械操练。问题全部来自学生用书和教师用书，教师没有对学生进行听力技巧和写作技巧的指导。在整个教学评研过程中，学生始终处于被动状态，在教师的控制下读单词、读课文、听录音、回答问题和写摘要，学生备受压抑，没有显示出他们这个年龄应有的生气和活力，连读书都有气无力。课堂上的交往方式非常单一，提问过程中，教师只点了3位学生回答问题，其余16个提问都是面向全班学生，跟随着学生稀稀拉拉的回应。在这样的课堂上，气氛沉闷，“学生最多只有一半的课堂时间投入课堂活动之中——也许并不奇怪，因为有这么多时间花费在倾听（或者假装倾听）教师讲话上”①！这些投入时间中的有效时间又更少，或者说更少的时间是学生发现学习有成效的时间，课堂效果大打折扣。

虽然教师和学生为了达成英语学习目标，为了准备英语高考做出了相应的教学评研计划和教学评研活动方面的考虑，显示出一些自主阶段的基本特征，但从整体来看，这节课上呈现出来的教学评研共同体基本上还处于自在阶段，在要素、结构和功能方面均体现出自在阶段教学评研共同体的一些典型特征（见表4-1）。

表4-1　教学评研共同体的基本特征（《新概念英语2》课）

维度	基本特征
要素	主体要素方面，师生主体性不够，处于一种自发生成、自然运行的教学评研状态。虽然教师根据学情选择了《新概念英语2》作为教材，但在课堂教学评研过程中教师还只是机械地教教材，对学生的指导严重缺乏。学生则体现出对班集体的直接性归属意识与对课堂规范的无意识承认，木然地听、读、答和写，没有真正投入学习之中。客体要素方面，课程单一，单纯采用《新概念英语2》作为活动内容。活动要素方面，多是教与学的活动，评只是简单地体现在叫学生回答问题、检查学生听课文的效果时，方式是单一的提问与回答，很难看到师生研究的痕迹
结构	师生间交往方式单一，生生间没有交往，更没有建立学习小组。主要是传统的教师提问、全班回答的师班交往方式，伴有少量教师提问、个别学生回答的师个交往方式。课程内部结构单一，《新概念英语2》被机械忠实地使用，缺乏调适与整合。活动间关系简单，教师的教与学生的学之间简单对应，缺少评和研的融入
功能	缺乏明确的目标意识，教学评研活动随机生成，基本上是学生学到什么就是什么。既没有注重新课改之初指出的“知识与技能、过程与方法、情感态度与价值观”的达成，也没有注重学生“语言知识、语言能力、学习能力和文化品格”的英语学科核心素养的全面培养，更没有旨在追求学生“文化基础、自主发展、社会参与”等方面核心素养的整体提高。只是让学生听读单词和课文、机械地回答问题而已，就连基础知识与基本技能的掌握都远不令人满意

① 哈蒂．可见的学习：对800多项关于学业成就的元分析的综合报告［M］．彭正梅，等译．北京：教育科学出版社，2015：214.

二、课堂上学生的口头表达行为

为进一步获得课堂层面教学评研共同体的具体信息，研究者接着听取 E 中学高二年级 N 老师（中学化学初级教师）的一节化学试卷讲评课，旨在了解学生课堂中的口头表达行为，关注中学生在课堂上说了什么，和谁说话，说话的时间有多长，是主动说话还是被动说话。为获得更精确的观察效果，研究者运用自行编制的“学生课堂口头表达行为观察表”对课堂中学生的口头表达行为进行观察。表中的行为类型如下：1. 念布置的作业；2. 朗读课文或作品；3. 提出问题；4. 回答问题；5. 评论分析其他同学的回答；6. 讨论观点或主题；7. 正规的演讲或报告。（操作性说明：1. 念布置的作业是指学生读出老师指定的作业；2. 朗读课文或作品是指读师生呈现的或课堂生成的文本材料或作品；3. 提出问题是指学生向老师或同学提问；4. 回答问题是指学生回答老师或同学提出的问题；5. 评论分析其他同学的回答是指学生对同学的回答给予评析；6. 讨论观点或主题是指学生单独陈述或与同学讨论观点与主题；7. 正规的演讲或报告是指学生的课堂演讲或各种形式的学习成果汇报。）所获得的数据如表 4-2 所示。

表 4-2　学生在课堂上的口头表达行为

总数	类型	意愿		持续时间（s）					范围							
		主动	被动	10以内	10~30	30~60	60~120	120以上	个个	个组	个班	师个	师组	师班	组组	组班
62	4	59	3	59		2	1					3		59		

从机会、内容、意愿、范围和时间等维度来分析，可以大致了解学生课堂上口头表达行为的基本情况。1. 机会。在这节化学试卷评讲课上，授课教师讲解了 15 道单项选择题，在 45 分钟时间里，全班 63 位学生有 62 次口头表达机会。2. 内容。学生口头表达的内容全部都是第 4 种类型：“回答问题”，并且是回答老师提出的问题。3. 意愿。个别学生是被老师点名站起来回答问题的（有 3 人），大多数情况下是学生主动回答老师提出的问题（有 59 次）。实际上，这节课上没有严格意义上的学生主动说话，因为学生只是

在被动回答老师提出的问题。4. 范围。交往的范围主要在教师和学生个体以及教师和全班学生之间。在教师点学生名字回答问题时，交往表现为教师问、学生个体回答的师个交往方式；在教师没有点学生名字回答问题的时候，交往表现为教师问、学生全体自由回答的师班交往方式。5. 时间。学生在这节课上每次说话时间都非常短，绝大部分（59 次）在 10 秒钟以内，只有 2 次位于 30~60 秒，1 次位于 60~120 秒，没有一次超过 2 分钟。

在这节化学试卷讲评课上，授课教师按照单项选择题的顺序逐一对 15 道题目进行讲解，讲解的过程中穿插对个别学生或者全班学生的提问，表现出教师讲—学生听、教师问—学生答的典型特征。

显然，这节课是在老师的强控下进行的。除了教师面对全班讲解之外，就是教师对个别学生或者全班学生的提问。国际范围内的相关调查也发现，讲解和提问是教师最常采用的两种方法。这与授课教师所持有的教学观念有关，他们认为教师的教是传授学科知识和信息，而学生的学则是通过重复、记忆和回顾来获取这些知识和信息。因此，如此多的提问是为了检验学生是否记住了这些信息。① 然而，这种教师的讲授和提问几乎独霸整个课堂的"独白式"教育实质上是一种"知识专制"，教师的任务似乎是把知识作为工作的主要对象，恨不得把自己所知道的知识全部教给学生，知识成了中心，而学生处于教育的边缘。② 教师和学生没有围绕课程、教学评研内容或知识客体展开各种立体交往和深入探究。在这种课堂教学评研情境中，学生的主体地位没有得到承认，"而连学生的主体地位都不承认，又怎么能指望实际地而不是抽象地发挥他们的主动性呢？"③ 因而，在这样的课堂上必然缺乏对学生人性的整体观照，导致学生自身主体性的发挥严重不够，只存在教师与学生个体、教师与全班学生之间的交往，缺少其他形式的交往。学生的积极性没有被充分调动起来，有的学生睡觉，有的学生开小差。师生之间、生生之间缺少思维的碰撞和情感的交流，课堂缺乏生命的活力。此时的教学评研

---

① 哈蒂．可见的学习：对 800 多项关于学业成就的元分析的综合报告［M］．彭正梅，等译．北京：教育科学出版社，2015：211.

② 蔡春，扈中平．从"独白"到"对话"：论教育交往中的对话［J］．教育研究，2002（2）：49-52.

③ 王策三．论教师的主导作用和学生的主体地位［J］．北京师范大学学报，1983（6）：70-76.

共同体处于自在发展和自主发展的混合阶段，偏向自在发展阶段稍多一些，也糅合了自主发展阶段的一些特征（见表4-3）。

表4-3　教学评研共同体的基本特征（化学试卷讲评课）

要素	主体要素方面，教师主体性有所增强而学生主体性还远远不够。为掌握学科知识和提高考试成绩，师生主动探索考点，选择合适的解题方法。但在很大程度上还是教师拽着学生走，学生主体地位没有得到承认，主动性严重不够。客体要素方面，课程资源有一定程度的拓展，会联系考点进行适当的拓展，但课程资源的丰富度和生成性不够。活动要素方面，在教与学的活动之中，出现了评和研，体现为教师和学生对外部标准化大型考试的准备以及教师对学生解题情况的及时反馈。研主要体现在教师对考点的分析以及学生对考点的琢磨与对教师讲解的理解与反思上。教学评研共同体体现出课堂中权利义务的契约关系与制度性的角色关系
结构	师生间的交往方式比较单一，虽然交往的范围有所扩大，涉及的学生人数比较多，但交往持续的时间太短，还没有建立学习小组。课程在很小的范围内体现出一点整合的特征，能尝试对考点涉及的知识点进行总结，但还远不够系统。活动要素方面，教、学、评、研四维之间有了一些简单的互动
功能	应试教育的特征很明显，教学评研目标和功能主要定位在追求更好的考试成绩和更高升学率，侧重知识的灌输与单边传递，倚重通过知识的传递来促进学生、文化与社会的发展，缺乏对人的全面发展的关注

三、教师和学生的课堂交往行为

交往是教学评研共同体最为根本的特性，因而有必要从交往角度深入了解高中课堂交往现状及其教学效果。E中学三个年级各高考科目的9名教师，采用三角互证方法，对E中学高一级Z老师（中学生物一级教师）的一节基因工程新授课进行深入研究。师生参与课后问卷调查。观课方面，两位老师用“学生课堂学习情况观察表”进行观课，两位老师用“课堂交往的主体构成观察表”进行观课，两名教师用“质性观课表”进行观课。

（一）教学评研内容

这是一节新授课。教学评研内容为人教版教材必修2第6章第2节《基因工程及其应用》。老师为每位学生印发了一份学案，内容为测试知识点掌握情况的填空题和选择题。主要教学评研步骤如下：复习上一节课内容、基因工程的概念、基因工程的工具、基因工程的步骤。主要教学评研策略为教师讲解、学生做习题、师生问答和学生背诵。为使讲解更为生动，教师在讲解过程中使用了图片、举例、动画等。在教学评研设计的每一个环节都有“及时复习”的要求和相关测试题，以提高课堂知识点的学习效率。理解和记忆文本中出现的知识点是本节课的重点，目的是帮助学生掌握基础知识，提高习题解答能力。

课程内容设计较好，学练结合，课程容量大。(T_6，质性观课表格)

课堂效率关系学生的学习效果，在以知识为核心目标的课堂上，复习—讲授—复习是一个环环相扣的体系，尤其复习。(Z，教学反思)

（二）课堂中的交往形式

从肢体语言方面来看，在这节课上，老师的肢体语言丰富多变。学生问卷调查中，得分为4.13，得分率为82.60%。同时，学生也希望“老师讲课时不要太过严肃”。(S_{21}，学生问卷)

从口头言语方面来看，依据“课堂交往的主体构成观察表”观课数据，每节课取两位观课教师观察的平均值，所得统计结果见表4-4。

表4-4 课堂交往的主体构成

交往方式	师班交往	师个交往	无交往	小计
次数	380.5	80.5	19	480
比例	79.27%	16.77%	3.96%	100%

课堂交往的主体构成中，只出现了师班交往和师个交往两种类型的交往方式，二者合计比例高达96.04%。主要教学评研形式是教师面向全班讲解知识点和对练习题答案（占79.27%）、教师叫个别学生回答问题（占16.17%）、学生单独看文本和做练习（占3.96%）。教师快速讲解和连珠炮似的提问以及学生强化记忆、练习和回答问题贯穿整个课堂，没有学生之间的个个交往。

讲解过快。要给学生思考时间。(T_5，质性观课表格)

学生做笔记的时间太短。(T_4，质性观课表格)

现阶段老师的教学是明显让人在课堂时间内学更多东西。(S_3，学生问卷)

我希望老师讲课时节奏不要太快。在老师讲课的语气中，我感受到老师

的话语好像很匆促，就像时间很紧迫那样，这样使我来不及思考。(S_8，学生访谈)

这和研究者之前对该校的调查研究结果一致。课堂交往方式比较单一，以教师讲、学生听的师班交往为主，伴有一些师生问答的师个交往；学生独立学习的无交往形式亦占一定比重，其他课堂交往方式相对欠缺，没有形成真正意义上的学习小组。①

学校本来应该是“学生合作学习的场所”②，但在这节课上，学生虽然坐在班级中，却多以独学方式面对老师的讲授和提问，这在学生问卷调查分析中也能得到印证。虽然老师的肢体语言丰富多变（得分为 4.13，得分率为 82.60%），但是教师组织的课堂交往活动不够丰富（得分为 3.25，得分率为 65.00%），学生和老师之间的交往较少（得分为 3.23，得分率为 64.60%），学生和学生之间的互动缺乏（得分为 3.06，得分率为 61.20%），学生得分仅略高于或几近理论中性值 3.00（见表 4-5）。

表 4-5 课堂中的交往现状

题项	均值	得分率
在这节课上，老师的肢体语言丰富多变	4.13	82.60%
在这节课上，我和老师有充分的互动	3.23	64.60%
在这节课上，我和同学们有充分的合作与交流	3.06	61.20%
今天课堂上，老师组织了丰富多样的教学交往活动	3.25	65.00%

在这种讲授型传统教学方式之下，教师没有可能，也几乎没有花时间和精力去满足 50 多个不同层次学生的不同需求。就像是 Z 老师自己承认的那样，“特别是以知识为导向，而相当忽视学生的情感和创新的应考课堂上，怎样建立良好的师生互动，而不是一味地师班形式的灌输，很值得研究。这个度不好把握”。(Z，教学反思) 确实，面对应试的压力，如何处理师生交往和基础知识学习与备考的关系，老师也倍感困惑。在没有找到更好的应对

① 帅飞飞，吴祥明，邱日春．高中师生对课堂教学交往的看法 [J]．教育理论与实践，2010 (2)：8-10.

② 佐藤学．教师的挑战：宁静的课堂革命 [M]．钟启泉，陈静静，译．上海：华东师范大学出版社，2012：138.

策略之前，只好向现实低头，选择以考试为导向的教学方法，形成典型的课本中心、知识中心和教师中心的传统课堂教学模式。

这种现状是当前应试教育的必然选择。一个教师面对多名学生，采用启发式的讲授是效率最高的交往方式，这样也易于老师控制课堂走向，完成教学任务，达成知识与应试技能的目标。（W，教师观课反思）

关键是抓落实，把学生抓紧一点。对于这点，大家意见都非常一致，只要考试能考出好成绩，教学苦点、枯燥点都没问题。（会议记录Ⅲ）

学生也隐忍和认可这一做法。从课后学生反馈建议中发现，知识、记忆、效率是他们最关心的事，学生建议中高频出现知识、知识点等字眼。如何改进这一现状，除了变革师生所不能主宰的考试与评价制度之外，师生如何跳出高考来看待和应对高考，如何戴着镣铐跳出优美的舞步是师生面临的巨大挑战。

（三）学生学习投入程度

运用“学生课堂学习情况观察表”，每位观课教师获得 96 个数据。其中 48 个数据为 6 名学生在整个课堂学习过程中 8 个点的“违纪程度”的观察结果，另外 48 个数据为 6 名学生在整个课堂学习过程中 8 个点的“学习投入程度”观察结果。此外，两名观课者还对这节课做了一些即时的个性化观课笔记。

首先，对两名观课教师收集到的“违纪程度”的观察数据进行分析，结果发现所有老师对学生违纪程度的看法都是“低”，没有重大的或者中等程度的违纪，学生在课堂纪律方面的表现还算令人满意。在课后问卷调查中，学生也普遍认为自己在这节课上学习比较投入，得分为 3.94 分，得分率为 78.80%。

其次，对两名观课教师收集到的“投入程度”的观察数据进行分析，取两位老师的平均值。结果显示，课堂上学生的学习投入程度高。

学习投入程度高：（38+32）/2=35，占 72.9%；学习投入程度中：（8+14）/2=11，占 22.9%；学习投入程度低：（2+2）/2=2，占 4.2%。

从数据上分析，课堂上学生的投入度也令人满意。认真听讲的占 72.9%，中等程度的占 22.9%，而不认真的同学很少，只有 4.2%。问卷调查结果显示，学生学习投入度的得分为 3.94 分，得分率为 78.80%。两者之间存在一些差异。教师观课结果显示，学生学习投入度要比学生问卷中学生自己反映出来的要高一些。

通过三种途径获得的数据——学生投入程度的数据、教师质性观课数据和学生访谈收集到的数据——之间有一定差距，后两类数据显示学生投入度要低一些。其实在讲授型课堂上，不乏表面看着在听讲而实际上心不在焉的学生。

此外，也不能忽略观课教师对上课师生状态的影响。相对于平时，学生应该会更认真一些，毕竟有10位教师坐在教室后面听课，其中包括学校副校长、教务处主任、德育处主任等。学生访谈资料也证明研究者进入课堂现场对学生造成了一定影响。

嗯——这节课我应该是比较认真听的，因为呢，后面有老师。(S_{12}，学生访谈)

进一步分析两名观课者对这节课所做的个性化笔记，可以对这节课上被定点跟踪的6名学生的学习投入情况有更为深入的了解：

从两位成绩好的学生A_1、B_1的表现来看，A_1比较独立于老师的讲解，基本上是自己学，然后积极回答老师的问题，在课堂上的问答环节表现得还是比较合群的，作为领头羊，回答得比别人快。

A_1发言积极；A_1埋头于书本堆后，自己看书；A_1自学没听；A_1低头自学，玩笔；A_1一直用手支头；A_1埋头看书；A_1专注，有自学，有回答，跟随老师的节奏；A_1低头，但抬头回答问题比其他人先，准确；A_1自己想，没听；A_1有一段时间没跟教师思维，低头看什么。

而B_1自己学自己的，偶尔和同桌交流，不回答老师的问题，独自安安静静学习。

B_1指导同桌；B_1基本没回答老师问题；B_1把眼镜戴上了，之前没有。

成绩中等的两位同学的表现较为一致：两个都不看黑板，喜欢低头，都玩笔，不出声，不听老师讲课，对课堂感到厌倦。估计是顾忌后面有老师在听课，A_2尽力坚持到下课，B_2尽量忍住不打哈欠，但终究没成功，和质性观课表中一位老师记叙的“有一个学生终于趴下了”（临近下课时）有一定的呼应。大致看得出这节课，有学生还是忍不住地犯困，或者注意力不能集中。

A_2记笔记；A_2没看黑板；A_2玩笔看书；A_2玩笔；A_2玩着看书；A_2前面那个学生趴下去了；A_2从不出声；A_2一直自学；A_2自己想，没听；A_2铃声一响就放松了；A_2有一段时间在做自己的事，没听教师讲；A_2一段时间内好像没听。

B_2低头不看老师，玩笔；B_2表情夸张；B_2打哈欠。

两位成绩不好的学生，观课老师对他们的记叙很少，我们还是可以看出A_3的问题比较大，估计是跟不上老师的节奏，游离于课堂教学之外。

A_3抄笔记，A_3看窗外，A_3打哈欠。

而B_3却非常积极，很认真。

B_3回答积极，B_3很认真，B_3几乎对老师所有的问题都有回应。

学习成绩中间和差的同学在课堂上的参与度与成绩没有很大的相关性，成绩好或者中间的学生课堂参与度并不一定高，而成绩不好的也能积极参与到课堂中来。但整体来看，课堂上学生比较安静，也比较沉闷，没有体现出学生年轻生命样态应有的活力。教师的声音充满整个课堂，满堂灌和大量的记忆使得学生渐渐失去思考的习惯和能力，也导致他们在课堂上表现不怎么违纪，但也被动、不积极思考，茫然地被老师牵着鼻子走，课堂缺少生命的活力。

（四）教学评研效果

课后，要求学生做一份测试上课所学知识点的试题。8 个填空题和 8 个选择题，总分 16 分。应考 54 人，实考 54 人。学生对课堂所学知识的掌握情况还是比较好的，均值为 11.5 分，得分率为 71.88%。大部分学生在 12 分及以上，共 32 人，占 59.26%，其中 1 人满分。8-11 分之间的学生共 17 人，占 31.48%。低分（7 分及以下）的学生共 5 人，占 9.26%，其中 1 人得 3 分。低分少，高分多。

测试内容全部是该堂课学习的内容。整体来讲，学生掌握基础知识的情况还是比较令人满意的，这一点从学生问卷中也可以得到印证。学生普遍认为自己对所学知识接受和消化得很好（均值分别为 3.82 和 3.92，得分率分别为 76.40%和 78.40%），课堂学习有助于培养他们的应试能力（均值分别为 3.64 和 3.71，得分率分别为 72.80%和 74.20%）。课后学生访谈中，也可以发现：在老师一再引导和影响下，学生学会了他们的一套备考方法：复习旧知识、学习新知识（专心听讲、练习、适当与同学讨论）、巩固新学知识。这是赫尔巴特传统教学模式的变式，只是对知识的运用变成了应试训练，这对于知识的学习和记忆是很管用的，也自然很有利于应对高考。

“但是，我们诚实一点吧！这么做可能有效果，但绝对不是好的教学。我们可以做得更好。”① 考虑到这种记忆没有经过深层理解，其保持率也让人担忧。根据戴尔（Edgar）的“学习金字塔（Cone of learning）”理论，学生对于通过听讲方式获得的知识的保持率是最低的，因此难免陷入教师一遍一遍反复讲解与练习的填鸭式教学与应试训练的题海战术中。导致像授课教师自己所说的结果：“一个知识点反反复复练，最后学生会做题了，但还是不知道为什么。”（Z，教师访谈）此外，即便是在课后随即进行测试，所得结果也并不是让人特别满意，还有为数不少的学生得分很低，他们认为老师上课太快，跟不上节奏。问卷调查和访谈中，有 8 名学生提到老师讲课速度太快，观课老师也有同感。

将讲课速率放慢一点，让我们有点时间整理思路。（S_6，学生问卷）

语速太快。（T_4，生物，质性观课表格）

老师的肢体语言较丰富，但话偏快，偏多。（T_6，质性观课表格）

学生学习效果不好，回答问题不清晰。（T_5，质性观课表格）

生物是一门自然学科，其“教学重点，是让学生自己动手做”②。但在培养学生实践能力、过程与方法、情感态度价值观方面，这节课还做得远远不够。学生问卷得分低，稍微或者刚刚超过理论中性值（见表 4-6）。说明这种缺乏交往的传统课堂教学评研形式会直接影响到学生实践能力的提高、情感的熏陶、正确价值观和人生观的形成和良好学习方法的掌握。

对考试很有帮助，对能力没有。（S_{10}，学生访谈）

多点实践式教学，多让学生去实践。（S_{50}，学生问卷）

希望能多去实验室上课。（S_{35}，学生问卷）

不去实验室上课，讲实验效率要更高。（Z，教师访谈）

---

① 艾斯奎斯．第 56 号教室的奇迹［M］．卞娜娜，译．北京：中国城市出版社，2009：4.

② 艾斯奎斯．第 56 号教室的奇迹［M］．卞娜娜，译．北京：中国城市出版社，2009：93.

表 4-6 课堂教学评研效果

题项	均值	得分率
我对今天所学知识接受和消化得很好	3.92	78.40%
这节课的课堂学习有助于培养我的应试能力	3.71	74.20%
这节课的课堂学习有助于培养我解决实际问题的能力	3.53	70.60%
今天课堂上，我掌握了很多学习方法	3.45	69.00%
在这节课上，我的情感得到了熏陶	3.21	64.20%
这节课的课堂学习有助于我形成正确的价值观和人生观	3.17	63.40%
我喜欢这节课	4.19	83.80%
我希望老师在课堂上组织丰富多样的交往活动	4.30	86.00%

同时，我们还注意到学生很喜欢这节课，得分为 4.19，得分率为 83.80%。这也可以看出学生功利性和隐忍的一面，和老师强调“抓落实”的想法是合拍的。不管学生是否喜欢授课老师、是否喜欢老师的授课风格，只要能使自己更好地掌握基础知识，能更好地应对考试，学生就能接受这样的课。

我觉得很多课上得不好，师生关系不怎么样，结果学生的成绩却很好。(Z，会议记录Ⅱ)

我们学不好，也有我们自己的内在问题，对老师不敢有太多要求。(S_{44}，学生问卷)

但是，这样的课堂只注重知识的灌输，忽视学生解决实际问题能力的培养（得分为 3.53，得分率为 70.60%）和学习方法的掌握（得分为 3.45，得分率为 69.00%），也直接影响学生情感的发展（得分为 3.21，得分率为 64.20%）和正确的价值观人生观的形成（得分为 3.17，得分率为 63.40%）。深陷于填鸭式灌输和题海战术的备考泥沼中，培养出单向度的人，导致批判的停顿和反对派的消失。① 这些人理解力不够，缺乏探究精神和批判精神，情感体验缺失，价值观模糊，没有生命的活力与圆润。

作为一个完整的人，除了升学，学生对生命固有的张力有一种本能的渴

① 马尔库塞. 单向度的人：发达工业社会意识形态研究 [M]. 刘继，译. 上海：上海译文出版社，2008：1.

望和诉求。他们迫切渴望老师在课堂上组织丰富多样的交往活动，均值为4.30，得分率为86.00%，在问卷所有题项中得分最高。在课后学生问卷调查后自愿填写的学生建议中，我们能更真切地感受到这种渴求。54位学生填写了问卷，其中27人次希望老师能组织更多的课堂交往活动。他们认为开展丰富多样的课堂交往活动会带来很多好处，如：可以“活跃气氛”、提高学生的积极性和投入度、促使知识的更好掌握、激发学生的兴趣等等。

比较不喜欢的是——那些比较闷。哈，单听老师讲。(S_9，学生访谈)

老师问了问题之后，我们马上自己去回答老师的问题，而不是老师回答自己的问题。(S_{10}，学生访谈)

这节课缺乏生成性，课堂成了演出“教案剧”的“舞台”，教师是“主角”，学习好的学生是主要的“配角”，大多数学生只是不起眼的“群众演员”，很多情况下只是“观众”和“听众”。① 教师的讲授和提问几乎独霸整个课堂，师班交往和师个交往占据了绝对优势，生生间交往严重不够，没有形成学习小组。此时的教学评研共同体糅合了自在发展和自主发展的一些特征，大致处于自在发展和自主发展的中间阶段（见表4-7）。

表4-7 教学评研共同体的基本特征（生物基因工程课）

要素	主体要素方面，师生主体性增强，为提高成绩而主动探索知识规律和教学评研方法，并合理调控教学评研过程。客体要素方面，课程资源主要依赖教材，有适当的拓展。活动要素方面，在教与学的活动之中，出现了评和研，主要体现在教师提问学生以检查学生对课堂上所学知识的掌握情况。研主要体现在教师对知识点的详细讲解以便学生能更好地掌握以及琢磨和体会。课堂中权利义务的契约关系与制度性的角色关系比较明显
结构	师生间的交往方式单一，没有建立正式或非正式的学习小组，以教材为载体的课程得到适当程度的拓展，没有建立起课程体系。活动要素方面，教、学、评、研简单互动，没有实现有机融合
功能	侧重追求优异的考试成绩和高升学率的教学评研成效，对人、文化与社会的三重建构兼顾不够

① 叶澜．让课堂焕发出生命活力：论中小学教学改革的深化［J］．教育研究，1997(9)：3-8.

小 结

虽然新课程改革已经实施 20 多年，《基础教育课程改革纲要（试行）》也明确指出：教师在教学过程中应与学生积极互动、共同发展。但纵观中小学课堂实践，不少教师还是把学生当成知识的容器进行认知性的灌输，把学生训练成应对升学考试的机器，而非依据学生社会性的本性创设教学评研情景促使学生社会性的发展，课堂交往仍然存在各种缺失和阻隔。① 学生在课堂上的口头表达行为还存在表达不够主动、持续时间不够长、覆盖范围不够广等诸多问题，传统授课方式的特征还十分明显，教学评研共同体更多还处于自在和自主的混合阶段，自主发展阶段的特征还不明显。

首先，从价值取向来看，现有教学评研共同体的应试教育特征突出，凸显机械记忆。化学教师直接针对考试，详细讲解知识点及其相关解题技巧；生物课注重知识点的反复讲解、记忆和核查。从高考应试的角度来看，效果还算令人满意，知识记忆比较到位，应试能力有所提高，但几乎没有顾及解决实际问题的能力、过程与方法、情感态度与价值观等方面。“致力于记忆，却让理解和良心空着。”②这显然有悖于“全人教育”理念，虽然使儿童学了不少东西，但却无法使他们的智慧和能力有所长进，因而培养不出学者和名家不足为怪。③ 更谈不上致力于人、文化与社会的三重建构。

其次，从教学评研方式来看，这些教学评研共同体的课堂实践以满堂灌和满堂问为主要特征。校园是学生的主要生活空间，课堂是学生交往的主要场所。在课堂中，学生除了和教师的有限交往外，更重要的是同学之间的交往，这是他们在集体中促进他们社会化发展的重要途径。然而在课堂实践中主要是教师对学生的讲授，学生间交往严重匮乏。20 世纪 80 年代末至 90 年代初的相关研究表明：中小学课堂中的交往主要是以师—班交往为主，生—生交往严重缺乏，与师生交往相比，学生之间的交往极少，前者占 93.20%，

---

① 范文娟，左群英．课堂教学交往的问题及对策研究［J］．东南大学学报（哲学社会科学版），2005（S1）：267-269.

② 博伊德，金．西方教育史［M］．任宝祥，吴元训，主译．北京：人民教育出版社，1985：221.

③ 张斌贤，主编．外国教育史［M］．北京：教育科学出版社，2008：173.

后者只占6.80%。体现出“教师集权主宰”和“学生孤立无援”两大总体特征。① 课堂实践中的师生交往实际上撇开了具体的学生，教师以抽象的学生集体为教育对象进行交往，导致师生关系的疏离和抽象化。虽然21世纪初启动的新课程改革提倡师生交往，但研究者在10多年前组织研究团队，在E中学观课66节，涉及高一、高二和高三各个年级的全部高考学科。结果显示，在各种课堂交往方式中，师生交往占绝对优势（74.17%），生生交往仅占15.39%，无交往占10.44%。相对于新课改之前，E中学的课堂交往中师生交往比例有所下降，生生交往有所增加。但课堂交往方式还是比较单一，以“教师—全班学生”的教师讲、学生听为主，伴有一些师生问答；学生独立学习的无交往形式亦占一定比重，其他课堂交往方式相对欠缺，没有形成真正意义上的学习小组。②

在新课程改革走入深水区的今天，课堂交往状况有了一定的改观，但并未有实质性的转变。课堂实践中的交往方式仍然单一，没有形成真正意义上的学习小组，主要是教师讲解、学生练习、对答案的模式，以教师讲、学生听以及学生练、教师评为主要特征，伴随的是师班交往、无交往和师个交往为主导的交往方式。学生虽然是以班级为单位共坐一室，但其实质还是单独接受老师的教导，和同学交流不多。授课教师像蒙田（Montaigne）批评的传统教师一样，“在他们学生的耳边喋喋不休，学生好像向漏斗里灌东西似的听他们讲课，而且，学生的任务仅仅在于复述他所学过的东西”③。可见，虽然新课程倡导课堂教学是师生交往、共同发展的互动过程，但自上而下的课程改革很难真正影响到课堂层面，课堂教学的本质并未发生实质性的变化。④正如古班（Cuban）所描述的那样：飓风横扫海面，掀起6米左右的巨浪，

① 吴康宁，程晓樵，吴永军，等．课堂教学的社会学研究［J］．教育研究，1997（2）：64-71.

② 帅飞飞，吴祥明，邱日春．高中师生对课堂教学交往的看法［J］．教育理论与实践，2010（2）：8-10.

③ 华东师范大学教育系，浙江大学教育系．西方古代教育论著选［M］．北京：人民教育出版社，2001：375.

④ HAYWARD L，PRIESTLEY M，YOUNG M. Ruffling the calm of the ocean floor：merging practice，policy and research in assessment in Scotland［J］. Oxford Review of Education，2004，30（3）：397-415.

水面一英寻（fathom）之下，激流涌动，而在海底却是一片宁静。①

课堂交往实践中还存在种种异化现象。首先，表现在课堂交往主体的客体化。交往的一方不是把另一方看作与自己相同的、自由自主的主体，而是把交往的对方视为实现“以我为中心”的目的和需要之手段，将交往中的“主体—主体”关系降格为“主体—客体”关系。这种交往使一方失去独立性，而为另一方所统治和支配，缺乏体现着平等的参与—合作型交往主体关系。其次，体现在课堂交往主体的片面化。教师和学生不是全身心而只是作为知识的承载体参与课堂交往，使交往蜕变成知识信息的交流，失去了人格精神在教育中的相遇。另外，学生的地位、角色和学业成就直接影响到课堂中的交往行为。教师给班级地位高的学生、担任一定职务的学生和成绩好的学生更多的交往机会。②

最后，从存在的生命样态来看，课堂缺乏应有的活力。在观课教师少的课堂上，学生的学习投入度不高，开小差、打瞌睡的学生不在少数。在观课教师多的课堂上，虽然学生的违纪程度不高，学习投入度也算理想，但课堂还是一样的沉闷，缺少思维碰撞的火花。学生连违纪都小心翼翼，只是讲讲笑话、发发呆、打打瞌睡。学生难以感受到课堂学习的乐趣，这直接影响到他们的全面健康发展。在中国支教过的卢安克（Loewe）认为这“只是为了满足一种被社会承认的标准，不是为了小孩。小孩在满足这个标准的过程中，脱离了他的天性，脱离了他的生活……”随着信息社会到来，科学主义甚嚣尘上，人的主体性被拆解和消除，以致福柯宣称“人死了”。现代教育也受此影响，缺少把学生当作有个人意义和价值追求的独特生命存在实施针对其内在灵魂的人文教育，导致交往的情感性成分减少、非情感性成分增加，③ 甚至出现各种虚假性的交往样态，不能真正激发学生的智慧活动，达到良好的教学效果。④ 因此，学生极希望老师能组织丰富的课堂交往活动，

---

① CUBAN L. How teachers taught：constancy and change in American classrooms 1890—1980 [M]. New York：Teachers College Press，1994：2.

② 程晓樵，吴康宁，吴永军，等. 学生课堂交往行为的主体差异研究 [J]. 南京师大学报（社会科学版），1995（3）：74-79.

③ 吴全华. 现代教育交往的缺失、阻隔与重建 [J]. 教育研究，2002（9）：14-19.

④ 程胜，郑金洲. 课堂教学交往中的虚假与真实 [J]. 教育科学研究，2002（6）：10-13.

积极建构教学评研共同体。

第二节 教学评研共同体困境的主要成因

目前中小学课堂教学评研实践中还存在着交往阻隔和缺失现象，教学评研共同体还处于自在发展阶段和自主发展阶段的混合时期，对学生人性的全面发展造成了直接的影响，也使得课堂教学评研活动失去其应有之义，面临着合法性危机。导致这一困境的原因是多方面的，但主要是文化因素、师生个体和现实条件因素共同钳制的结果。而其中师生个体因素，特别是教师是导致中小学课堂交往缺失的主要原因。

一、文化因素的影响

我国悠久的传统文化是中华民族自立于世界民族之林的精神支柱，但受时代局限，有些传统文化对课堂交往起着一种阻碍作用。

首先表现在某些封闭的求学心理。道家文化主张“鸡犬相闻，老死不相往来”，佛家文化强调“无我”，在人与自然、人与社会、人与人的关系上强调向内而不是向外求索，在一定程度上滋长了中国人的封闭心理，学生在求学中表现为过分强调独自钻研、忽视与人交流、不愿与人争论、交往意识缺乏。

其次表现在教师权威的绝对化。中国长期的封建宗法社会中有一些压抑人性的文化传统，强调服从师长。① 先行设定了师生间不平等的上下关系，“天地君亲师”“一日为师，终身为父”。教师权威绝对化，导致学生“很容易接受权威，信仰权威”“人云亦云”，② 主体性受抑、独立人格丧失、交往动机缺乏，在教学评研过程中学生只作为单纯的听众“出场”，而不是作为主动参与对话的主体登场，师生共在但缺少相遇。

再次表现在“严”字当头的教师风格。古人云：“严师出高徒。”“教不严，师之惰。”受此影响，家长都将孩子的学业成功系于“严师”身上，要

① 李德显．师生权力与角色分析［J］．教育理论与实践，2000（2）：35-40.
② 李亦园．人类的视野［M］．上海：上海文艺出版社，1996：205.

求教师“严格要求”“严加管教”。有些教师兢兢业业，不苟言笑，一进教室就摆出一副严师面孔，这副面孔无形中拉开了师生间的心理距离，成为师生交往的障碍。这样的课堂实践由教师主宰，倚重教师“教”的活动，缺少学生“学”的有效回应，导致课堂交往严重缺失。

最后还表现在师生竭尽全力“保全面子”。由于教师接受了社会所赋予的角色期待，在与学生的交往过程中，老师会有意或无意维护自身的“崇高”形象和“师道尊严”，放不下架子和学生平等交流和对话；为避免出错，学生常以不参与或尽量少参与课堂交往的方式来消极地维护自己的面子。“面子”问题使得师生在一定程度上逃避交往，造成课堂交往缺失。

二、师生个体的困扰

课堂交往是共在的师生或生生之间在课堂教学评研过程中的相互联系、相互作用、相互沟通和相互理解。因而人的因素直接决定课堂交往的存在与质量，师生个体的种种局限会直接困扰课堂交往。

（一）教师方面

首先，教师不当的领导方式和教学风格会削弱课堂交往。众所周知，在专制型、民主型和放任型三种教师领导方式中，只有民主型的领导方式才能创造师生平等对话的氛围。有学者列出了我国教师课堂交往的十种风格，① 其中，学生最喜欢的是风趣幽默型的教师和用这种风格进行的教学，而目前我国中小学教师的课堂交往风格却以权威专制型、严谨逻辑型、争论型为主，幽默型缺乏。教师普遍认为自己“闻道在先”“术业有专”，要求学生遵从教师，使师生地位悬殊，造成一种严重不对称的课堂交往局面。

其次，教师的不良人格特征也会给课堂交往带来消极影响。教师人格是指教师个人的尊严、价值和道德品质的总和，是教师个人的行为和品质的高度统一和集中体现，是教师认知、情感、意志、信念、习惯及其过程的集合

① 陈旭远，张捷．教师教学交往风格与教学交往的有效性［J］．东北师大学报（哲学社会科学版），2000（1）：86-90，97.

体。① 教师良好的人格会衍生出一种魅力，学生一旦为教师的这种魅力所折服，就愿意与之交往，教育工作也随之变得简单易行。相反，有的教师人格有这样或那样的缺陷，使得学生难于、厌于、耻于与之交往，有效课堂交往随之成为一种奢望。

此外，教师的性格特征、体貌特征、年龄特征及语言表达方式也会影响学生与教师交往的意愿。一般说来，性格活泼开朗、年龄与学生相仿的教师比较受学生欢迎，而有些教师性格偏执、情绪多变、易暴易怒、不苟言笑、声色俱厉、神情淡漠等，都会令学生畏惧而不敢亲近，自然会影响课堂交往的质量。

（二）学生方面

首先，性别因素影响课堂交往。心理学家认为，女孩子语言发展优于男生，表达能力和交往能力比男孩子强，女生比男生更乐意接近教师。因此，在基础教育阶段，尤其在小学和初中阶段，女生在课堂上与教师交往的机会多于男生，得到的表扬和教学接触也多于男生。②

其次，学生成绩差异也影响课堂交往的公平。成绩好的学生与教师交往的人均次数普遍比成绩中等和成绩差的学生要多。成绩好的学生敢于迎接挑战，能获得教师更多的微笑和赞赏性的目光和语言。成绩差的学生普遍缺乏自信，教师较多使用安慰和鼓励策略，提一些较简单的问题。而处于中间水平的学生常为教师忽略，是与教师交往较少的一部分群体。

再次，学生的内向性格也影响课堂交往。学生性格有外向、内向之分，表现为介于两个极端之间的若干类型。一般来说，性格偏外向的学生，活泼好动，更乐意与教师和其他同学交往。而那些性格偏内向的孩子往往比较沉默寡言，惯于回避与依赖，容易成为课堂中教师忽略的对象，成为群体中“沉默的羔羊”，这些极难活跃起来的学生很容易形成课堂交往中的盲点。

还有，学生的家庭背景差异也会导致课堂交往的不公平。大体上，家庭

---

① 王少华．试论教师人格在师生交往中的教育价值［J］．教育研究与实验，2000（4）：69-71.

② 程晓樵，吴康宁，吴永军，等．教师课堂交往行为的对象差异研究［J］．教育评论，1995（2）：11-13.

经济状况好、社会地位高的学生往往更自信，知识面更广，在课堂交往中会积极主动地争取更多的交往机会，教师和其他同学也会相应增多和他们的交往，形成良性循环。相反，家庭经济状况差、社会地位低的学生往往更不主动，知识面更窄，在课堂交往中可能会消极地逃避交往，教师和其他同学也会相应减少和他们的交往，形成恶性循环。

三、现实条件的钳制

师生有开展课堂交往的激情和建构教学评研共同体的良好愿望，但同时也不得不正视现实。目前各方面的现实条件还不够成熟，应试教育难以消除，大班教学仍将长期存在，这些都会在一定程度上钳制课堂交往的有效开展。

（一）应试教育

机械的应试教育扼杀了课堂交往。目前，终结性的纸笔测验仍是选拔人才的较好方法，不能简单地给以否定。我国教育资源相对短缺，激烈竞争在所难免，应试教育普遍存在。在很多地方，升学率仍是衡量学校办学水平的最主要指标。为了让尽可能多的学生挤过“独木桥”，教师迫切想将自己的知识、解题技能全部传授给学生，填鸭式的讲授方式备受教师青睐。在和谐的气氛中开展各种形式的课堂交往，固然有利于促进学生的全面和谐发展，但把握不好的话，会不利于快速完成教学评研任务。为了学生的“美好前途”，为了不辜负家长的重托，为了证明自己的实力以及完成上级下达的升学指标，教师不敢拿课堂当交往的试验田，而是把丰富复杂、变动不居的课堂教学评研过程简括为特殊的认识活动，把课堂教学评研从整体的生命活动中抽象、隔离出来，师生间丰富的课堂交往活动被简化为控制与服从、灌输与接受的关系，师生成为知识的奴隶，窒息于知识的汪洋大海之中，甚至导致学生厌学、教师厌教。

（二）大班教学

首先，班级规模大，人数多，课堂突发事件发生率提高，加大了课堂管理难度，阻碍了正常的课堂交往。其次，教师难以与每个学生个体进行深入交往。在教学中，教师直接面对的是全体学生，师生之间更多的只是一种“点对面”的交往，局限于面上的了解和交往。同时，因为班级学生数目众多，使得教师无法真正做到对每个学生因材施教，有可能造成和加重学生学习的两极分化，一些“吃不饱”和“吃不下”的学生因得不到教师的关注而游离于课堂之外，在课堂交往中消极缺场。再次，传统的“秧田式”大班制座位排列方式大大限制了课堂交往的范围和方式，“虽然有利于教师进行系统讲授和控制全班学生的课堂行为，但却极不利于学生在课堂中的交往”①，易于产生“前排中间效应”，造成课堂教学交往的不公平。2018 年 11 月，佐藤学出席在珠海举办的第四届中国教博会，在参加“对话佐藤学”主题论坛时谈到大班额教学，“如果这样的教育环境不改善，就谈不上教育质量”②。

小　结

“学生是有血有肉的人，教育的目的是为了激发和引导他们的自我发展之路。”③新的课堂教学评研实践应既考虑高考指挥棒作用，又照顾学生的人性诉求。因而，有必要在不对传统教学带来很大冲击的同时，以课堂交往为突破口，科学组建学生学习小组，开展各种课堂交往活动，发挥人类友好的和敌对的两种基本社会—心理冲动，让学生在组内合作和组间竞争中，相互激励，不断进步。从而“使教员因此可以少教，但是学生可以多学；使学校因此可以少些喧嚣、厌恶和无益的劳苦，多具闲暇、快乐和坚实的进步”④。通过聚焦交往，然后视具体情况适当运用教学评研共同体要素、结构及其功能等其他维度次级指标等各方面的建构策略，不断促进教学评研共同体的实践改进。值得一提的是，教师是课堂交往最关键的影响因素，教学评研共同体研究需要重点从教师的角度考虑和设计教学评研共同体的实践改进活动。

---

① 叶澜．让课堂焕发出生命活力：论中小学教学改革的深化［J］．教育研究，1997（9）：3-8.

② 名师说．对话佐藤学：人工智能时代，教师何去何从？［EB/OL］．（2018-11-15）［2023-01-27］．https：//zixun. changingedu. com/suzhou/34-1837886. html.

③ 怀特海．教育的目的［M］．庄莲平，王立中，译注．上海：文汇出版社，2012：10.

④ 夸美纽斯．大教学论［M］．傅任敢，译．北京：教育科学出版社，1999：2.

第三节 高中教师建构教学评研共同体的行为意向

在整体把握高中阶段课堂层面教学评研共同体发展阶段、存在问题及其成因的基础上，进一步了解高中教师建构教学评研共同体的行为意向及其主要影响因素成为逻辑上的必然选择，这可以为改进教学评研共同体实践的行动研究提供必要的相关信息，有助于提高行动研究的针对性和有效性。在借鉴已有教师认同感研究和教师行为意向研究前期成果的基础上，编制高中教师建构教学评研共同体的行为意向及其影响因素调查问卷。选取广东省的高中教师为对象，展开问卷调查，建构起高中教师建构教学评研共同体行为意向的结构方程模型，开发出高中教师建构教学评研共同体行为意向量表。

一、调查问卷的编制

主要在吸收前期教师认同感研究和教师行为意向研究相关成果的基础上自行编制调查问卷。教师认同感研究旨在了解教师对课程、教学或其他教育改革项目所持的态度。① 就其结构而言，由认知、情感和行为意向构成。认知指个体有关认同感客体的知识和信念，情感指个体对认同感客体的感受和情绪，行为意向指个体执行某种行为的主观可能性。② 教师认同感研究受到国内外研究者的关注，其中的突出代表是澳大利亚的沃（Waugh）等学者。1985 年，沃与庞奇（Punch）将理性行动理论（Theory of Reasoned Action）引入教师认同感研究之中，编制了教师认同感调查问卷。教师认同感被确定为态度、情感和行为意向等三个变量，影响教师认同感的自变量被分成两组。第一组包括对教育一般主题的信仰、对改革前教育系统的总体情感以及对改革前教育系统的态度等三个方面；第二组则包括缓解变革给教师带来的

① 尹弘飚，靳玉乐，马云鹏．教师认同感的结构方程模型［J］．教育研究与实验，2008（3）：62-66.

② ALBARRACIN D，SHAVITT S. Attitudes and attitude change［J］．Annual Review of Psychology，2018（69）：299-327.

担忧和不确定性、变革在课堂层面的实用性、教师对变革的期望和信念、学校对教师的支持、教师对变革的成本效益评估（cost-benefit appraisal）和教师对教育改革一些重要主题的信仰等六个方面。并就教师在中等教育证书中对学生成就进行评估这一方面的改革，对澳大利亚西部的中学教师进行了调查研究，相关分析和回归分析的结果表明，教师认同感和各自变量之间存在清晰的模型关系。中等教育证书评估改革获得了澳大利亚西部教师广泛而强烈的支持。① 此后，教师认同感问卷被不断完善，并广泛应用在澳大利亚和我国的教育改革研究之中。1993 年，沃与戈弗雷（Godfrey）依据此模式，将教师对课程单元改革的认同感确定为教师对课程单元改革的态度、情感和行为意向等三个变量，自变量被界定为单元课程给教师带来的非金钱成本效益、课程的实用性、减轻实施中教师的恐慌和不确定性（学校内的支持）、教师对单元课程的关心事项、教师在学校课程决策中的参与、对比新旧课程后的感觉以及来自校长和高级教师的支持等七个因素。就澳大利亚西部中学教师对课程单元改革认同感的调查结果表明，单元课程给教师带来的非金钱成本效益、教师在学校课程决策中的参与、对比新旧课程后的感觉以及来自校长和高级教师的支持等四个自变量是影响教师认同感的重要因素。② 此后，澳洲学者又进一步改进教师认同感量表，继续将之运用到教师对单元课程改革③、年级调整课程改革④以及学生评价方式改革⑤⑥等认同感调查之中。2000 年，沃在总结十多年来认同感研究的基础上提出了一个新的教师认同感理论模式，其包含四类共九种自变量因素：1. 变革特征：与先前体系的比

---

① WAUGH R F, PLINCH K F. Teacher receptivity to system-wide change [J]. British Educational Research Journal, 1985, 11 (2): 113-121.

② WAUGH F, GODFREY J. Teacher receptivity to system-wide change in the implementation stage [J]. British Education Research Journal, 1993, 19 (5): 565-578.

③ WAUGH R F, GODFREY J. Understanding teachers' receptivity to system - wide educational change [J]. Journal of Educational Administration, 1995, 33 (3): 38-54.

④ COLLINS P R, WAUGH R F. Teachers' receptivity to a proposed system-wide educational change [J]. Journal of Educational Administration, 1998, 36 (2): 183-199.

⑤ WAUGH R F. Teacher receptivity to a system-wide change in a centralized education system: a Rasch measurement model analysis [J]. Journal of Outcome Measurement, 1999, 3 (1): 71-88.

⑥ MOROZ R, WAUGH R F. Teacher receptivity to system-wide educational change [J]. Journal of Educational Administration, 2000, 38 (2): 159-178.

较、在教师课堂里的实用性；2. 学校中的变革管理：缓解忧虑、了解变革、参与决策；3. 变革对教师的价值：个人成本评价、与其他教师合作、教师发展的机会；4. 对学生的价值：新课程对学生的价值。①

1998 年，香港学者李子建引进和修订了沃等人提出的评定模式，就香港小学教师对课程改革的认同感展开了调查研究。他将认同感简化为态度和行为意向等两个变量，同时将自变量简化为教师对课程改革的非金钱成本效益评估、课程的实用性、教师对课程改革的关心事项、学校对教师的支持和校外对教师的支持等五个方面。② 2000 年，李子建又就香港教师对新环境教育课程改革的认同感进行了调查研究。结果表明，香港教师对课程改革的非金钱成本效益评估、课程的实用性、来自学校和其他方面的支持以及教师对课程改革的关心事项是影响教师认同感的重要因素。③ 21 世纪初，尹弘飚等人运用该量表研究中小学教师对新课程改革的认同感。研究结果进一步表明，该测量工具的信度和效度都比较令人满意。④ 随后的一些研究根据沃在 2000 年提出的建议，在影响因素方面做出了不同程度的探索与贡献。尹弘飚等人新增加"教师发展"作为预测行为意向的自变量。⑤ 帅飞飞等人关于中学教师对新课程改革的认同感、对开展课堂教学交往以及参与校本课程开发的行为意向等多项研究结果显示，教师付出的代价并不影响教师参与改革的行为意向。影响中小学教师参与校本课程开发的行为意向的主要因素主要有"利他性""利己性""校外支持""自身特性"和"校内支持"。其中，"校外支

① WAUGH R F. Towards a model of teacher receptivity to planned system-wide educational change in a centrally controlled system [J]. Journal of Educational Administration, 2000, 38 (4): 350-367.

② 李子建．香港小学教师对课程改革的认同感：目标为本课程与常识科的比较 [J]. 课程论坛（香港），1998 (2): 71-83.

③ LEE J. Teacher receptivity to curriculum change in the implementation stage: The case of environmental education in Hong Kong [J]. Journal of Curriculum Studies, 2000, 32 (1): 95-115.

④ 尹弘飚，李子建，靳玉乐．中小学教师对新课程改革认同感的个案分析：来自重庆市北碚实验区两所学校的调查报告 [J]. 比较教育研究，2003 (10): 24-29.

⑤ 尹弘飚，靳玉乐，马云鹏．教师认同感的结构方程模型 [J]. 教育研究与实验，2008 (3): 62-66.

持”起一定的反作用。① 影响中学英语教师开展任务型教学认同感的主要因素主要有“回报”“校内支持”和“自身特性”。② 考虑到课程改革能促进学生和自身发展，即使工作量更大、需要花更多的时间和精力，教师也认为是值得的。③ 回报对教师行为意向起重要的影响作用。④ 回报是指艾吉仁“计划行为理论（Theory of Planned Behavior）”中的“态度”，主要包括利己性、利他性和社会责任感。校外支持要么起一定的反作用，要么不起作用。“支持系统”和“回报”是影响教师开展教学交往行为意向的主要因素。其中，“回报”和“校内支持”起最重要的影响作用。课改的自身特性有时也会影响教师的行为意向。因而，可以将这三个方面作为问卷的主要维度，也将“校外支持”设置进问卷之中。教师的自身素养也可能会对教师行为意向产生一些影响，因而还要将“教师素养”放入问卷。此外，鉴于我国多数改革以自上而下的行政推动式方式进行，多数中学教师是被要求做什么就做什么，主动性不够，而被动性特征比较突出，因而各种利益相关人员的建议与要求（即主观规范）也可能会对教师的行为意向起一定的影响作用，因而也将“主观规范”放入问卷之中。最终形成了“高中教师建构教学评研共同体行为意向的调查问卷”。因变量被确定为教师建构教学评研共同体的行为意向（5 个题项），作为影响因素的自变量则被确定为教学评研共同体的自身特性、教师素养、回报、支持系统（包括校内支持和校外支持）和主观规范等五个方面。具体细分为以下十个维度：自身特性（6 个题项），包括必要性（3 个题项）和可行性（3 个题项）；教师素养（6 个题项）；回报（14 个题项），包括利己性（5 个题项）、利他性（5 个题项）和社会责任感（4 个题项）；支持系统（12 个题项），包括校内对教师的支持（6 个题项）和校外对教师的支持（6 个题项）；主观规范（6 个题项），包括强规范（3 个题项）

---

① 李臣之，帅飞飞．深圳市中小学教师参与校本课程开发行为意向的调查研究［J］．课程．教材．教法，2010（4）：9-15.

② SHUAI F F, LI C Z. High school Task-Based Language Teaching in Mainland China［C］//LAW E, LI C Z, eds. Curriculum innovations in changing societies. Rotterdam: Sense Publishers, 2013: 246.

③ 帅飞飞，李臣之．中学教师对新课改认同感的调查研究［J］．全球教育展望，2009（5）：8-14.

④ 帅飞飞，李臣之．中学教师课堂教学交往行为意向的调查研究［J］．教育研究与实验，2011（6）：41-44.

和弱规范（3 个题项）。除基本信息外，问卷被设计为一个李氏 5 点量表（1. 非常不符合；2. 比较不符合；3. 中立；4. 比较符合；5. 非常符合）。

二、预调查的结果与分析

（一）问卷的基本统计量

预调查采用问卷星平台向广东省各地高中教师发送问卷，共回收问卷 483 份。被试的选取有一定随机性和代表性。按性别划分，男教师 199 人，占 41.20%，女教师 284 人，占 58.80%；按学历划分，具有大专学历的教师 3 人，占 0.62%，具有本科学历的教师 381 人，占 78.88%，具有研究生学历的教师 99 人，占 20.50%；按职称划分，未定级的教师 36 人，占 7.45%，具有初级职称的教师 58 人，占 12.01%，具有一级职称的教师 231 人，占 47.83%，具有高级职称的教师 158 人，占 32.71%；按教龄划分，5 年以内教龄的教师 53 人，占 10.97%，6~10 年教龄的教师 84 人，占 17.39%，11~15 年教龄的教师 174 人，占 36.02%，16 年以上教龄的教师 172 人，占 35.62%。调查数据统一采用 SPSS20.0 软件进行统计分析。

广东省高中教师建构教学评研共同体的行为意向调查问卷的信度令人满意。总问卷的 Cronbach's α 系数值为 0.985，各分量表的 Cronbach' s α 系数值在 0.921~0.970 之间，说明总问卷和各分量表信度良好。总问卷均值为 3.63，得分率为 72.60%，标准差为 0.75。各分量表得分率在 67.60%~76.40%之间。整体上看，广东省高中教师建构教学评研共同体的行为意向较为明显，教师在“行为意向”维度上得分为 3.75，得分率为 75.00%，在“回报”“自身特性”和“教师素养”等三个维度上的得分率都在 70.00%以上，在“支持系统”和“主观规范”等两个维度上的得分低一些，得分率分别为 67.60%和 68.00%。教师行为意向与其影响因素之间的相关性均达到显著性水平，有统计学意义（见表 4-8）。

表 4-8　各量表平均数、标准差、信度系数及相关分析结果 1（N=483）

变量	总问卷	行为意向	自身特性	回报	教师素养	支持系统	主观规范
总问卷	0.985						
行为意向	0.931***	0.921					

续表

变量	总问卷	行为意向	自身特性	回报	教师素养	支持系统	主观规范
自身特性	0.671***	0.629***	0.930				
回报	0.710***	0.630***	0.863***	0.970			
教师素养	0.928***	0.916***	0.645***	0.633***	0.924		
支持系统	0.909***	0.878***	0.623***	0.613***	0.928***	0.956	
主观规范	0.909***	0.865***	0.605***	0.585***	0.906***	0.911***	0.922
均值	3.63	3.75	3.77	3.82	3.65	3.38	3.40
标准差	0.75	0.86	0.86	0.80	0.78	0.86	0.88
%	72.60	75.00	75.40	76.40	73.00	67.60	68.00

注：＊＊＊$p < 0.001$（双尾检验），得分率（%）= 实际得分/各量表满分，对角线上数据表示该量表的 Cronbach's α 系数。

如果按照将影响因素细分为十个影响因素的话，总问卷的 Cronbach's α 系数值为0.985，各分量表的Cronbach's α 系数值在0.821~0.924之间，说明总问卷和各分量表信度良好。总问卷均值为3.63，得分率为72.60%，标准差为0.75。各分量表得分率在67.20%~77.60%之间。大体上，广东省高中教师建构教学评研共同体的行为意向较为明显，教师在“行为意向”维度上得分为3.75，得分率为75.00%，在“必要性”“利他性”“利己性”“社会责任感”“可行性”和“教师素养”等六个维度的得分率都在70.00%以上，在“校内支持”“校外支持”“强规范”和“弱规范”等四个维度的得分低一些，得分率在67.20%和68.40%之间。教师行为意向与其影响因素之间的相关性均达到显著性水平，有统计学意义（见表4-9）。

（二）高中教师建构教学评研共同体的行为意向

为了更清楚地了解广东省高中教师建构教学评研共同体的行为意向，有必要对教师在“行为意向”维度各题项上的得分情况进行比较（见表4-10）。

表 4-9　各量表平均数、标准差、信度系数及相关分析结果 2（N=483）

变量	总问卷	行为意向	必要性	可行性	利己性	利他性	社会责任	教师素养	校内支持	校外支持	强规范	弱规范
总问卷	0.985											
行为意向	0.931***	0.921										
必要性	0.671***	0.629***	0.910									
可行性	0.710***	0.630***	0.863***	0.830								
利己性	0.928***	0.916***	0.645***	0.633***	0.910							
利他性	0.909***	0.878***	0.623***	0.613***	0.928***	0.914						
社会责任	0.909***	0.865***	0.605***	0.585***	0.906***	0.911***	0.923					
教师素养	0.910***	0.827***	0.544***	0.589***	0.830***	0.812***	0.832***	0.924				
校内支持	0.900***	0.795***	0.459***	0.559***	0.751***	0.717***	0.725***	0.814***	0.916			
校外支持	0.910***	0.783***	0.466***	0.550***	0.767***	0.756***	0.771***	0.810***	0.894***	0.922		
强规范	0.876***	0.762***	0.452***	0.526***	0.734***	0.714***	0.757***	0.761***	0.875***	0.883***	0.899	
弱规范	0.853***	0.755***	0.419***	0.500***	0.717***	0.702***	0.691***	0.754***	0.852***	0.861***	0.834***	0.821
均值	3.63	3.75	3.88	3.65	3.81	3.86	3.79	3.65	3.36	3.41	3.42	3.38
标准差	0.75	0.86	0.89	0.88	0.82	0.82	0.84	0.78	0.89	0.88	0.89	0.96
%	72.60	75.00	77.60	73.00	76.20	77.20	75.80	73.00	67.20	68.20	68.40	67.60

注：＊＊＊ $p < 0.001$（双尾检验），得分率（%）= 实际得分/各量表满分，对角线上数据表示该量表的 Cronbach'sα 系数。

表 4-10 教师在行为意向维度的得分情况（N=483）

题项	将积极而公开地支持本校建构教学评研共同体	将赞许本校建构教学评研共同体	将建议本校建构教学评研共同体	将向同事指出其可行性	将向同事指出其建构可改善教育质量
均值	3.95	3.89	3.62	3.66	3.65
标准差	0.96	0.96	1.04	0.99	0.99
%	79.00	77.80	72.40	73.20	73.00

注：得分率（%）=实际得分/各题项满分。

结果显示，教师在“行为意向”维度各个题项上的得分率都超过70.00%，标准差不大。表明广东省高中教师建构教学评研共同体的行为意向明显，大部分教师将积极而公开地支持或赞许本校建构教学评研共同体，得分分别为3.95和3.89，得分率分别为79.00%和77.80%。将建议本校建构教学评研共同体，并向同事指出建构教学评研共同体的可行性以及建构教学评研共同体可以改善教育质量，得分分别为3.62、3.66和3.65，得分率分别为72.40%、73.20%和73.00%。

（三）教师行为意向的影响因素

多元回归分析结果表明，以“行为意向”为因变量时，“自身特性”“回报”“教师素养”“支持系统”和“主观规范”作为自变量时，五个自变量经过逐步回归过程（Stepwise），“回报”“支持系统”和“自身特性”三项进入回归方程，F=590.096，$p=0.000$，回归模型有统计学意义。三项的综合效应可以解释85.8%的“行为意向”上的变异，其中“回报”解释其83.5%的差异，方差膨胀因子小于4，可以判断各自变量之间共线性不严重（见表4-11）。

表 4-11 行为意向与其影响因素之间的回归分析结果1（N=483）

预测变量	β	t	p	VIF	R^2的变化
回报	0.731	21.581	0.000	3.348	0.835
支持系统	0.233	8.288	0.000	3.674	0.021
自身特性	0.081	3.509	0.000	1.774	0.004
$R^2=0.859$，校正 $R^2=0.858$，F=590.096，$P=0.000$					

将“自身特性”“回报”和“支持系统”等进一步细分为“必要性”“可行性”“回报”“校内支持”和“校外支持”，五个自变量经过逐步回归过程（Stepwise），“必要性”“回报”和“校内支持”等三项进入回归方程。F=614.558，p=0.000，回归模型有统计学意义。三项的综合效应可以解释86.4%的“行为意向”上的变异，其中“回报”解释其83.5%的差异，方差膨胀因子小于4，可以判断各自变量之间共线性不严重（见表4-12）。

表4-12　行为意向与其影响因素之间的回归分析结果2（N=483）

预测变量	β	t	p	VIF	R^2的变化
回报	0.725	22.660	0.000	3.115	0.835
校内支持	0.246	9.911	0.000	3.313	0.027
必要性	0.079	3.700	0.000	1.711	0.004
R^2=0.865，校正R^2=0.864，F=614.558，P=0.000					

可以将进入回归方程的“必要性”“回报”和“校内支持”等三个影响因素进一步细分为“必要性”“利己性”“利他性”“社会责任感”和“校内支持”等五个影响因素，五个自变量全部进入回归方程。F=468.428，p=0.000，回归模型有统计学意义。五项的综合效应可以解释87.2%的“行为意向”上的变异，其中“利己性”解释其83.9%的差异，方差膨胀因子小于4，可以判断各自变量之间共线性不严重（见表4-13）。

表4-13　行为意向与其影响因素之间的回归分析结果3（N=483）

预测变量	β	t	p	VIF	R^2的变化
利己性	0.546	10.236	0.000	9.543	0.839
校内支持	0.230	9.432	0.000	3.261	0.026
利他性	0.116	2.246	0.025	8.992	0.004
必要性	0.066	3.187	0.002	1.732	0.003
社会责任感	0.088	1.982	0.048	7.094	0.001
R^2=0.873，校正R^2=0.872，F=468.428，P=0.000					

逐步回归分析结果表明，主观规范、教师素养和校外支持对教师行为意向不产生显著影响，因而可以调整“高中教师建构教学评研共同体行为意向

的调查问卷”，删除不产生显著影响的因素及其相关题项，即“可行性”（3个题项）、“校外支持”（6个题项）和“主观规范”（6个题项）等三个维度。调整后问卷的维度和题项如下：行为意向（5个题项）、必要性（3个题项）、利己性（5个题项）、利他性（5个题项）、社会责任感（4个题项）和校内支持（6个题项）。

值得一提的是，“利己性”维度中的“建构教学评研共同体可以使我的教学更加有趣”和“利他性”维度中的“建构教学评研共同体可以使学生对学习更感兴趣”存在一定交叉，可以考虑去掉前者。还有，“利他性”维度中的“建构教学评研共同体有助于培养学生发展核心素养”和“建构教学评研共同体有助于学生解决实际问题能力的发展”两个题项存在明显的包含与被包含关系，可以考虑去掉后者。此外，“社会责任感”中“建构教学评研共同体有利于新课程改革的落实与推进”和“建构教学评研共同体有利于促进教育事业的发展”等两个题项存在相互包容和交叉的可能性，考虑到前者更符合新课改背景下教师话语体系，可以去掉后者。

（四）教师行为意向的影响因素

将影响因素部分的数据输入SPSS20.0。先对数据进行了Bartlett球形检验，检验值为8592.765，$p=0.000$，说明各项目间有共享因素的可能性。同时，样本适当性度量值（KMO）为0.958，表明样本数据适合做因素分析。对19个项目进行一阶因素分析，经主成分分析，提取出特征值大于1的因子，采用具有Kaiser标准化的倾斜旋转法，共抽取3个因子，累计方差贡献率达75.268%。3个因子的特征值分别为：11.337、1.817和1.146，3个因子的方差贡献率分别为59.67%、9.564%和6.034%，对应“回报”“校内支持”和“必要性”三个维度（见表4-14）。

表4-14　高中教师建构教学评研共同体行为意向影响因素问卷项目及载荷表

题号	题项	因子1	因子2	因子3
t24	建构教学评研共同体有利于促进学校发展	0.901		
t29	建构教学评研共同体可以使学生对学习更感兴趣	0.896		
t33	建构教学评研共同体有助于提高学生的成绩	0.893		
t23	建构教学评研共同体能给我带来成就感	0.891		

续表

题号	题项	因子 1	因子 2	因子 3
t25	建构教学评研共同体能提升学生的纪律	0.874		
t38	建构教学评研共同体有利于新课程改革的落实与推进	0.859		
t20	建构教学评研共同体有助于培养学生发展核心素养	0.844		
t47	建构教学评研共同体有利于促进我国与国际社会的接轨	0.829		
t13	建构教学评研共同体能促进我的专业发展	0.805		
t10	建构教学评研共同体可使学生参与更多有意义的学习活动	0.687		
t15	我们学校将会经常举行建构教学评研共同体的相关培训		0.878	
t37	我校教师将会经常开展建构教学评研共同体的相关交流		0.868	
t31	我校大部分教师都将会努力建构教学评研共同体		0.853	
t48	我校相关领导将会致力于建构教学评研共同体		0.841	
t19	我任教的班级规模适合建构教学评研共同体		0.788	
t8	我校有足够的书籍与设备资源支持建构教学评研共同体		0.775	
t4	没有意义的——有意义的			0.924
t1	没有价值的——有价值的			0.915
t6	没有必要的——有必要的			0.878

"利己性""利他性"和"社会责任感"分别减少了2个、1个和1个题项，得到的维度可以被命名为"利己性^1""利他性^1"和"社会责任感^1"。以"行为意向"为因变量，将"利己性^1""利他性^1""社会责任感^1""必要性"和"校内支持"作为自变量，经过逐步回归过程（Stepwise），五个自变量全部进入回归方程，$F=683.633$，$p=0.000$，回归模型有统计学意义。三项的综合效应可以解释87.6%的"行为意向"上的变异，其中"利己性^1"解释其81.3%的差异，方差膨胀因子小于4，可以判断各自变量之间共线性

不严重（见表4-15）。

表4-15　行为意向与其影响因素之间的回归分析结果4（N=483）

预测变量	β	t	p	VIF	R^2的变化
利己性[1]	0.386	9.529	0.000	6.348	0.813
校内支持	0.235	9.900	0.000	2.323	0.038
利他性[1]	0.227	5.545	0.000	5.916	0.019
必要性	0.083	4.099	0.000	1.689	0.005
社会责任感[1]	0.113	2.791	0.005	6.032	0.002
$R^2=0.878$，校正 $R^2=0.876$，$F=683.633$，$P=0.000$					

还可以对“利他性[1]”维度进行完善，以知识与技能、过程与方法、情感态度与价值观为参照，将“利他性”维度的题项调整为“建构教学评研共同体有助于提高学生的成绩”“建构教学评研共同体有助于提高学生的学习能力”“建构教学评研共同体可以使学生对学习更感兴趣”和“建构教学评研共同体有助于培养学生发展核心素养”等4个题项。还将“必要性”维度的表述方式改为与其他题项一致的方式。这样一来，因变量依然是教师建构教学评研共同体的行为意向（5个题项），自变量则被调整为回报（利己性3个题项、利他性4个题项和社会责任感3个题项）、校内支持（6个题项）和必要性（3个题项）等三个方面，加上题目、指导语、题项顺序调整和结束语，形成了“高中教师建构教学评研共同体行为意向的调查问卷”最终版本。

三、正式调查的结果与分析

（一）问卷的基本统计量

正式调查也利用问卷星平台，经过高校教育学专家、教科院科研人员、教研室老师、学校行政和教师的推介，向广州、深圳、东莞、珠海、佛山、惠州、中山、江门、韶关、梅州、肇庆、湛江、阳江、河源等地的高中教师发放问卷，共回收问卷985份。剔除一些用时非常短或者非常长、选同一个选项的无效问卷，最终得到737份有效问卷。被试的选取有一定随机性和代表性。按性别划分，男教师318人，占43.15%，女教师419人，占56.85%；

按学历划分，具有大专学历的教师14人，占1.90%，具有本科学历的教师602人，占81.68%，具有研究生学历的教师121人，占16.42%；按职称划分，未定级的教师35人，占4.75%，具有初级职称的教师92人，占12.48%，具有一级职称的教师391人，占53.05%，具有高级职称的教师219人，占29.72%；按教龄划分，5年以内教龄的教师67人，占9.09%，6~10年教龄的教师136人，占18.45%，11~15年教龄的教师297人，占40.30%，16年以上教龄的教师237人，占32.16%。数据统一采用SPSS20.0软件进行统计分析。

高中教师建构教学评研共同体行为意向调查问卷的信度令人满意。总问卷的Cronbach's α系数值为0.974，各分量表的Cronbach's α系数值在0.899~0.965之间，说明总问卷和各分量表信度良好。总问卷均值为3.84，得分率为76.80%，标准差为0.79。各分量表得分率在69.80%~81.00%之间。整体上看，广东省高中教师建构教学评研共同体的行为意向较为明显，教师在“行为意向”维度上得分为3.84，得分率为76.80%；在“必要性”和“行为意向”两个维度上的得分率分别达到81.00%和76.80%；在“支持”维度上的得分率稍低一些，为69.80%。教师行为意向与其影响因素之间的相关性均达到显著性水平，有统计学意义（见表4-16）。

表4-16　各量表平均数、标准差、信度系数及相关分析结果3（N=737）

变量	总问卷	行为意向	回报	支持	必要性
总问卷	0.974				
行为意向	0.964***	0.905			
回报	0.956***	0.903***	0.965		
支持	0.842***	0.794***	0.695***	0.899	
必要性	0.924***	0.856***	0.926***	0.619***	0.900
均值	3.84	3.84	3.98	3.49	4.05
标准差	0.79	0.85	0.84	0.85	0.88
%	76.80	76.80	79.60	69.80	81.00

注：***$p < 0.001$（双尾检验），得分率（%）=实际得分/各量表满分，对角线上数据表示该量表的Cronbach's α系数。

（二）高中教师建构教学评研共同体行为意向的结构方程模型

为进一步了解广东省高中教师建构教学评研共同体的行为意向，建构起高中教师建构教学评研共同体行为意向的结构方程模型，有必要按照奇数、偶数将737份有效问卷拆分为368份和369份的两组数据。第一组368份问卷的数据用来进行探索性因素分析，第二组369份问卷的数据用来做验证性因素分析。统一采用Amos 24对数据进行分析。

首先，按照假设的理论构想，形成以下的结构方程模型（见图4-1）。

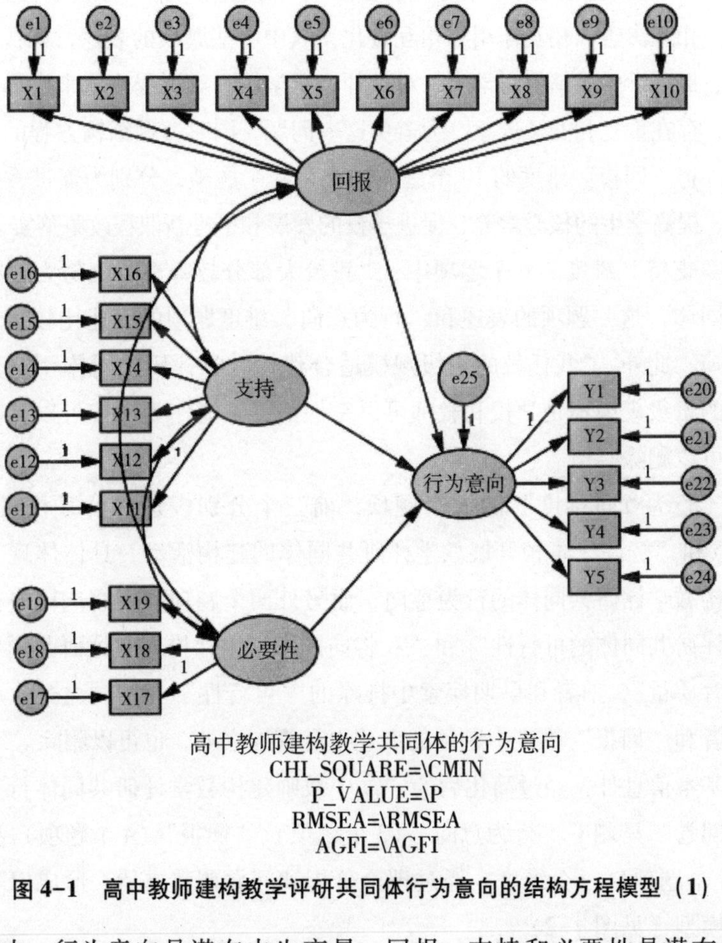

图4-1 高中教师建构教学评研共同体行为意向的结构方程模型（1）

其中，行为意向是潜在内生变量，回报、支持和必要性是潜在外衍变量，问卷中的24个题项是测量指标。将第一组数据（368份问卷），导入Amos 24，结果显示，RMSEA=0.115，AGFI=0.649。说明理论模型和样本数据之间的契合度不够理想，因而有必要重新思考和修正理论模型。研究者遵循结构方程模型的简约原则，对 24 个题项进行仔细分析后，删除了一些维度和题项。

1. “必要性”维度的三个题项（建构教学评研共同体是有价值的、必要的和有意义的）是对“回报”维度题项的一些归纳，显得多余，因而可以考虑去掉。

2. “回报”维度参照艾吉仁“计划行为理论（Theory of Planned Behavior）”中的“态度”，分为“利己性”“利他性”和“社会责任感”，这三个方面相互渗透、相互作用和相互转化，其中一些题项的表述，如：提升学生纪律、提高学生成绩等对学生、对教师、对学校、对课程改革来讲都可以说是回报，存在重复和交叉现象，为避免这一问题，同时遵循结构方程的简约原则，可以将“回报”维度的 10 个题项简化为 4 个题项，分别为促进教师的专业发展、提高学生的核心素养、促进学校的发展和推进新课程改革落实。

3. “支持”维度的 6 个题项中，“我校大部分教师都将会努力建构教学评研共同体”这一题项的表述和“行为意向”维度题项的表述比较接近，可以删除掉；此外，“我任教的班级规模适合建构教学评研共同体”这一题项中体现的班级规模不是学校和教师可以掌握的，不能作为学校可以提供的支持，也可以删除。

4. “行为意向维度”的五个题项，前三个分别表达“公开积极支持”“建议”和“赞许”本校开展教学评研共同体的建构活动，具体体现了高中教师建构教学评研共同体的行为意向，而另外两个题项“我将向同事指出建构教学评研共同体的可行性”和“我将向同事指出建构教学评研共同体可以改善教育质量”，前者和早期探索中排除的“可行性”有雷同之处，应该删除；后者和“回报”维度中题项的表述也有雷同之处，也可以删除。

除基本信息外，经过简化后的“高中教师建构教学评研共同体行为意向的调查问卷”只剩下“行为意向”（3 个题项）、“回报”（4 个题项）和“支持”（4 个题项）三个维度。经过理论分析和问卷调整之后，形成以下的结构方程模型（见图 4-2）。

其中，行为意向是潜在内生变量，回报和支持是潜在外衍变量，问卷中的 11 个题项是测量指标。将第一组数据（368 份问卷），导入 Amos 24，得到分析结果（见图 4-3）。

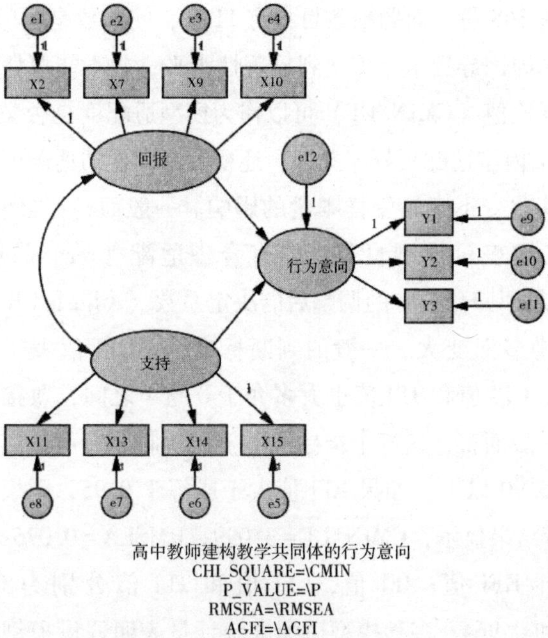

图 4-2 高中教师建构教学评研共同体行为意向的结构方程模型（2）

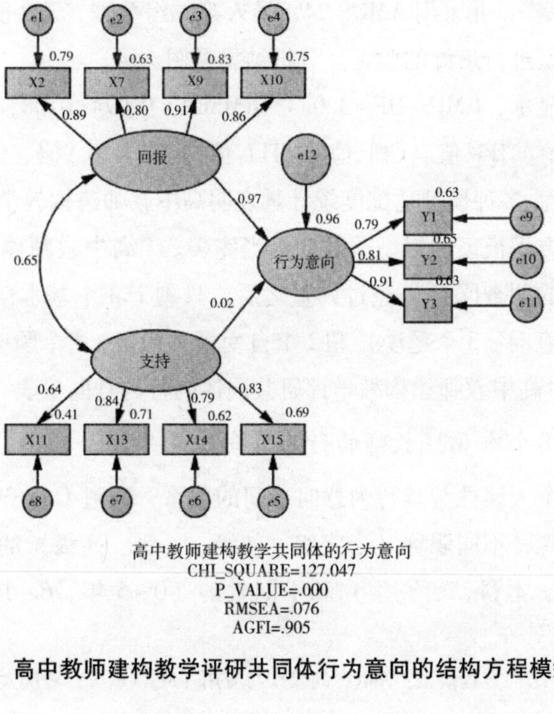

图 4-3 高中教师建构教学评研共同体行为意向的结构方程模型（3）

问卷份数为 368 份，而题项数目只有 11 个，问卷数是题项数的 30 多倍，因为样本量大的原因导致卡方值达到显著性水平，并不能单凭此拒绝虚无假设，卡方自由度比值（CMIN/DF）可以作为模型适配度是否契合的指标。其值介于 1~3 表示模型适配良好。此外，还要参考其他的适配度指标。RMSEA 值比较稳定，其改变不容易受样本量的影响。一般而言，当 RMSEA 的数在 0.05 至 0.08 之间表示模型良好，即有合理适配（reasonable fit）。此外，AGFI 值相对于复回归分析中的调整后的决定系数（Adjusted R^2），AGFI 值会随估计参数的增多而变大。一般的判断标准为 AGFI 值大于 0.9。NFI 值、RFI 值、IFI 值、CFI 值和 TLI 值也大多介于 0 与 1 之间，愈接近 1 表示模型适配度愈佳。一般而言，这五个指标值用于判断假设模型与实际数据是否适配的标准均为 0.90 以上。如果 RFI 值大于或等于 0.95，则模型的适配度相当完美。① 分析结果显示，CMIN/DF = 3.099，RMSEA = 0.076<0.08，AGFI = 0.905，NFI 值、RFI 值、IFI 值、CFI 值和 TLI 值分别为 0.961、0.947、0.973、0.973 和 0.964。多种模型适配度统计量表明假设模型的拟合度非常好。因而这个模型被确定为最终的“高中教师建构教学评研共同体行为意向的结构方程模型”，并采用 AMOS 24，导入第二组数据（369 份问卷），对这个结构方程模型进行最终的验证。分析结果见图 4-4。

分析结果显示，CMIN/DF = 3.023，RMSEA = 0.074<0.08，AGFI = 0.906，NFI 值、RFI 值、IFI 值、CFI 值和 TLI 值分别为 0.964、0.952、0.976、0.975 和 0.967。多种模型适配度统计量表明高中教师建构教学评研共同体行为意向的结构方程模型的模型适配度相当完美。“高中教师建构教学评研共同体行为意向的调查问卷”经过调整之后，只剩下 4 个基本信息题项、1 个因变量（行为意向、3 个题项）和 2 个自变量（回报、4 个题项和支持、4 个题项），形成“高中教师建构教学评研共同体的行为意向量表”。

（三）不同个人属性教师的行为意向的差异性

就教师的个人属性与其行为意向之间的关系，通过 One-Way ANOVA 进行方差分析发现，不同职称（未定级、初级、一级、高级）的教师之间、不同学历（专科、本科、研究生）和不同教龄（0~5 年、6~10 年、11~15、

① 吴明隆. 结构方程模型：AMOS 的操作与应用［M］. 重庆：重庆大学出版社，2010：42-49.

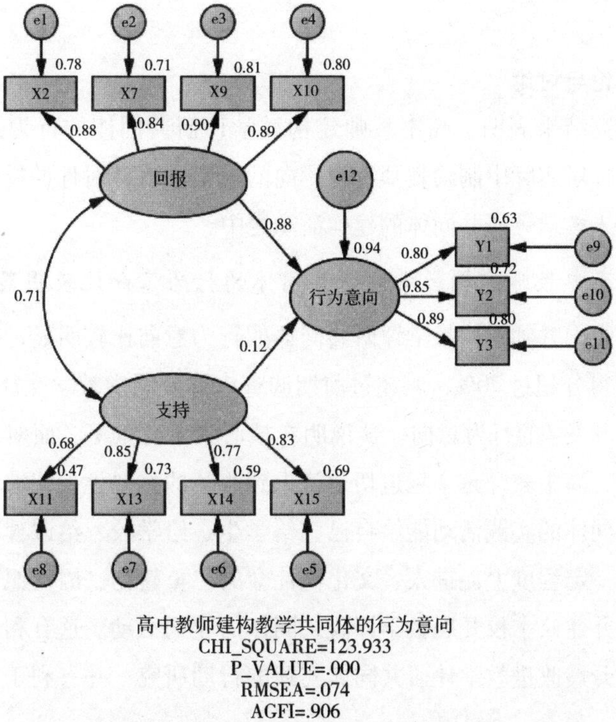

图 4-4　高中教师建构教学评研共同体行为意向的结构方程模型（4）

16 年以上）的教师之间建构教学评研共同体的行为意向的差异不显著。不同性别的教师之间行为意向存在显著性差异，除了一个题项女教师得分比男教师得分低 0.01 之外，女教师在其他所有维度和题项上的得分均高于男教师的得分，独立样本 t 检验结果显示，男教师和女教师在问卷“总均值”“行为意向”和“回报”方面的差异达到了显著性水平，而“支持”方面没有显著性差异(见表 4-17)。

表 4-17　学校类型与总分和各分量表的方差分析结果

	M		*SD*		t	*p*
	男（n=168）	女（n=201）	男（n=168）	女（n=201）		
总均值	3.68	3.87	0.92	0.70	−2.167	0.031
行为意向	3.80	4.04	1.05	0.81	−2.421	0.016
回报	3.86	4.10	0.98	0.77	−2.603	0.010
支持	3.37	3.45	0.82	1.10	−0.859	0.391

四、结论与讨论

调查研究结果表明：高中教师建构教学评研共同体的行为意向比较明显，有必要针对实际中制约教师行为意向的因素采取针对性的措施，使教师积极主动投入教学评研共同体的建构活动之中。

（一）高中教师建构教学评研共同体的行为意向比较明显

广东省高中教师建构教学评研共同体的行为意向比较明显，在“行为意向”维度的得分超过70%，略超过前期调查中开展课堂教学交往①与教师参与校本课程开发②的行为意向。这说明在核心素养背景下，面对走向深水区的课程改革，高中教师越来越迫切地认识到改革的重要性，能够认识到建构教学评研共同体的实践活动能给自己、给学生、给学校、给课程改革带来好处，从而在一定程度上促进人、文化与社会的三重建构，因而愿意公开积极支持、赞许并建议本校开展教学评研共同体的建构活动。这有利于研究者带领研究团队开展改进教学评研共同体实践的行动研究，并有利于研究成果的推广与应用。

（二）高中教师建构教学评研共同体行为意向的影响因素

研究结果显示，影响高中教师建构教学评研共同体行为意向的主要影响因素是“回报”和“支持”（指校内支持）。这和所有教师认同感和行为意向的前期研究保持一致。不同的是，本研究排除了诸多其他影响因素。如：自身特性、校外支持、教师素养和主观规范等，建构起了一个非常精简的高中教师建构教学评研共同体行为意向的结构方程模型。这启示研究者要在后续行动研究以及研究成果的推广过程中，引导教师充分认识到建构教学评研共同体的回报，并创造条件为教师提供切实的支持。

“趋利避害”是人的本性，高中教师建构教学评研共同体的行为意向也遵循“实用性伦理”，即根据教学评研共同体的建构活动对自己、对学生、

① 帅飞飞，李臣之．中学教师课堂教学交往行为意向的调查研究［J］．教育研究与实验，2011（6）：41-44．

② 李臣之，帅飞飞．深圳市中小学教师参与校本课程开发行为意向的调查研究［J］．课程．教材．教法，2010（4）：9-15．

对学校以及对课程改革带来的实际好处（尤其是对教师自身的好处）而采取积极的行为意向和实际行动。因此，需要在教学评研共同体的理论建构和实践探索过程中，厘清教学评研共同体的核心概念，依据教学评研共同体实体、活动、关系及其过程之间的本体框架，建构起教学评研共同体清晰合理的理论模型，凸显其人、文化与社会的三重建构功能。同时，还要考虑教学评研共同体的建构活动具有可操作性，使其既符合时代的要求，又符合教师的认知模式，以适应各个学校多样化的实际教学评研条件和不同教师个性化的具体教学评研情境，给教师开展教学评研共同体的建构活动提供切实具体的软件支持和硬件支持。软件支持方面，随着新课程改革走向深水区，核心素养要真正落实到课堂实践中，普适性的通识培训已经不能满足教师的需求，需要给教师提供更“具体的、实用性强的培训”①，并组织教师在校内开展各种形式的校本教研活动。这需要学校领导的大力支持与积极参与，并为教师提供各种相关的书籍、设备和场室等硬件方面的支持。建构起教学评研共同体，搭建起合作交流的平台，还需要加强学校领导和教师之间、教师与教师之间、教师与学生之间、不同学校之间、高校与中小学校之间以及学校与校外利益相关人士及机构之间开展各种形式的交流与合作，形成纵横交错的教学评研共同体交往网络，反过来进一步为高中教师开展教学评研共同体的建构活动提供切实具体的支持，形成一个良性循环。

① 马云鹏，唐丽芳．新课程实施的现状与对策：部分实验区评估结果的分析与思考[J]．东北师大学报（哲学社会科学版），2002（5）：124-129.

第五章

教学评研共同体的实践改进

为解决目前教学评研共同体发展阶段中存在的现实问题，进一步改进教学评研共同体实践，研究者根据现实条件组织研究团队在H中学开展了初期探索、深度融合和不断拓展三个阶段的行动研究。以研究者任班主任和英语科任教师的班级为基础的教学评研共同体在沿着自在、自主、自为和自由发展阶段的纵向路径不断演进的同时，也逐渐向内向外实现横向延展进而形成更大范围内的教学评研共同体，实现了教学评研共同体的实践改进。在英语学科实践、班级文化学习和德育管理方面均取得了非常显著的成效。同时，在不断改进教学评研共同体实践的过程中逐步完善教学评研共同体的相关理论，并使之外化为客观观念的教学评研共同体，努力在日益准确地把握客观自在的教学评研共同体的基础上，实现教学评研共同体理论与实践的良性互动与双重建构。

第一节　行动研究（Ⅰ）：初期探索

行动研究是一项受多方面不同因素影响的系统工程，需要研究者精心汇集和组织各种教育资源与力量，形成一股“教育合力”，共同促进教学评研共同体的实践改进。为保证行动研究的质量及其有序推进，研究者先在自己担任班主任和英语科任教师的班级进行初期探索，开展第一阶段的行动研究。

一、问题分析与行动计划

（一）问题分析

对教学评研共同体客观现状的调查结果表明：一方面，教学评研共同体的发展阶段基本上处于自在和自主的混合阶段，还存在师生主体性不强、课堂交往方式单一、课程资源不丰富、课程体系不完整、评的比重不高、应试教育特征突出等诸多问题；另一方面，广东省高中教师能比较清晰深刻地认识到建构教学评研共同体对自己、对学生、对学校、对课程改革所带来的种种好处，对建构教学评研共同体有着比较积极的行为意向。说明高中课堂层面的教学评研共同体实践中存在诸多问题，但高中教师有着改进教学评研共同体实践的积极的行为意向，这给改进教学评研共同体实践的行动研究提供了出发的缘由和动力。

研究者选取自己任教的中山市 H 中学开展改进教学评研共同体实践的行动研究。按照历年高考成绩和教育行政机构、教师、学生及其家长的综合评价来看，H 中学在整个中山市所有公办普通高中中排名靠后，招收的学生在全市排位 12，000 名左右（全市普高共招生 15，000 名左右）。相对于重点中学的学生而言，H 中学的学生学习基础和学习能力较弱、学习习惯不好、学习兴趣不浓。针对这种情况，学校选择走特色发展之路，增挂“中山市艺术学校”牌衔，成为一所美术、音乐、体育特色学校，高考文化课程和特色专业课程并重。这所学校里教学评研共同体实践中存在的问题会更多，因而也更迫切需要构建教学评研共同体。

（二）行动计划

改进教学评研共同体实践的策略可以从教学评研共同体的要素、结构及其功能入手，通过增进教师和学生的主体性、创生立体交往的关系网络、开发丰富多样的课程资源和搭建整体优化的课程体系、丰富教学评研活动的教育意涵、促进教学评研一体化运作和改善教学评研共同体的整体功能等途径来促使教学评研共同体从自在阶段向自由阶段不断演进。但在改进教学评研共同体实践的实际探索中，研究者很难同时兼顾这七个方面。从本质来看，教学评研是师生间特殊的交往活动，教学评研共同体的实践改进将重点聚焦课堂实践中的交往行为，再在此基础上根据实际情况综合采用其他建构策略，开展改进教学评研共同体实践的行动研究，并据此反思教学评研共同体的建构效果。通过实现各种转变，促进客观现实的教学评研共同体沿着自在、自主、自为到自由阶段演进，逐渐发展成为立体交往的教学评研共同体。如：从独学、座学到合作学习、探究学习；从竞争学习到竞争与合作学习，将竞争整合进合作学习之中，发挥其基础动力作用；从单一的垂直交往到属性复杂、形式多样的立体交往；等等。

第一阶段的行动研究是研究者在自己担任班主任和英语科任教师的高一16班展开的一些初期探索。H中学高一年级在第一学期10月底分班。分班之前，研究者在原高一（16）班的英语课堂中开展了一些建构教学评研共同体的实践探索。先没有其他教师介入研究者的英语课堂，也没有集体备课或者专业的听评课，基本上属于研究者对教学评研共同体实践改进的单独探索。随着行动研究的推进，研究者组织研究团队逐渐加入改进教学评研共同体实践的探索队伍，英语学科以及其他学科的教师参与了研究者承担的研讨课的观课与评课。本节重点聚焦这些初期探索中的一节英语综合技能课来做比较详细的分析。

二、英语综合技能课

为克服现行教学评研共同体实践中的诸多问题，研究者于高一年级上学期9月底展开了一轮行动研究。选取《新概念英语》(2) 第11课（One good turn deserves another）作为课程材料，进一步引导学生夯实英语基础，提高听说读写的综合技能，同时帮助学生有针对性地备战高考，进一步改进教学评研共同体实践。进入高中，研究者就组织高一（16）班学生开展小组合作学习，经过一个月的不断磨合与改进，学习小组的运作与加分规则已基本成熟。研究者在继续建构课堂立体交往网络的同时，拓展课程内容，结合课程内容对学生进行情感态度与价值观教育，体验社会交往礼仪，努力从文化基础、自主发展和社会参与等方面促进学生核心素养的全面提高。

（一）教学评研过程

第一步：听

听课文录音，回答下面这个问题：Who paid for Tony's dinner?

旨在引导学生初步感知课文，同时训练学生的听力技能，提高学生的听力水平，同时备战高考中的听说考试。

第二步：读和写

1. 读课文，回答书本练习题中的 7 个问题。

2. 7 位学生自愿上黑板书写完整的答案，其他学生用彩色粉笔做必要的修正。(教师将题号预先按顺序写在黑板上)

3. 学生运用适当的连接方式，将黑板上的答案连成篇章。

4. 使用适当的策略，将篇章简化成摘要。

5. 当堂背诵这份摘要。

旨在训练学生的阅读和写作技能，在读后回答问题的基础上，将完整句子形式的答案连成篇章，然后用适当的形式简化成摘要，随后要求当堂背诵这篇摘要。将读写紧密结合在一起，由易到难，层层递进，并体现语言学习的积累原则，适时引导学生背诵刚学完的内容，在夯实学生文化基础的同时，还能让学生找到学习英语的自信，体验成功的喜悦。同时，也为高考阅读和写作考试做一定准备。

第三步：说

1. 跟着录音，同步读课文。

2. 跟着录音读新单词，然后背这 6 个新单词。

3. 讨论。What do you think of Tony? If you were the author, what would you do?

旨在训练学生的口语技能，跟着视频读文本是高考听说考试中的一种基本形式，这种教学评研方式不仅可以提高学生的口语能力，还能直接备战高考听说。同时引导学生及时背诵 6 个新单词，积累词汇。在此基础上，引导学生开展讨论：你怎么看待 Tony 这个人以及他的行为？如果你是作者的话，你会怎么做？在引导学生掌握基础知识和基本技能的基础上积极运用英语展开真实交流和互动，对他们进行适当的价值观引导，注意礼尚往来的交际礼仪和基本的价值标准，开展合情合理的人际交往，建立良好的人际关系。

第四步：语法

1. 要求学生划出文章中出现的所有谓语。

2. 在研究者的帮助下，针对每个人划的情况展开小组讨论。

3. 学生完成书本上的练习题 B，之后对照课文检查答案并在小组内展开讨论，相互答疑。

旨在夯实学生的语法基础，重点聚焦谓语，包括主谓一致、时态和语态等。首先让学生自己划出文章中出现的所有谓语，然后做一份要求学生填入抽掉了谓语的课文的练习题。在学生自己对照课文自我评价的基础上，引导学生开展自我反思和同伴讨论，发现问题，相互帮助，教师提供必要的点拨和指导。

第五步：作业

要求学生聚焦课文材料中的谓语部分设计一份语法填空题，并写一篇短文，反思自己在这篇文章中学到了什么。

引导学生自主学习，反思课堂上所学的内容，主要体现在两个方面：一是文化基础和自主学习方面。自行复习和整理课堂上学习的语言知识，聚焦谓语部分，按高考要求设计一篇语法填空题，这对学生来讲，有一定的挑战性，但经过努力也能够完成，有利于提高学生的自主学习能力和高考备考能力。二是社会参与方面。作为社会的一员，人际交往和必要的担当能力与意识是必要的。这种开放性作业的形式可以释放学生的想象力，思考社会人际交往中自己应有的礼仪与责任。

（二）教学评研效果

这节课的课程材料和教学评研共同体客观现状的教学评研案例中 H 中学 L 教师所选取的课程材料是相同的，但从教学评研共同体建构的各个方面都实现了一定突破。对这节课堂上体现出来的教学评研共同体的特征，可以聚焦交往，再拓展至教学评研共同体的各要素、结构及其功能等方面来进行综合分析。

在这节英语综合技能课上，师生间、生生间展开了丰富多样的立体交往，师生主体性比较强，课程资源比较丰富并实现了一定程度的整合，教学评研四维互动，教学评研功能比较全面。但也有一定的局限，主要体现在学生的主动性还有待进一步提高，他们更多是在教师的牵引下参与活动，缺少自己的规划和系统反思。虽然师生的教学评研行为中体现出了一定的内省与反思，但更多还是局限在技术层面上，对自我的内在审视以及道德标准的深层体验还显不够，还没有成为师生的一种生命化的生存样态。从这些特征来看，这一阶段的教学评研共同体更多处于自主阶段，也在一定程度上体现出一些自为发展阶段的基本特征（见表5-1）。

表5-1　教学评研共同体的基本特征（英语综合技能课）

要素	主体要素方面，师生主体性都比较强，师生对课堂教学评研目标有清晰的认识，并根据所选用的教学评研内容精心安排和积极参与各种听、说、读、写和语法学习活动。在教师引导下，学生间相互帮助，解决学习中遇到的疑难问题以及分享学习过程中的经历与体验。客体要素方面，以文本材料以及学生原有的知识、技能和社交经验为基础，充分挖掘和利用师生、生生间交往中生成的课程资源，结合课文后面的练习题，尽可能地拓展和丰富课程内容。活动要素方面，在教与学的活动之中，出现了学生自评、同伴互评和教师评价等各种评价方式。研主要表现为教师和学生都在教学评研的过程中积极思考和琢磨
结构	交往方面，建立正式的学习小组，出现了大量丰富的交往方式。师生围绕课程（教学评研内容）这一伟大事物，基于学习小组在教师、学生个体、学生小组和全班学生之间开展各种形式的立体交往和互动活动。课程得到适当程度的生成与拓展，并在一定程度上实现了课程资源的有机整合，但还没有建立起完整的课程体系。活动结构方面，教、学、评、研在一定程度上实现了四维互动和适度融合
功能	在各种交往活动中夯实了学生的文化基础，引导学生学习知识与技能、体验过程与方法、涵养情感态度与价值观，在一定程度上促进了学生的自主学习能力，并引导学生积极参与社会，感受和养成“礼尚往来”的社交礼仪与基本规范。在一定程度上兼顾了学生的文化基础、自主发展和社会参与等核心素养的全面提高，促进了人、文化与社会的三重建构

三、反思

第一阶段的行动研究属于教学评研共同体的初步探索阶段，这些探索更多时候由研究者单独完成，建构教学评研共同体的实践活动仅聚焦在高一（16）班的英语课堂方面，这个教学评研共同体由研究者与高一（16）班的全体学生组成。只是到了初步探索的最后阶段，研究者组织9门高考学科的教师组成教师共同体，作为初期探索中的教学评研共同体的背景因素一起进入研究者的课堂参与观课和研讨。如：聚焦英语阅读开展教学评研共同体的建构活动。①

这一阶段的教学评研共同体对前期调查中呈现出来的教学评研共同体的

① 帅飞飞．高中英语教学交往［M］．北京：光明日报出版社，2020：174-183.

发展阶段实现了一定的突破与超越，体现在教学评研共同体本体分析框架的各个维度。在主体要素及其结构方面，师生主体性大大加强，无论是教师还是学生都会为了达成良好的教学评研效果而积极主动地寻找合适的教学评研方法，对过程进行适当的调控。建立了正式的课堂学习小组，教师、学生个体、学生小组和全班学生等多极教学评研主体之间的立体交往网络基本形成。在客体要素及其结构方面，课程内涵得到一定程度的丰富，课程资源多元化，并在教学评研主体的交往之中不断生成较为丰富的课程资源，各种课程资源之间实现了一定程度的融合。在活动要素及其结构方面，出现了教学评研四种活动，它们之间相互联系、相互作用、相互渗透和相互转化，并在一定程度上实现了四维互动和有机融合。在功能方面，克服了单一的应试取向，在夯实学生文化基础的同时，注意了学生的自主发展和社会参与，在一定程度上致力于学生核心素养的全面提高。

但也还存在诸多有待进一步完善的地方，主要表现在：学生的主体性还显得不够；学习小组还只是基于课堂教学评研活动，其运作机制还没有融入班级管理之中，这也会在一定程度上影响教学评研主体之间交往的质量；评和研的活动比重还显不够，还未实现教学评研一体化运作；虽然教师和学生表现出一定的内省意识和反思精神，努力确立自己的道德标准，尽力兼顾学生核心素养的全面提高，但此时的教学评研共同体建构还深受应试教育的影响，体现出比较明显的技术性取向和功利目的。因而，从教学评研共同体的要素、结构及其功能等各方面表现出来的特征来看，这一阶段的教学评研共同体还更多地处于自主发展阶段，也在各个维度不同程度地显现出一些自为发展阶段的特质。

第二节　行动研究（Ⅱ）：深度融合

研究者既是一名教育博士，又是一位中学高级教师；既是一名英语科任教师，又是一名班主任。这种特殊的身份有助于研究者将教学评研共同体的理论建构与实践探索、英语教学评研活动与班级管理进行深度融合。因而，实现英语教学评研活动与班级管理的深度融合成为第二阶段行动研究的重点，以解决第一轮行动研究中遗留的问题，促进教学评研共同体从自在阶段向自由阶段不断演进。

一、问题分析与行动计划

（一）问题分析

H中学高一年级在第一学期10月底进行了分班，分班之后全年级共19个班级，包括9个文化班和10个专业特色班，专业特色班全部选修文科。其中，1个体育班（1班）、4个理科文化班（2—5班）、5个文科文化班（6—10班）、7个文科美术班（11—17班）、1个音乐班（18班）和1个传媒舞蹈班（19班）。研究者担任班主任的班级还是高一（16）班，只不过这时候的高一（16）班已经是一个文科美术班，而不再是一个普通的文化班。在行动研究的第二阶段，研究者选取高一（16）班及其后成为的高二（16）班开展英语教学评研活动与班级管理深度融合的实践探索。

分班后一个月左右（12月初），举行了第一次全年级统考。各班按照中考成绩分班，分班后一个月左右，成绩体现出一定的差异，但差异不明显。高一（16）班在分班后的第一次统考中的具体情况如下：

六科总分成绩方面。语文、数学、英语、政治、历史和地理六科总成绩平均分331.08分，在全年级15个选修文科的班级中排第11名（即倒数第3名），比第1名的班级（369.04分）少了37.96分。独立样本t经验结果显示，$t=-3.786$，$P=0.000$，差异达到显著性水平，具有统计学意义。排在全年级7个美术班中的第6名，比第1名的班级（339.96分）少了8.88分，比最后一名的班级（327.34分）多了3.74分。

英语单科成绩方面。英语单科成绩平均分60.38分，排7个美术班中的第1名，比美术班的第2名（58.70分）多了1.68分，比美术班的最后一名（55.17分）多了5.21分，英语成绩在美术班中不具有明显优势。在全年级15个选修文科的班级中排第7名，名列5个文科文化班和一个传媒舞蹈班之后，比第1名（65.29分）少了4.91分。独立样本t经验结果显示，$t=1.716$，$P=0.089$，差异没有达到显著性水平，不具有统计学意义。

总的来看，高一（16）班的六科成绩低于5个文科文化班和5个美术班，英语成绩要低于多数文科文化班。独立样本t检验显示，高一（16）班和其他美术班之间在六科总分和英语单科成绩方面的差异没有达到显著性水平，都不具有统计学意义（见表5-2）。

表5-2　高一年级分班后第一次统考学生成绩对比

班级（班）	总人数（人）	考试人数（人）	总分均分（分）	英语均分（分）	美术班排名（总分/英语）
1	49	48	321.69	54.44	
2	54	53	333.5	51.16	
3	53	53	326.83	57.74	
4	55	55	327.24	51.16	
5	56	56	340.86	53.95	
6	45	45	357.91	60.44	
7	47	46	363.94	61.68	
8	41	41	369.04	65.29	
9	44	44	351.45	63.83	
10	48	48	348.84	64.98	
11	53	53	332.15	57.55	5/4
12	55	54	327.34	57.91	7/3
13	52	52	339.96	58.70	1/2
14	52	51	335.73	55.89	3/6
15	56	55	337.95	55.17	2/7
16	49	49	331.08	60.38	6/1
17	46	45	332.66	55.99	4/5
18	60	60	314.32	59.13	
19	45	42	329.92	61.33	
全级	960	950	338.02	58.25	

（二）行动计划

为提高美术类艺术生的学习能力和学习兴趣，加强文科美术班的教学评研共同体建设和班级管理，有必要改革传统班级管理模式和满堂灌的授课模式，综合平衡“内省”与“外烁”在班级管理中的作用，从教育公平视角出发建设学习小组①，开展小组合作学习②。把关注点从教师的教转换到学生的学，引导学生以学习小组为核心，共在的师生间、生生间在各种教学评研活动和班级活动中展开形态多样、属性复杂的立体交往，构建班级教学评研共同体，将英语教学评研活动与班级管理融为一体。

研究者还引入可移动终端 ClassDoJo，在这个互动交流平台上对学生在课堂学习和班级生活中的行为进行记录，邀请家长和本班其他科任教师加入 ClassDoJo 平台，以便家长及时了解学生在校的各种表现，班级的其他科任教师也能在学科教学评研活动和其他各项活动中参与班级学生和事务的管理。同时，引导学生在语文、数学、历史、政治、地理和美术等所有高考科目的任课教师中选择一位作为自己的指导老师，研究者进行整体平衡，全班 47 名学生比较平均地和每位科任老师组合，向内形成比较微观层面的教学评研共同体。研究者引导他们选择产生这种次级教学评研共同体的小组长，定期不定期地以各种不同的方式和指导老师沟通学习、心理和生活方面的各种问题。ClassDoJo 平台和学生微信群、学生 QQ 群、家长微信群以及班级任课教师 QQ 群共同组成班级教学评研共同体的线上虚拟平台，与线下现实的教学评研活动和班级管理工作一起共同组成线上线下、“虚拟”和“现实”有机结合的整体。依据分布式认知理论的原理，保持研究者这个相对中心的统整和枢纽作用，让认知分布在个体内、个体间、媒介、环境、文化、社会和时间等各个不同时空维度之中，共同促进学生的认知发展和核心素养的全面提高。

这一阶段的行动研究旨在促进英语教学评研活动和班级管理的深度融合，取得了明显进步和突出成效。接下来将聚焦班级管理中的“内省”与“外烁”和英语语法填空专题课两个方面展开详细分析。

二、班级管理中的“内省”与“外烁”

“从哲学上讲，任何事物的发生发展都是内因与外因共同作用的结果，内因起决定作用，外因起推动作用。”③ 在强调学生发展核心素养的时代背景

① 帅飞飞．高中英语教学交往［M］．北京：光明日报出版社，2020：130-151.
② 帅飞飞．教育公平视角下的小组合作学习［J］．课程教学研究，2019（11）：90-96.
③ 王升，潘新民．“助成教育变革”的理论思考与行动推进［J］．教育研究，2013（1）：69-75.

下，要想在班级管理中落实立德树人的根本任务，促成班级管理与学科教学评研活动的深度融合，就需要注重内因和外因及其间的相互作用。因而，有必要融合“内省”和“外烁”两条路径，努力将班集体建设成为核心素养导向下的教学评研共同体。主要体现为在核心素养导向下，班主任引导学生在小组合作与竞争中以平等对话的形式展开各种属性复杂、形态多样的教学评研活动，以促进学生核心素养的全面提高，实现人、文化与社会的三重建构。

（一）内省：着重提升学生的自主性和自觉性

“内省”是事物内部的力量，是事物发展的内因。在班级管理中主要依靠学生的内因，研究者在班级教学评研共同体中营造一种哲学沉思和学习反思的内省氛围，引导学生不断唤醒和超越自我，提高学生的自主性和自觉性，改进教学评研共同体实践，促进学生核心素养的全面提高。

1. 引导学生省察人生，实现自主发展

自主发展是学生发展核心素养的重要方面之一，引导学生省察人生，实现自主发展是新时代对教师的基本要求。生成论教学哲学根据“目的论、认识论、伦理学、美学诸关系范型”① 的演进历程，提出人大体上经历了自在、自主、自为和自由等四个发展阶段②。为帮助学生自觉省察自己的人生发展阶段，研究者将几个经典哲学问题打印出来，张贴在教室两边和后面的墙壁上：我是谁？我从哪里来？我现在在哪里？我要去哪里？我如何去那里？并在班级管理中引导学生对大到人生方向、小到生活琐事进行省察，其中最重要的是引导学生围绕这几个问题展开人生意义的哲学沉思，实现自主发展。

（1）我是谁？

认识自己、找到自己对每一个人来讲都非常重要，也非常难。学生的思考和回答可能会多种多样，但会有一个共同点：我是一名将满或已满 18 岁的高一学生，正处于成人的临界阶段。

（2）我从哪里来？

明确自己来自何方对于辨识自己现在位置以及未来走向有很大的帮助作

① 周浩波，迟艳杰．教学哲学［M］．沈阳：辽宁教育出版社，1993：102.

② 张广君．论教学存在的整体分析框架［J］．青海师范大学学报（哲学社会科学版），2002（2）：116-119.

用。学生的思考可能会围绕家庭、地域、学习经历等方面展开，但只限于此还不够，研究者引导学生更多从人生发展阶段的角度来思考问题。因而思考可以围绕但不限于以下方面展开：我是在哪里长大的？我的家庭条件如何？我之前学习和生活状态如何？我参加过哪些课外和校外活动？我曾经认真思考过自己的过去吗？我之前的发展是否符合自己的年龄和心理成熟度？更多是处于自在、自主还是自为发展阶段？又含有多少自由发展阶段的特征？

（3）我现在在哪里？

明晰自己现在所处的具体发展阶段是思考和确定自己人生发展历程的关键点。学生的思考也同样可能会围绕家庭、地域、学习经历等方面展开，研究者还要引导学生更多从哲学层面思考自己主要处于哪一人生发展阶段。学生的思考可以围绕但不限于以下方面展开：我现在的学习和生活状态如何？我现在处于自在、自主、自为和自由阶段之中的哪一个阶段？我是不是想吃就吃、想玩就玩、想睡就睡、想学就学、想不学就不学？学习、生活和个人发展方面，是不是基本上听之任之、自然而然？会不会主动寻求老师和同学的帮助、利用各种教育资源来帮助自己在学习、生活与心理方面更好更快地成长？会不会在意识情绪状态中不断自我审视与自我感知，并外化成具体的行为与实践，实现内在的自觉思维和外化的自为行为之间的协调一致？有没有偶尔体验到学习、生活和自我整体存在样式处于一种自我审视的关系中，并不断实现自我反思、自我驾驭与自我超越，使自己的生命真正进入显性的澄明的存在状态？

（4）我要去哪里？

学生的思考和回答可能会形形色色，考出更好的成绩、考上好的大学、赚很多的钱、结识好的人、过上更好的生活都会是很常见的回答。研究者除了对学生思考的以上内容进行正确引导之外，还要引导学生清醒地认识到自己已经或即将成人，因而要鼓励学生严肃认真地思考自己的人生发展方向。要基于自己现有发展水平，设定合适的发展目标，沿着自在、自主、自为和自由阶段的演进历程，努力追求做一个更好的人、过更有意义的人生、实现自身全面而自由的发展等等。

（5）我如何去那里？

学生想到的方式和途径也会丰富多样，除了努力学习、踏实做事、诚意做人等达成目标的基本路径之外，研究者还可以引导学生学会时不时驻足反思，反观自己曾经做过的事、走过的路、已经取得的成绩、达致的阶段，以及面临的困境和仍然存在的挑战，并最大限度地利用自己所拥有的教育资源发展自我，促使自我发展阶段沿着自在、自主、自为和自由阶段的发展历程不断向前演进。

2. 引导学生反思学习，夯实文化基础

文化基础是学生发展核心素养的另一个重要方面，在不同国家和不同时代的教育教学工作中都具有不可撼动的中心地位。生成论教学哲学认为教学的基本职能在于加速人的文化生成，① 学生的文化学习随之逻辑地成为班级管理的焦点。研究者注重引导学生反思自身平时学习所达到的阶段、所取得的进步、存在的问题以及改进的措施等，帮助学生不断夯实文化基础。为培养学生的自信心和意志力，研究者更多关注学生通过自身努力所取得的进步和成就。在班级教学评研共同体的建构过程中，以“今天你在哪一步?”为主题，打印五句话，按照从下往上的顺序张贴在教室前门入口的显著位置：我不会做。我该怎么做？我会尽量做！我能做到我会的！我做到了！进入高中，升学成为每一位学生都绕不开的核心话题，研究者引导学生基于自身具体情况，设定自己的目标大学，制定相应的学习计划，并在日常管理中运用适当时机引导学生围绕这个主题及其相关的五个问题进行反思和自我评估。

（1）我不会做。我的知识和能力水平还达不到目标大学的要求。

（2）我该怎么做？我要努力提高自身知识和能力水平，并努力做好勤奋学习与健康生活之间的平衡。

（3）我会尽量做！我会尽力完成各项学习任务；我会尽力按照校训要求做到博闻、强记、勤学、多练；我会用心体验学习的过程与快乐；我会认真思考，掌握必要的技能，并多向老师和同学请教，努力解决学习中遇到的疑难问题；我会坚持写反思，记下自己的进步和不足，并适时进行自我调控，尽力提高自己的知识与能力水平。

（4）我能做到我会的！在我力所能及的范围内，我完成了部分学习任务、掌握了一定的知识与技能、体会到了一些学习的成功与快乐、在学习和生活之间取得了一定的平衡。

---

① 张广君．教学基本职能：人与文化的双重建构［J］．内蒙古师大学报（哲学社会科学版），2000（2）：53-57.

（5）我做到了！我在不断取得进步，知识与能力水平不断提高，并且在时机成熟的时候适当上调了我的目标大学，制定了新的学习计划。我能考更好的大学、做更好的人、过上更好的生活、体验更有意义的人生。

此外，为帮助学生夯实文化基础，研究者还引导学生聚焦某一具体学科、某一具体知识点或某一具体题型进行反思和自我评估。如：身为班主任和英语科任教师的研究者可引导学生在一节学习完形填空解题技巧的英语课后进行反思，对他们上完这一节课后在完形填空解题技巧方面所达到的程度进行评估。不同水平的学生可以有不同的回答，以下是其中一种可能的回答：

（1）我不会做。我没有掌握相关的解答技巧，我不会做完形填空题，基本上是靠猜的。

（2）我该怎么做？我要多背单词，多阅读，有一定的词汇量和阅读量；我还要多做完形填空练习题，琢磨相关解题技巧。

（3）我会尽量做！我会尽力多背单词，多阅读，夯实词汇和阅读基础；我还会尽力做完形填空练习题，用心琢磨相关解题技巧。

（4）我能做到我会的！我有了一定的词汇和阅读基础；我有了一定的完形填空训练量，比较熟练地掌握了一些相关解题技巧。

（5）我做到了！我有了比较好的词汇和阅读基础；熟练地掌握了相关解题技巧，能很好地解答完形填空题。

（二）外烁：着重提高学生的纪律性和社会性

"外烁"是事物外部的力量，是事物发展的外因。研究者运用适当的规则与评估对学生进行"外烁"，引导学生在班级教学评研共同体中与他人进行合乎规则的社会互动，提高学生的纪律性和社会性，改进教学评研共同体实践，促进学生核心素养的提高和全面自由的发展。

1. 要求学生遵守规则，加强社会参与

社会参与是学生发展核心素养的第三个重要方面。杜威认为学校即社会，"一个人的活动和别人的活动联系起来，他就有一个社会环境"①。班级也是一个塑造学生外部行为习惯的小社会。现代社会的"契约"特征要求班

① DEWEY J. Democracy and education: an introduction to the philosophy of education [M]. New York: The Macmillan Company, 1964: 12.

主任在班级管理中引导学生积极参与班级中的教、学、评、研等各种社会性活动，利用良善的制度规则来规范学生的思想与行为。俗话说：没有规矩，不能成方圆。学生不是天生中规中矩的。要想使学生在教学评研共同体中的学习与生活和谐顺畅的话，就需要全班学生在参与形式多样、属性复杂的教、学、评、研等社会性活动的过程中遵守共同的契约和规则，提高他们的纪律性和社会性。苏格拉底（Socrates）提出“美德即知识”。很多时候学生不遵守纪律，往往是因为认识不清晰和相关知识掌握不到位。研究者带领学生学习《中学生日常行为规范》等相关文件以及各种校规，并通过不同途径对学生进行各种形式的爱国主义教育、安全教育、心理健康教育和青春期教育等，引导学生在掌握相关知识的基础上不断理解和内化规则，养成遵守各项规章制度的美德。除常规制度外，研究者还可引导全班学生协商制定本班班规，其中最重要的是核心素养导向下教学评研共同体建构的相关措施。一方面，重视物质文化建设。在教室前面墙上的中间位置张贴全校统一的“博闻 强记 勤学 多练”的标语，标语的一边张贴《中国学生发展核心素养》框架图，另一边张贴研究者提出的核心素养导向下教学评研共同体的理论模型图。教室后面黑板报的墙壁上张贴“文化基础 自主发展 社会参与”等学生发展核心素养三个方面的12个大字，黑板报的两边张贴学习小组的各种作品。另一方面，加强精神文化建设。米德提出了所有人类个体都共同具有的导致个体之间的社会合作和社会对抗的两种基本的社会—心理冲动。① 研究者尝试把这两种人类冲动当作整合性成分，使它们成为教学评研共同体基本的构件与动力，共同促进教学评研共同体的运行与演进。因此，研究者还在综合考虑诸多影响因素的基础上，按照“组间同质，组内异质”原则将全班学生分成4人一组的12个学习小组，引导学生在各种教、学、评、研活动中开展组内合作和组间竞争等社会性互动，协同发挥人类“友好性”冲动和“敌对性”冲动对学生和教学评研共同体发展的基础动力作用。

各种制度建立之后，更为重要的是要通过同伴监督的方式让全班学生在班级社会性活动中共同遵守这些社会性规则。共在的学生个体在共同参与的教学评研活动中“如其所是”地展现自己，使得他们的行为“相互可见”。因而，利用同伴监督的力量管理班级和学习小组不失为对学生进行“外烁”

① 米德．心灵、自我和社会［M］．霍桂桓，译．北京：北京联合出版公司，2014：337.

的一条有效途径。一方面，在班级层面发挥班干部的监督和管理作用。班干部各司其职，协调合作，严格遵照校规班规共同管理各项班级日常事务。每天登记、总结和公布班级管理情况，及时发现、提醒和处理违纪学生，并将他们处理不了的问题及时汇报给班主任、科任老师或学校领导。如：作业方面，科代表及时公布科任老师布置的作业，按时收作业，注意提醒同学们按时交作业，登记经提醒后仍不上交作业的同学名字，并汇报给学习委员和科任老师。学习委员每周将没有按时完成和上交作业的学生名单汇总，汇报给班主任和年级主任，再对累计到一定次数的学生做出相应的教育和处罚。另一方面，在小组层面发挥组内和组间的监督作用。组内成员按照学习成绩和学习能力组成学优生帮带学弱生的纵向结构，同时组内成员在各项教学评研活动中形成平等交流的横向结构。组间因同质分组而形成起点上平等的横向结构，随着学习的推进分出相对优劣后形成水平高低不同的纵向结构。因而，组内不同能力和不同性情的学生之间可以相互帮助和相互监督。如：组内学优生可以帮助和监督学弱生上课认真听讲、按时完成和上交作业。组内自律性较强的学生可以监督组内经常违纪的调皮学生遵守各项纪律等等。组间成员可以在学习生活的各个方面相互监督。如：每个组轮流批改英语听写作业，轮到哪一个组批改时，这个组的作业由下一个组批改，充分发挥组间的监督作用，保证组间竞争的公平性，取得了很好的效果。① 这种不同角色的分工还让学生有更多机会感受更多的一般他人的态度，承担和体验更多的角色，促使他们形成更为完整的自我结构。

2. 采用评估引导学生，规范学生行为

只有当存在着某种东西，它能给予支持和约束力——一种惩罚和奖励的力量时，“应该”才是有意义的。② 评估对班级管理的有效性起着举足轻重的作用。没有评估，一切班级管理措施都很难起作用，一切要求与目标也都容易落空。因而，评估成为班级管理中对学生进行“外烁”的另一条主要途径，并有机融入教与学之中。班级管理中的评估分为个人评估和小组评估两个方面。

---

① 帅飞飞．高中英语教学交往［M］．北京：光明日报出版社，2020：130-151.

② 维特根斯坦．维特根斯坦与维也纳学派［M］．徐为民，孙善春，译．北京：商务印书馆，2015：109.

个人评估直接指向教学评研共同体中的每一位学生，包括奖励和惩罚。不仅要对在各种教学评研活动中表现突出的学生进行不同形式的表扬和奖励，如：口头表扬、介绍经验、发奖状、网络平台宣传、校园内宣传和物质奖励等；也要对班级学习生活等各项社会性活动中违纪的学生给予适当的批评和惩罚，如：口头批评、搞卫生、写反思、做检讨等常规方式。比较有新意的一种惩罚是：让学生以“我的优点”为题写一篇500字的英语作文，张贴在黑板报的下方。这种别样的检讨方式不仅能锻炼学生的英语写作能力，同时还能让他们意识到自己竟然有如此之多的优点，怎么还会犯如此低级的错误呢？写英语作文的难度也会让学生的不良行为有所收敛。此外，也可以选择让学生写800字的中文反思，记录自己犯错误的过程以及自己在犯错误之前、之中以及之后的内心感受，深入剖析自己的内心世界，正视自己的错误，逐步认识到自己的幼稚之处，从而不断走向理智和心理的成熟。

小组评估方面，把学生个体和学生所在小组的表现统一纳入小组评估中来。每个小组是班级核心素养导向下教学评研共同体之下与教师一起形成的一个个次级的核心素养导向下教学评研共同体。小组内每一位成员的表现不仅仅是代表他/她自己，更是代表他/她所在的小组，因而他/她的所作所为除了要受到个体评估的表扬或批评之外，更要受到以学习小组为单位的捆绑式评估。如：违反校规班规或者学习表现不好的学生，要给他/她所在小组扣分。同样的道理，如果在各项教学评研活动和班级社会性活动中表现好的学生，要给他/她所在小组加分。这样一来，哪个学生违纪扣多少分、认真学习加多少分、好人好事加多少分……都要扣或加他/她所在小组的分。小组得分每两个星期小结一次，每个月总结一次。小组奖励包括口头表扬、发奖状、介绍经验等方式；小组惩罚包括口头批评、写反思等。最有特色的奖惩就是每个月按照小组得分高低排一次座位，得分高的小组可以优先选择本组最喜欢坐的位置，以此类推，排最后一名的小组没得选择，只能坐在没人选而最后剩下的位置。对于连续三次小结中均排最后一名的小组，要请家长来校共同研讨，班主任、学生和家长一起分析问题、寻找对策。

（三）融合：整合两种路径的取向与实例

亚里士多德和孔子一样也推崇“中庸”之道，他指出：“过度与不及是恶的特点，而适度则是德性的特点。”① 因而，研究者努力在班级管理中整合“内省”与“外烁”两种不同的教育策略，充分发挥各自的优势，有效建构核心素养导向下的教学评研共同体，促进立德树人根本任务的有效落实。

1. 取向：基于现实班情的“深度融合”

“内省”精神和“外烁”思想都有着同样源远流长的历史。“内省”精神可以回溯到古希腊和中国的春秋战国时代。苏格拉底认为“没有经过省察的人生不值得一过”。他强调人要研究自己的灵魂，注重对自己进行道德省察，寻找自己心灵中固有的知识和智慧。② 孔子也强调“吾日三省吾身”，强调“德性内省”，以提升个体的道德品质和道德思维能力。③ 作为一种有理性精神和自主意识的“符号的动物”④，人用符号（主要是语言）来反思生活和反省人生。“外烁”思想也有其悠久的历史渊源。“外烁”首先出自《孟子》：“仁义礼智，非由外烁我也，我固有之也。”斯巴达的武士和中国古代秦国的法家都秉持严酷的法律和军事训练，最终分别打败古希腊城邦和其他诸侯列国。

高中生处于即将或刚刚迈入成年的关键时期。一方面，对于自己学习生活的各个方面，只有极少数学生听之任之、任其自然发展，或者一些学生会在学习生活的某些方面或者某个阶段听之任之、任其自然发展。很多学生具备了一定的自我反思意识，会设定比较合理的学习和生活目标，选择比较恰当的方法手段；有时也会自觉审视自己学习生活方面的发展状况，并外化成自觉的行为与实践；甚至在某个特定的时候或特定的阶段体验到学习、生活和生命整体存在样式的自我驾驭与自我超越的澄明状态。也就是说，除了少数学生某些时候在某些方面仍处于自在阶段之外，大部分学生已经在一定程度上进入自主或自为阶段，甚至偶尔展现出一些自由的特质。另一方面，高中生也还是刚刚或即将步入成年期，他们的自律性还不够强，价值观、人生观和世界观也正在形成之中，自身所具有的思想或智慧也可能是零散的、片

① 亚里士多德．尼各马可伦理学［M］．廖申白，译注．北京：商务印书馆，2003：47.

② 张济洲，黄书光．美德是否可教：论苏格拉底的德性教化［J］．教育研究，2013（4）：76-81.

③ 王雅丽．中国文化中的“德性内省”及其育德意义［J］．中国德育，2015（2）：14-18.

④ 卡西尔．人论［M］．李琛，译．北京：光明日报出版社，2009：25.

面的，在探索和思考人生的过程中难免会犯错甚至走偏。还有些学生或者班级对自我管理或自主管理班级缺乏信心，因而需要外在规则的引导和规范。因此，“内省”与“外烁”都能在班级管理中发挥不可或缺的重要作用。

在注重学生发展核心素养的时代背景下，确认学生生命的整体性和学生发展的能动性已成为教育主流。在班级管理中单靠教师“外烁”的力量试图压制或操纵学生，必然会激起学生的不安与对抗；一味靠学生“内省”来自主管理班级，也可能会因为受限于学生能力、自制力水平和身心发展状况等诸多因素，而致使班级管理中出现危害学生健康成长的种种行为和现象。因而，有必要采取适应性的教育策略取向。研究者基于不同的人性论假设综合选择和整合不同的教育生发图式，① 在班级管理中努力平衡“内省”和“外烁”，使学生经历“外塑——内化——内生——外化”的心路发展历程。② 完全倚重“内省”和完全倚重“外烁”构成一个连续体的两个极端，研究者契合学生的内心情感世界的需求，视班级在不同阶段的现实情况而采取连续体上定位不同的点。有时候教学评研共同体表现出学生成绩好、学习动机强、自我约束力强等特点，研究者就更多偏向“内省”，便于形成一种偏民主型的班级文化氛围；有时候教学评研共同体则表现出学生成绩差、学习动机弱、自我约束力弱的教学评研共同体，研究者就更多偏向“外烁”，利于形成一种偏专制型的班级文化氛围。

“在所有品质中适度的品质受人称赞。但是我们有时要偏向过度一些，有时又要偏向不及一些，因为这样才最容易达到适度。”③ 在班级管理过程中，基于现实班情，研究者有时候会偏好“内省”多一些，有时候又会偏好“外烁”多一些，在不断调试中实现“内省”与“外烁”的深度融合。总之，随着班级情况的不断变化，研究者在连续体上的取点也会不断移动，班级文化氛围也就总是在不断变化之中取得动态的平衡，形成良好的班风学风，促进班级教学评研共同体的实践改进，最终促进学生核心素养的提高及其全面发展的实现。

---

① 牛军明，李枭鹰．教育生发图式的人性论审视［J］．教育评论，2016（6）：17-20.

② 李季．走心德育：品德形成的深层引导［J］．中小学德育，2017（2）：5-9.

③ 亚里士多德．尼各马可伦理学［M］．廖申白，译注．北京：商务印书馆，2003：57.

2. 实例：针对外在规则的“道德内省”

康德（Kant）指出有两样东西让他着迷：头顶上璀璨的星空和人们内心的道德法则。在研究者的引导下，学生借助道德内省的力量对各种外在规则进行反思，逐步形成正确的价值观、人生观、世界观，确定自己内心的道德法则。研究者将科尔伯格（Kohlberg）提出的道德发展阶段理论介绍给学生，并在班级管理中引导学生顺着我不想惹麻烦、我想要奖赏、我想取悦某人、我要遵守规则、我能体贴别人、我有自己的行为准则并奉行不悖等道德发展六阶段①不断往上发展，并在此过程中不断丰富自身的内心体验，培育对核心素养导向下教学评研共同体的归属感和荣誉感。

人们内心的道德法则并不是空穴来风，“道德和行为有关，任何建立在心灵和活动之间的二元论都要在道德理论中得到反映”②。因此，研究者引导学生对自己遵守各种日常行为规则的具体情况进行道德内省。通过引导学生对自我外在行为和内在意识的不断审视与反思，研究者逐步融合“内省”与“外烁”两条路径来管理班级，在建构核心素养导向下教学评研共同体的过程中落实立德树人的根本任务。融合两种路径的方式多种多样，如针对外在的各种规则制度，研究者引导学生思考以下问题：自己不应该做什么？不能做什么？做了什么违纪的事情？这么做有什么不良后果？自己的心理感受如何？违纪的原因何在？该如何改正？将接受什么样的惩罚？研究者引导学生逐一思考和回答这些问题，促使他们不断思考自己的外在行为是否符合自己内心的道德法则，提高他们的规则意识和道德内省能力。

在诸多外在规则纪律中，大多数学生通常违反的只是一些看似不大紧要的校规班规，像上课时讲讲闲话、值日时不倒垃圾、上课迟到、不按时上交作业等等。如：要想营造教学评研共同体良好的班风学风，在自习课上创造一个安静的学习氛围是一个最基本的要求，而有的学生特别活跃，经常在自习课上说话。研究者引导他们进行如下反思：要想成为具有良好班风学风的教学评研共同体中的一员，自己在自习课上是否应该要安静地学习？是不是不能讲话干扰其他同学的学习？上自习课讲话是不是违反了纪律？这么做对

---

① 艾斯奎斯．第56号教室的奇迹［M］．卞娜娜，译．北京：中国城市出版社，2009：15-26.

② DEWEY J. Democracy and education：an introduction to the philosophy of education［M］. New York：The Macmillan Company，1964：347.

自己和同学会有什么不良影响？是因为自己认识不到位，还是因为自制力不够？将如何澄清自己的认识？又将如何提高自身自制力？自己在讲话之前、之中和之后的心理感受如何？能做到理性剖析自己的行为和内心世界吗？要不要好好反思或者接受什么样的惩罚？等等。此外，高一学生正处于青春期，他们中频频出现的“早恋”或“男女交往过密”现象是一个令家长和老师比较头疼的普遍问题。① 研究者则引导学生反思和回答以下问题：为了自己的健康成长，自己是否应该保持男女生之间正常的交往距离？是不是不能出现“早恋”或“男女交往过密”的问题？在高中阶段谈恋爱是不是违反了《中学生日常行为规范》？自己做了一些比较出格的事情吗？还是将事态控制在比较合理的范围内？“早恋”对自己、对自己喜欢的人、对同学们是不是造成了不好的影响？是因为自己叛逆、家庭氛围不好、缺乏安全感、还是其他什么原因导致自己想谈恋爱？自己在“早恋”之前、之中和之后的心理感受如何？能做到理性剖析自己的行为和内心世界吗？要不要好好反思或者接受什么样的惩罚？等等。

三、英语语法填空专题课

研究者选择在高一（16）班开展行动研究，英语教学评研活动和班级管理实现了一定程度的融合，学生在英语课堂上的表现将直接归入学生在班集体中的表现，作为座位排列以及各项奖惩的主要依据之一。在高一上学期末，研究者在高一（16）班开展了一轮改进教学评研共同体实践的行动研究。同时，作为一节英语科组的公开示范课，这节课聚焦英语语法填空专题进行探索，除英语科组的教师参与观课之外，研究者组织的研究团队中其他8门高考科目的教师也带着研究工具参与了观课与评课。这些研究工具和实践现状调查中把握教师和学生课堂交往行为时的研究工具相同，以便保持研究的内在一致性及研究结果的可比较性。

（一）教学评研过程

第一步：前置性作业

给学生提供一份高考题补全完整后的语篇材料，要求学生设置一篇语法

① 帅飞飞．依据学生个性巧妙处理早恋问题［J］．广东教育（综合版），2020（4）：67-68.

填空练习题。

第二步：做高考题

做下面这份高考题（和前置性作业中的语篇材料相同，但以语法填空形式出现）。

Several years ago I was at a train station in Amsterdam waiting in line to buy a ticket. As I stood there I saw a young man asking people for money so that he could buy his breakfast. Most of the travelers simply61 (ignore) the young man or gave 62 (he) a dirty look, yet a well-dressed middle-aged man reacted differently. When 63 (approach) by the young man, the gentleman looked 64 him and quietly asked, "How much will you need?" I couldn't hear 65 the young man said but watched as the gentleman pulled several 66 (note) from his wallet and 67 (calm) placed them in the young man's hands.

I don't know whether the young man actually used the money for his breakfast or for 68 ___ purposes. What I do know is that I witnessed two different reactions to the same situation. I saw people who 69 (be) either afraid or annoyed. And then I saw the gentleman who was not afraid and treated the homeless young man as though he were a brother. I decided then and there that, even though we have to be 70 (care) in this world, I would rather be like the gentleman.

第三步：讨论

学生以小组为单位，核对答案和分享观点，相互帮助、相互答疑。

第四步：对答案

教师组织学生讲解答案，并进行适当的点评和精讲。评讲完之后的检查阶段，可以让学生叫自己组外的任一同学回答问题，看他/她的掌握情况。回答正确，直接得分；如果回答不正确，分加到叫的学生这个组。这种方式不仅生动有趣，还可以发挥学生之间的监督作用，有效开展组内合作和组间竞争。

第五步：归纳

学生以小组为单位展开讨论：答案是什么？为什么？分别考察了什么？

考察形式分为有提示词和没有提示词两大类，分别考察了谓语动词、人称代词、非谓语动词、名词、副词、形容词、介词和连接词等词法及多种时态语态和句法（见表5-3）。

表 5-3 高考语法填空题考点分布情况分析表（1）

提示词	题号	词类	答案	词性	成分	考查点
有	61	实词	ignored	动词	谓语	一般过去时态
	62	虚词	him	代词	宾语	人称代词宾格，做宾语
	63	实词	approached	动词	状语	过去分词，表被动
	66	实词	notes	名词	宾语	可数名词复数
	67	实词	calmly	副词	状语	修饰动词 placed
	69	实词	were	系动词		一般过去时态，主谓一致
	70	实词	careful	形容词	表语	系表结构
无	64	虚词	at	介词		固定搭配
	65	虚词	what	引导词	宾语	宾语从句，缺宾语
	68	虚词	other	代词	定语	不定代词做定语

第六步：讨论

学生根据对高考题的解答和讨论中的收获，在小组内讨论自己在前置性作业中设计的语法填空练习题，对比和高考命题专家设题的差距，思考自己和同学的设计好在哪里？不好在哪里？还需要做哪些改进？并以此完善自己的设计。

第七步：小组展示

小组内选出集体完善后的设计作品，上台展示和分享，集体解答以及评点。

答案是什么？考点是什么？出题好在哪里？有待改进的地方在哪里？

第八步：作业

根据给出的另一篇语篇材料，自行设计一份语法填空题，与组内成员交换做，并推选出优秀作品张贴在英语角与全班分享。

（二）教学评研效果

从观课教师以及全班学生的课后问卷反馈得到的数据来看，这节课上的教学评研共同体建构取得了比较好的效果（见表 5-4）。

表 5-4 师生课后问卷统计结果

维度	题项		均值（分）		得分率（%）	
			教师	学生	教师	学生
交往类型	师生交往	在这节课上，老师的肢体语言丰富多变	5.00	3.76	100	75.80
		老师组织了丰富多样的课堂交往活动，如：竞赛、小组讨论、表演、辩论、问答等	4.83	3.89	96.60	77.80
		在这节课上，我/学生和老师有充分的互动	5.00	3.39	100	67.80
	生生交往	在这节课上，同学/学生之间有充分的合作与交流	4.83	3.98	96.60	79.60
知识与技能	我/学生对今天所学知识接受和消化得很好		4.50	3.65	90.00	73.00
	课堂学习有助于培养我/学生解决实际问题的能力		5.00	100	3.76	75.80
	课堂学习有助于培养我的/学生的应试能力		4.83	3.83	96.60	76.60
过程与方法	我/学生在这节课上的学习很投入		4.83	3.96	86.00	79.20
	我/学生很喜欢这节课		4.83	3.83	96.6	76.60
	今天课堂上，我/学生掌握了相应的学习方法		5.00	100	3.83	76.60
情感态度价值观	在这节课上，我的/学生的情感得到了熏陶		4.50	90.00	3.61	72.20
	这节课的课堂学习有助于我/学生形成正确的价值观和人生观		4.17	3.46	83.40	69.20
期望	我认为老师在课堂上要组织丰富多样的交往活动		4.67	3.80	93.40	76.00

教师的得分普遍比学生的得分要高一些，这其中的原因可能是多方面的。既有可能是因为观课教师给研究者一定的友情分数，也有可能是因为观课教师很少听到这样的课，觉得很新颖，给出的分数相对较高。

体验了一节专家级公开课。(HHQ，教师问卷)

想不到，语法填空课型还能上得如此生动且丰富。(XYY，教师问卷)

形式新颖，学生投入度高，是非常精彩的一节示范课！(HJ，教师问卷)

语法填空中让学生自己去设计挖空的环节很好，学生对这个题型的体验度更高，培养了学生解决问题的能力。(ZHY，教师问卷)

而学生分班以来已经跟着研究者三个月了，习惯了这种授课方式，新鲜感渐渐消失，可能更会从一种常态课的感受来体会这节课。如："在这节课上，学生和老师有充分的互动。"教师给出了满分，认为课堂互动已经完美了，但因为班上有 48 名学生，研究者还是无法保证每一名学生都能感受到教师与他们的互动，更谈不上与每一位学生充分互动。

但整体来看，教师和学生的得分都还是很不错的。学生觉得他们之间的合作与互动很多，在"在这节课上，学生之间有充分的合作与交流"这一题项上的得分最高，达到 79.60%。

小组间的合作首先要层次分明，好的带动差的，差的通过交流答案和好的 PK，之后讲解。(WJJ，学生感想)

其次是他们学习的投入度，达到 79.20%，教师得分都非常高，而学生得分除了两个题项的得分率不够 70.00%之外，一个是"在这节课上，学生之间有充分的合作与交流"，另一个是"这节课的课堂学习有助于学生形成正确的价值观和人生观"，得分率分别为 67.80%和 69.20%，其余题项的得分率都在 70.00%~80.00%之间。

研究者尝试从教学评研共同体本体构成的基本框架来分析这节课上体现出来的教学评研共同体的基本特征，并判断这节课在教学评研共同体发展阶段中所处的位置。

主体要素方面，教师和学生的主体性都得到很大的增强，尤其是学生在教师的引导下，努力从评估专家的角度研究如何实现教—学—评一致性，教师和学生共同研究、分享和琢磨语法填空题的考点设置及其解题技巧。

教师教学设计思路清晰，目标明确，形式生动活泼，引导学生积极、主动参与课堂教学，课堂气氛活跃，师生互动、生生互动频繁，能够达到所要的教学效果。(CWF，教师问卷)

授课形式多样化、学生参与程度很高、学生的积极性很高，在老师的引导下，学生可以进行自主讨论，还可以参与题目设置，甚至学生转化为教师角色，就自己设置的语法填空题向同学提问，这样一来，学生会对题目的设置理解更为深刻。(XYY，教师问卷)

主体要素之间的结构方面，多极教学评研主体在这次教学评研共同体的实践探索过程中结成了平等的主体—客体—主体的主体际关系和立体交往网络（见表5-5）。

表5-5　课堂交往的主体构成

交往方式	教师A		教师B		均值	
	次数（次）	比例	次数（次）	比例	次数（次）	比例
师班交往	139	29%	118	24.58%	128.5	26.77%
个个交往	72	21%	94	19.58%	83	17.29%
师个交往	53	11%	66	13.75%	59.5	12.4%
个组交往	42	8%	30	6.25%	36	7.5%
个班交往	150	31%	29	6.04%	89.5	18.64%
组师交往	0	0%	16	3.33%	8	1.67%
组组交往	0	0%	26	5.42%	13	2.71%
组班交往	0	0%	63	13.13%	31.5	6.56%
无交往	24	0%	38	7.92%	31	6.46%
小计	480	100%	480	100%	480	100%

课堂上，八种不同形式的交往和无交往均得到一定程度的体现。学习小组以完整独立的形态出现在课堂交往之中，小组内的个个交往以及小组与组外的师组交往、组组交往、组班交往等都有一定的体现。学生能真切感受和喜欢这种立体多维的交往方式。

是一堂多维互动、高频互动的好课。(HHQ，教师问卷)

上课老师与学生的互动很多，带动班级的氛围，不会像对牛弹琴一样，学生可以轻松地消化知识，去理解句型、句式、时态，对这样的课堂非常满意，可以让人在快乐中学习，在学习中寻找快乐，不一样的教学方式，不是老师的独角戏，以学生角度讲题，更轻松，更简单。(LJ，学生感想)

客体要素及其结构方面，课程资源拓展到高考真题，在引导学生设置语法填空题的过程中会生成大量的课程资源，包括学生对考点和知识准确的把握以及他们可能出现的典型错误，这和高考原题形成一定对比，引导学生把自己现有的发展水平与专家水平进行对比，帮助学生找到差距和自己的最近发展区，实现预设的课程资源与生成的课程资源之间的良好互动和有机融合。把学生设题中出现的各种经验和典型错误都视为课堂上涌现的课程资源，对学生大胆展示出来的典型错误也予以加分。

对于挖空设题这一方面还不是特别熟练，有时不知道应该挖哪个好，不知道自己对错还有规范性。(LYS，学生感想)

在活动要素及其结构方面，出现了教、学、评、研等不同的活动，评和研在整个课堂活动中占的比重大大增加，并且实现了教学评研一体化运作。

我觉得让学生扮演出题老师这个很好，因为这样在学生做题时会想、会思考这个出题者会怎么考我呢？久而久之学生熟悉出题者的套路后做题就会如鱼得水了。(HZH，学生感想)

特别是如何出题这个环节教会我如何从专家的角度思考怎样出题，怎样去考别人。(CHN，学生感想)

让学生当小老师，提升了自己的能力，也提升了其他同学的能力。(HXL，学生感想)

功能方面，在注重学生基本技能培养的过程中引导学生明确将来学习备考中的努力方向，引导学生从不同的角度看问题、学会评判思考以及学会自我准确定位和自我调控，实现自主学习，还能在一定程度上理解高考的运作方式，帮助学生形成一定的社会角色和社会分工意识。

这节课我尝到了如何寻找语法填空专家们的设题，让我更深一步了解了高考命题趋势，有了更多的满足感和收获感。同学们都在专注于如何破解挖空的题，当你成功地破解和有突破地学到了另一种方法技巧时，让你更想有想要挑战的信心。(HQ，学生感想)

这是研究者带领研究团队开展的一节研讨课。研究者是班主任兼英语教师，随着建构教学评研共同体的阶段性发展，每个阶段的课都会尽力尝试贯彻改进教学评研共同体实践的建构原则，这节课也只是这一阶段中的一个代表。

今天的英语课堂与平常没有什么不同，这也说明了帅老师对课堂的重视程度也是非常高的，视每一堂课为公开课，并没有像其他老师那样为了公开课而特意去认真、完整地去上一堂课，课堂的收获也一如往常，课堂互动也十分有趣，总的来说，还是非常出色的一节英语课！(LJ，学生感想)

研究者的热情以及对学生的关爱得到学生的回应，学生也积极参与课堂，违纪程度低（见表5-6）。

表 5-6　学生课堂学习情况定点观察结果

项目	教师	学生					
		A_1（男好）	A_2（男中）	A_3（男差）	B_1（女好）	B_2（女中）	B_3（女差）
投入程度	教师 1	1.25	1.75	2.375	1.5	2.125	2.125
	教师 2	1.125	1.125	1.5	1	1	1
	均值	1.1875	1.4325	1.9375	1.25	1.5625	1.5625
违纪程度	教师 1	3	3	3	3	3	3
	教师 2	2.875	2.875	2.5	3	3	3
	均值	2.9375	2.9375	2.75	3	3	3

（附注：投入程度：1. 高 2. 中 3. 低；违纪程度：1. 高 2. 中 3. 低。）

学生的课堂学习投入情况如下：学习投入程度高：（15+42）/2=28.5，占 59.38%；学习投入程度中：（25+6）/2=15.5，占 32.29%；学习投入程度低：（8+0）/2=4，占 8.33%。

学生的课堂学习违纪情况如下：违纪程度高：（0+0）/2=0，占 0%；违纪程度中：（0+6）/2=3，占 6.25%；违纪程度低：（48+42）/2=45，占 93.75%。

学生的学习投入程度还算可以，这一点从师生课后问卷中也可以得到印证：

帅老师这节课，教师感情投入、对学生友爱，课堂形式丰富、学生热情参与、有效果有效率。（YYH，教师问卷）

本节课的课堂氛围很好，学生的主动参与性很高，全班学生的参与面很广。（ZHY，教师问卷）

老师真幽默风趣，还那么可爱漂亮！教学方式也很符合我的胃口。（学生问卷）

学生在课堂上的学习投入度都比较高，但中等投入程度的学生比例还高达 32.29%，也还存在一些做小动作的学生。要求学生自主设置语法填空题这种教学评研内容和教学评研形式，对于 H 中学这些英语底子弱或较弱的学生来说极具挑战性。因而，他们的课堂投入度可能会低一些，尤其是在 H 中学英语学习成绩差的学生（如 A_3、B_3）还存在“发呆”“摸嘴巴”“没有听讲”“摸衣领”“与后面俩同学说话”等不同程度的违纪和不专心的种种行为（见表5-7）。

表5-7　观课教师个性化笔记

时间（分钟）	个性化笔记
5	A_1与同桌讨论；A_2上黑板写；A_3看材料
10	A_1与前面女生讨论；A_3笑笑望同学；A_1、A_2上黑板写答案； B_1、B_2与小组内同学展开深入讨论；B_3听同学讨论
15	A_2回答问题，动词后缺宾语，可以； B_1举手回答；B_2没东西；B_3发呆； A_1、B_1、B_2小组讨论十分投入，发言积极，其余三人在认真听取同组成员意见
20	A_3看看同学的，又看看黑板，不注重自己的设计；A_2在与同桌讨论；A_2举手答题；A_3低头自己看试卷，没有听讲； B_1认真与老师展开讨论；B_2修改自己设计的题目； B_3与后面俩同学说话
25	A_2回答同学问题，答非所问；A_3同学展示时，摸嘴巴； A_2与同桌交换作业；A_3与后面同学交换作业； B_1与同桌讨论；B_2回头看同学；B_3记笔记
30	A_1回答同学问题，考题也是这样设置；B_1与同桌、老师讨论；A_3与后面同学讨论
35	A_1与同桌有小动作；A_2回答问题；A_3摸衣领； B_2与前面同学讨论，斜望同学笑笑；B_1举手，同桌上讲台展示
40	A_1同桌回答问题时，在一旁帮忙； A_1回答问题；老师与A_3开玩笑

这节课对这些学生的触动也很大：

今天上了一节如何做好语法填空的公开课，让我深刻体会到了我和同学们的差距有多大，以至于思考为什么会这么堕落，学习无法集中精神，心懒散，但过几天就要期末考试了，我要努力！这节课让我知道自己在班里排什么阶层，我要努力往上爬，做崭新的自己！（HTT，学生感想）

其实，这些学生依然是有潜力的，我们不能低估他们的潜能，而是应该给他们指出正确的备考方向和良好的学习策略，适当搭建脚手架，鼓励和帮助他们在正确的道路上朝着正确的方向砥砺前行。

研究者在 E 中学曾听过一节英语语法填空专题课。主要流程是学生独立完成两篇语法填空题，教师再逐一讲解答案，伴随一些教师问——学生答的活动。相比较 E 中学语法填空专题课，研究者在这一节课中实现了如下变化：1. 布置了前置性作业和课后作业，引导学生自行设置语法填空题；2. 学生做完习题之后，研究者不是马上叫学生念答案，不是提问学生并讲解补充，而是先让学生分小组讨论，写出答案，并解释原因，多极教学评研主体基于学习小组开展各种立体交往活动；3. 只做 1 篇语法填空题，给学生足够的时间在教师的指导下讨论、分享、展示、反思和总结，将评有机融入到教与学之中；4. 在夯实学生文化基础的同时，注重学生自主学习能力和社会参与能力的培养。

改变的理由和效果如下：1. 让学生分小组讨论，可以启发学生思维，学生思维的碰撞可以产生很多思维的火花，思想和方法的交流有助于学生打开思维，激活知识，厘清思维，注重学习理解的过程，促成新的良好认知结构的形成。2. 分组讨论有助于加强学生之间的人际交往，有利于学生的社会化。3. 分组讨论有助于学生知识的掌握，成绩好的学生给别的学生讲解有助于自身知识的系统化和逻辑化，而学困生可以摆脱总是向老师寻求帮助的局限，即时解决学习中遇到的问题。4. 有利于提高学生的学习能力，遇到不会的单词或知识点，可以相互帮助、相互解释，也可以翻阅字典和书本等，寻求他人或工具书的帮助是学习英语的好方法。5. 学生主讲、教师精讲与点评的方式相结合做到了真正把课堂还给学生，让学生做课堂的主人，有利于学生主体性的实现，可以促成学生养成社会意识、社会精神与培养社会行为能力，从而实现社会化。6. 多种互动使得课堂焕发出生命的活力，增进师生感情，激发学生学习动机。7. 多种互动有利于教学相长，教师机智处理新出现的情况，利用各种生成的资源，实现预设与生成的和谐共振，享受课堂教学评研过程。8. 学生自主设题提升了学生的思维能力和研究能力。自行设计语法填空题的作业方式可以避免陷入题海战术，为做题而做题，或只是为了应付考试而进行机械训练，让学生运用所学方法设计题目，能够内化所学的解题技能。与同学交换解题，充分互动，并推选出优秀作品与全班分享，能让学生体验其中的奥妙与乐趣，体验和享受学习带来的快乐与成功。

相对于第一阶段行动研究中的英语综合技能课，这一节课也做出了比较大的调整。首先，课堂上学习小组的表现直接和班级管理挂钩，学生在英语课堂上的表现会在一定程度上决定他们的座位及其他各项评比和考核，实现了英语教学评研活动和班级管理的深度融合；其次，引入 ClassDoJo 移动终端对学生课堂学习情况进行必要调控，并适时呈现给家长，作为主要的评估依据之一融入班级管理之中；最后，在保证以学习小组为基础围绕课程客体开展各种立体交往与互动的同时，着重强调和突出了评和研的作用和地位，努力实现教学评研一体化。不仅注重学生自评、同伴互评和教师评估，研究者还引导学生开展学习学术研究，从高考命题者的视角来设计和分析高考语法填空题，指引他们在日后的学习与备考中沿着正确的方向学习与备考。与此同时，同学之间相互答疑、相互帮助，而不只是单个学生面对教师的“座学”或“独学”，学生相互之间分享、讨论和展示自己的作品，可以在教室内走动，找水平相当的同学讨论，还可以挑战和检查本组之外的任何一位同学的学习效果，这种交流和分享活动还可以延展至课堂学习之外。教师、学生个体、学生小组和全班学生等多极教学评研主体都可以在课前、课中、课后按实际需要展开各种形式多样、属性复杂的交往活动，实现不同时间和空间维度上的立体交往。这些活动本身，也就是教学评研一体化的活动，教师和学生共同研究教学评研的有效性以及如何实现教—学—评一致性，在不断生成的教学评研情境中一步步挑战，利用不断生成的新的课程资源，不断实现教学评研目标，在着力夯实学生的文化基础与基本技能的同时，提升学生的社会参与度，促进他们的自主发展。

研究者组织的研究团队作为教师共同体，是研究者与高一（16）班结成的教学评研共同体系统的环境因素，在建构教学评研共同体的实践探索中发挥了积极的作用。通过研究者的自我反思和研究团队课后的评课和集体研讨，研究者发现和总结了这次教学评研共同体的实践探索过程中的一些问题和可待超越之处。

一是，学生的语法基础还不够好，这节课更多是作为一节引导性质的课，引导学生以后有意识地在语法学习和备考方面多留意，注意学习、备考和解题的方向和方法。语言语法知识的欠缺可能会导致“小组学习的表面热闹”（教师课后研讨），一些学生跟不上上课的节奏。

我认为今天的课对于我来说有种学到但是又不深刻的感觉。节奏带得有点快，感觉‘咻’的一声就到了下一个知识点了，印象就显得不太深刻。

（WXT，学生感想）

二是，教学评研主体之间的交往主要体现在课堂学习之中，今后应该多注意延伸到课堂外，虽然班级管理中在强调这一点，但是要想在教学评研活动以及学案设计中通过设计思维导图、英语角共享等方式有所体现，则需要依据分布式认知理论，引导学生在课前、课中、课后，教室内、教室外以及不同教学评研主体之间展开跨越时空的立体交往，将课堂学习延伸至自习课以及课后学习和生活中，促进学生认知的发展。同时，引导学生扮演学生、教师、出题者等不同的角色，让学生体验更多的角色，丰富和完善他们的自我结构。

这节课上体现出来的教学评研共同体特征糅合了自为发展阶段和自主发展阶段的特征，还闪现出一些自由发展阶段的因子，教师和学生自主性大大增强，不只是关注高考的功利目的，而是能够自觉反思自身行为，确立自身的道德标准，跳出高考来看高考，将高考备考这一行为变换成全面提高学生核心素养的教学评研一体化活动（见表5-8）。

表5-8 教学评研共同体的基本特征（英语语法填空专题课）

要素	主体要素方面，师生的主体性得到充分发挥，学生成为课堂上的主角。共在的教师和学生能对课堂教学评研的各要素和环节进行自觉反思，并外化为自觉的行动。客体要素方面，引入和创生了不同类型的课程资源。活动要素方面，在教与学的活动之中，增加了大量的评和研
结构	建立了正式的学习小组，师生间、生生间各种形式的课堂交往适时灵活地呈现与转换。课程资源实现了一定的整合，但还没有建立起完整的课程体系。教、学、评、研有机融合，在一定程度上实现了一体化运作
功能	全面关注知识与技能、过程与方法、情感态度与价值观等不同维度的教学评研目标，在一定程度上兼顾了学生的文化基础、自主发展和社会参与等核心素养的全面提高，以促进人、文化与社会的三重建构

四、反思

到高二上学期末，建构教学评研共同体的实践探索完成了第二阶段的行动研究，已经在高二（16）班基本实现了英语教学评研活动与班级管理的深度融合。高二（16）班学生在文化学习和班级管理方面都取得了显著成绩。这时的教学评研共同体已经更多地处于自为发展阶段，并体现出一些自由发展阶段的基本特征。

（一）文化学习方面

在高二上学期的期末全市统考中，高二（16）班的文化课六科总成绩均分跃升至7个美术班中的第2名。六科总分均分达到327.41分，比美术班最后一名（308.90分）高出18.51分。独立样本t检验结果显示，$t=2.043$，$P=0.044$，差异达到显著性水平，具有统计学意义。比全年级14个选修文科的班级中（5个文科班、7个美术班、1个音乐班、1个舞蹈传媒班）排名第1名的班级（360.03分，文科文化班）少了32.62分。相比较分班后第一次统考中（高一第一学期12月）相差37.96分，差距减少了5.34分。独立样本t检验结果显示，$t=-3.344$，$P=0.001$，差异达到显著性水平，具有统计学意义。

英语单科平均分79.48分，位列7个美术班中的第1名，比美术班最后一名（66.29分）高出13.19分。独立样本t检验结果显示，$t=3.631$，$P=0.000$，差异达到显著性水平，具有统计学意义。

在高二下学期6月的最后一次考试中（艺术班学生没有参加期末考试，在高二下学期参加完这次全年级统考后，就停止文化课的学习，全面开启美术集训），高二（16）班的文化成绩与其他美术班相比，优势继续增大。六科总成绩均分继续保持在7个美术班中的第2名，六科总分均分达到371.94分。显示独立样本t检验结果显示，高二（16）班的六科总分与第1名的高二（13）班和第3、4名的两个班级的六科总分之间的差异没有达到显著性水平，不具有统计学意义。t值分别为0.746、1.254和1.211，P值分别为0.458、0.213和0.229。但高二（16）班六科总分和另外三个美术班六科总分之间的差异达到了显著性水平，具有统计学意义。t值分别为3.173、3.585和2.947，P值分别为0.002、0.001和0.004。

英语单科平均分73.93分，继续保持在7个美术班中的第1名，比美术班最后一名（55.58分）高出18.35分。独立样本t检验结果显示，高二（16）班的英语均分和排第2名的高二（13）班的英语均分之间的差异没有达到显著性水平，不具有统计学意义，$t=1.238$，$P=0.219$。但高二（16）班的英语均分和其他5个美术班的英语均分之间的差异均达到显著性水平，具有统计学意义。t值分别为3.829、3.701、4.642和5.534，P值均为0.000。值得一提的是，英语考试的卷面原始总分是120分，需要换算成135分。换算之后，高二（16）班英语成绩的优势会更大。如果再加上口语的15

分，换算后差会超过同级有的班英语均分 23 分之多。

从分班以来，高一（16）班的英语考试成绩稳步而迅速地进步，英语均分已经在两次统考中名列全年级第 1 名，超过所有的美术班、体育班、舞蹈传媒班和文化文科班以及文化理科班的英语均分。这对于要花一半学习时间学习画画的美术类艺术生来讲是非常了不起的成绩。以下是高一上学期 10 月底分班以来，全年级组织的统考成绩（见表 5-9）。

表 5-9　高一分班以来美术班文化统考成绩汇总

班级	高一上学期段考（12 月）				高一上学期期末考试（1 月）			
	英语	名次	总分	名次	英语	名次	总分	名次
11	64.74	4	332.15	5	75.42	6	355.00	1
12	65.15	3	327.34	7	77.54	2	344.06	6
13	66.04	2	339.96	1	77.12	4	347.94	3
14	62.89	6	335.73	3	74.83	7	340.85	7
15	62.08	7	337.95	2	77.49	3	351.78	2
16	67.94	1	331.08	6	82.21	1	344.54	5
17	62.99	5	332.66	4	76.06	5	346.98	4
班级	高一下学期段考（3 月）				高一下学期段考（4 月）			
11	66.28	3	334.60	3	81.86	6	385.86	2
12	64.38	4	310.30	7	83.91	2	382.51	7
13	67.90	2	337.50	2	83.45	5	385.29	4
14	60.25	7	315.20	6	83.51	4	385.84	3
15	61.06	6	327.20	5	79.20	7	383.67	6
16	71.90	1	328.00	4	87.20	1	386.04	1
17	62.80	5	342.60	1	83.86	3	384.69	5
班级	高一下学期段考（5 月）				高一下学期期末考（7 月）			
11	46.71	4	339.70	5	78.70	4	347	3
12	47.30	3	328.30	7	78.79	3	329	7
13	51.24	2	343.20	4	84.67	2	357	1
14	45.71	5	334.10	6	75.47	7	339	6

续表

班级	高一下学期段考（5月）				高一下学期期末考（7月）			
	英语	名次	总分	名次	英语	名次	总分	名次
15	44.66	7	346.80	2	77.79	6	349	2
16	57.04	1	346.80	2	87.66	1	345	5
17	45.50	6	355.40	1	77.79	5	347	3
班级	高二上学期段考（10月）				高二上学期期末考（1月）			
11	66.74	3	345.22	4	74.24	3	318.76	3
12	62.88	5	336.30	6	69.56	4	308.90	7
13	69.02	2	359.35	2	78.82	2	342.32	1
14	62.45	7	333.44	7	67.88	5	310.18	6
15	63.11	4	359.58	1	66.29	7	313.58	4
16	71.19	1	341.77	5	79.48	1	327.41	2
17	62.65	6	353.28	3	67.19	6	311	5
班级	高二下学期段考（4月）				高二下学期段考（6月）			
11	58.10	3	354.60	4	62.23	3	358.12	4
12	54.31	4	338.23	6	61.90	4	337.02	5
13	62.71	1	379.90	1	70.15	2	379.19	1
14	52.28	7	337.29	7	55.58	7	336.69	6
15	53.24	6	361.22	2	61.90	4	359.23	3
16	62.47	2	356.34	3	73.93	1	371.94	2
17	53.28	5	344.70	5	58.26	6	332.92	7

可以看出，高一（16）班及其后来成为的高二（16）班的文化成绩稳步上升，六科总成绩均分曾经在高一下学期4月份的月考中位居7个美术班的第1名。但考虑到美术成绩稍弱，引导学生花了更多的时间学习美术，文化成绩有所下降。通过后续不断努力与平衡，文化成绩又稳步逐步上升到7个美术班的第2名，并且和其他班级保持比较大的优势。

分班后的第一次美术统考中，高一（16）班的美术成绩在7个美术班中排名第7，和前面班级的差距非常大。但随着班级教学评研共同体的不断推进，研究者引导学生在周记中写美术学习的反思，研究者认真批阅学生的周记，提出针对性建议。还适当给学生学习美术留出更多的时间，几名学生选择一位老师组成微观层面的教学评研共同体，指导老师对学生学习和生活进行指导和关心，学生的美术成绩也不断进步，还一度取得了年级第 2 名的好成绩。

（二）班级管理方面

在班级管理方面，高二（16）班的班风学风达到了完全的改善，学生在各项集体活动中都有不俗的表现。多次获得 H 中学标兵班、最美班级和学风优良班级称号，在英语词汇竞赛、军训考核评比、义卖活动、篮球赛、太极拳比赛、校运会等不同类型的活动中获得诸多不同类型和不同层次的奖励。还获得了中山市特色班集体称号，研究者也被评为 H 中学优秀班主任。

从教学评研共同体的要素、结构和功能维度来看，这一阶段的教学评研共同体已经步入自为发展阶段，并且在一些方面呈现出自由发展阶段的基本特征，但同时也有些地方带有自主发展阶段的特征。主体要素及结构方面，教师和学生的主体地位得到承认与凸显，教师和多数学生的主体性得到充分发挥，教学评研主体之间的交往走向丰富立体；客体要素及其结构方面，课程资源得到充分开发与利用，不同课程资源之间得到了一定程度的整合；在活动要素及其结构方面，出现了教、学、评、研等不同类型的活动，它们之间不仅实现了四维互动，还实现了教学评研一体化运行；在功能方面，不仅关注学生的文化基础，还注重学生的自主发展和社会参与，在一定程度上促进了人、文化与社会的三重建构。但也还存在一些需要改进的地方，如：课程资源还有待进一步丰富，课程整体体系还没有建构起来，对学生核心素养的全面观照还不够，等等。这些都需要在后期行动研究中加以克服和改进。

第三节 行动研究（Ⅲ）：不断延展

经过一年多的努力，第一阶段和第二阶段建构教学评研共同体的行动研究已经在高一（16）班及高二（16）班取得了非常好的成效，实现了英语教学评研活动和班级管理的深度融合。如何将这些研究成果进一步推广至其他班级其他学科的教学评研活动之中便逻辑地成为第三阶段行动研究的重点。

一、问题分析与行动计划

（一）问题分析

虽然建构教学评研共同体的实践探索已经在研究者担任班主任的班级取得了很大成效，但由于受到各种因素的影响，也依然存在诸多问题。首先，在研究者任教的另一个班级（高二4班）还没有建立学习小组，教学评研共同体的建构活动还处于初期探索时期；其次，还没有做好教学评研共同体建构研究的理论与实践成果推广活动，导致其他学科教师对教学评研共同体研究还不熟悉，更是难以谈及开展兼顾教学评研共同体的实践探索活动；最后，在倡导整合课程和跨学科课程的时代背景下，建构教学评研共同体的实践探索活动更多还是在学科内进行，缺少学科之间的整合。上述问题的解决都不会是一朝一夕的事情，需要研究者尽力调动和组织各种研究力量在第三阶段的行动研究中努力予以解决。

（二）行动计划

为解决前期行动研究中的遗留问题，在接下来第三阶段改进教学评研共同体实践的行动研究中，除了在高二（16）班继续改进教学评研共同体实践之外，还逐步将建构教学评研共同体的行动研究不断扩展至研究者所任教的另外一个班、英语学科其他教师以及其他学科教师的课堂实践之中，还联合语文、地理、历史、政治和信息技术等老师一起合作，带领学生开展英语综合实践活动，并在全校范围内组织学生开展英语综合实践社团活动，不断扩大教学评研共同体建构的积极影响，并通过逐步外推的方式不断扩大教学评研共同体的范围，形成更大范围内的教学评研共同体。

研究者选取一节自己承担的高二（4）班短文改错专题课、一节高一物理教师的“传送带”新授课、两节高二地理教师的“中山一日游”活动课、一节研究者自己承担的高二（16）班语法填空专题课（兼谈其他英语教师的语法填空专题课和试卷评讲课）和一次英语综合实践活动为例来展开探讨，将建构教学评研共同体的实践探索活动不断拓展到研究者任教的另一个班、其他英语科任教师、其他学科科任教师的课堂实践之中，联合各相关学科科任教师，共同开展英语综合实践活动，并在全校范围内组织学生开展英语综合实践社团活动，在建构教学评研共同体实践探索活动的过程中实现各学科的统整与融合，促进学生核心素养的整体提高。

二、英语短文改错专题课

研究者选取《英语周报》第18期和第19期的短文改错练习题为教学评研内容，在高二（4）班开展了第三阶段的第一轮行动研究。

（一）教学评研过程

第一步：前置性作业

要求学生完成《英语周报》第18期的短文改错练习题。

第二步：导入和分组

按座位排列自然分成7个小组。

第三步：讨论前置性作业

分组讨论，可以离开位置。

第四步：对答案

老师主持，老师加分，将加分写在黑板上。

（这里不同于高二（16）班，高二（16）班已经形成完整的记分规则和运作系统，学生会在打印好的表格上记分。）

总结短文改错的考点和解题技巧。

第五步：消化和巩固

组内讨论与合作：进一步答疑、消化和吸收。

组间检查与竞争：学生提问其他组的任何同学，回答正确、解释正确，得分；如果不对，分加给提问同学所在的组。

第六步：巩固练习

现场即时做第19期《英语周报》的短文改错练习题。

运用实物投影，一位学生上来做小老师，在研究者的协助下主持小组讨论、答案核对和讲解；另一位学生上黑板加分，随着难度增加，分值增加。

第七步：消化和巩固

组内讨论与合作：进一步答疑、消化和吸收。

组间检查与竞争：学生提问其他组同学，回答正确、解释正确，得分；如果不对，分加给提问同学所在的组。

第八步：小结

短文改错难不难？简单不简单？为什么？短文改错的考点有哪些？如何做短文改错？如何备考高考短文改错？

（自由发言，发言有加分；讲得好，加分多。）

发放学生课后问卷，布置课后作业，并计算总分，评选和公布获胜的小组。小结，指出努力方向。

（二）教学评研效果

高二（4）班是一个理科文化班，由于多方面的原因，班级班风学风不好，纪律很差，是全年级成绩和纪律最差的一个班。因此，班主任将班级同学分成单人单坐，一行就是一组，由7~8人组成，全班共7行（7组）。其中，有9名学生选学日语，他们会在英语课堂上自学日语。座位（组员）每周一换，这样的座位安排方式不利于建立课堂学习小组。研究者曾经想尝试组织学生在上英语课时换位置，按学习小组坐到一块，但考虑到这种方式的可操作性不高也就没有正式实施。在这节课上，研究者先按照这个班现有的座位情况，将一行（一组）的7个人分成一个学习小组，讨论时可以离开座位，聚到中间、后面或者前面，聚成一团或者两团等。这种分组方式只不过是一种权宜之计，各组之间水平不一，显然不是很好的分组方法，这也可以从这节课各小组的最终得分中得到印证。有4个小组的得分达到或超过40分，2个小组的得分为20多分，还有一个小组的得分只有8分（见表5-10）。

表5-10　学习小组得分情况

组别	1	2	3	4	5	6	7
得分（分）	23	43	40	8	45	26	40

从师生的课后问卷调查结果来看，教师在各个题项上的得分一如既往的高。全班上课的42位学生都填写了问卷，学生在各个维度和题项上的得分也很高（见表5-11）。

除了在“老师的肢体语言丰富多变”和“这节课的课堂学习有助于培养我解决实际的问题能力”两个题项上的得分率不到90.00%以外（均值分别为4.40和4.47，得分率分别为88.00%和89.40%），学生在其余题项上的得分率均超过 90.00%，可见学生对这种上课形式的喜欢程度之高。不同于高二（16）班已适应这种教学评研方式一年多，高二（4）班对这种教学评研方式充满了惊喜。

表 5-11　师生课后问卷统计结果

维度	题项		均值（分）		得分率（%）	
			教师	学生	教师	学生
交往类型	师生交往	在这节课上，老师的肢体语言丰富多变	4.67	4.40	93.40	88.00
		老师组织了丰富多样的课堂交往活动，如：竞赛、小组讨论、表演、辩论、问答等	4.67	4.51	93.40	90.20
		在这节课上，我/学生和老师有充分的互动	5	4.56	100	91.20
	生生交往	在这节课上，同学/学生之间有充分的合作与交流	4.67	4.67	93.40	93.40
知识与技能	我/学生对今天所学知识接受和消化得很好		4.67	4.65	93.40	93.00
	课堂学习有助于培养我/学生解决实际问题的能力		4.67	4.47	93.40	89.40
	课堂学习有助于培养我的/学生的应试能力		4.67	4.65	93.40	93.00
过程与方法	我/学生在这节课上的学习很投入		4.67	4.74	93.40	94.80
	我/学生很喜欢这节课		4.67	4.60	93.40	92.00
	今天课堂上，我/学生掌握了相应的学习方法		5	4.53	100	90.20
情感态度价值观	在这节课上，我的/学生的情感得到了熏陶		5	4.51	100	90.20
	这节课的课堂学习有助于我/学生形成正确的价值观和人生观		4.67	4.51	93.40	90.20
期望	我认为老师在课堂上要组织丰富多样的交往活动		4.33	4.67	86.60	93.40

这节课与平常的反差有点大，感觉换了位老师一样，但教的知识很好，比平常好多了。(学生问卷)

学生在这节课上的学习很投入、学生之间有充分的合作与交流、认为老师在课堂上要组织丰富多样的课堂交往活动和这节课的课堂学习有助于培养学生的应试能力，均值分别高达 4.74、4.67、4.67 和 4.65，得分率分别为 94.80%、93.40%、93.40%和 93.00%。无论从基础知识和基本技能的掌握，还是过程与方法的体验、情感态度与价值观的培养，学生都有满意的收获。

观课教师和学生对这节课的课堂氛围给予了充分肯定：

学生课堂积极性高，课堂气氛活跃。(T_3，教师问卷)

课堂生动活泼，有趣；上得真开心；非常刺激，惊心动魄，无与伦比；非常好；这节课让我赞不绝口，像天外飞仙，简直快活；觉得真开心；很喜欢这样的课；感觉好好；课堂幽默有趣；上课气氛积极，同学们很活跃，觉得很开心；我觉得我要向那些上课活泼的同学学习；这节课很精彩，课堂很活跃；受益匪浅；我感觉很好；这节课很开心；很不错，我很喜欢；没什么想说的，非常喜欢；无感受胜过有感受；一节愉快的英语课；我希望能经常上这样的英语课；这是过得最快的一节英语课；上课气氛很好，同学们很积极；贼棒，生动有趣，老师和学生合得来，教学教得很好；竞争激烈，能够投入；感觉很棒。(学生，课后问卷)

有助于学生掌握基础知识和基本技能：

学生在轻松愉悦的氛围中掌握了相关知识点和做题方法。(T_1，教师问卷)

这节课让我受益匪浅，让我有很大的感触，原来短文改错这么简单；这节课让人眼前一亮；最后还有总结，学习到了知识点；掌握了相关的学习方法；这节课我掌握了很多的知识与技巧；这节课使我们课上的同学充分交流，做改错的方法有所更新，做题时的感觉变好了。(学生，课后问卷)

还培养了学生的探究意识、合作精神与竞争意识及其对学习的兴趣和信心：

鼓励和关怀层次比较低的学生、具备一定的人文关怀。(T_3，教师问卷)

培养了学生之间的合作探究能力。“小老师制”起到了调动学生积极性的作用，同时分工明确。(T_2，教师问卷)

与同学充分互动，促进同学感情；竞争激烈，能够投入；讨论有助于我们的团队合作。(学生，课后问卷)

FHC、ZQ 等许多同学表现得良好，我要向他们学习。(学生，课后问卷)

我要向 FZL、WLW 学习，还有 HZL。FZL 这次非常好。(学生，课后问卷)

我们还可以从课堂交往方式和学生课堂学习情况的具体观察中得到更为翔实的数据（见表5-12和表5-13）。

表5-12 课堂交往的主体构成

交往方式	个个交往	师班交往	师组交往	师个交往	组组交往	个组交往	个班交往	组班交往
频次	118	116	93	49	41	26	19	18
比例	24.58%	24.16%	19.38%	10.21%	8.54%	5.42%	3.96%	3.75%

在这节课上，出现了八种不同类型的交往方式。其中，以非正式的学习小组为中心，展开的组内的个个交往超过师班交往，已经成为主流的交往方式，学习小组以整体样态出现的师组交往、组组交往和个组交往也都占据了一定的比重（分别为19.38%、8.54%和5.42%），可见，组内合作与组间竞争已经成为这节课的一大亮点。在课后问卷中，教师和学生也都充分肯定了这一点。

学习形式多样，师生之间、学生之间互动频密。（T_1，教师问卷）

与学生互动性非常好，大多数学生参与到课堂，即时的评分制使学生更有积极性参与课堂学习。（T_2，教师问卷）

互动性很强；讨论有助于我们的团队合作；竞争激烈，能够投入；这节课使我们课上的同学充分交流；我感觉这节课师生互动性很强；讨论积极充分。（学生问卷）

学生在课堂学习中的投入程度很高，违纪程度非常低（见表5-13）。

表5-13 学生课堂学习情况定点观察结果

项目	教师	学生					
		A_1（男好）	A_2（男中）	A_3（男差）	B_1（女好）	B_2（女中）	B_3（女差）
投入程度	教师1	1.5	1	2	1.125	1	1
	教师2	1.125	1.375	1	1.125	1.25	1.125
	均值	1.3125	1.1875	1.5	1.125	1.125	1.0625
违纪程度	教师1	3	3	3	3	3	3
	教师2	3	2.875	3	3	3	3
	均值	3	2.9375	3	3	3	3

（附注：投入程度：1. 高 2. 中 3. 低；违纪程度：1. 高 2. 中 3. 低。）

学生的课堂学习投入情况如下：学习投入程度高：（38+40）/2=39，占81.25%；学习投入程度中：（10+8）/2=9，占18.75%；学习投入程度低：（0+0）/2=0，占0%。学生的课堂学习违纪情况如下：违纪程度高：（0+0）/2=0，占0%；违纪程度中：（0+2）/2=1，占2.08%；违纪程度低：（48+47）/2=47.5，占97.92%。

不难看出学生在课堂学习中的投入程度非常之高。学习投入程度高的比例高达81.25%，学习投入程度中的比例为18.75%，没有学习投入程度低的学生。这和学生课后问卷得到的结果一致：

全班都很认真，投入。（学生，课后问卷）

还可以从一位教师的个性化笔记中清晰地看到被定点观察的6名学生的具体学习情况（见表5-14）。

表5-14　观课教师个性化笔记

时间（分钟）	个性化笔记
5	所有学生积极参与讨论，认真找文章中的错误之处
10	A_1自己思考；A_2回答不出，站起来张望，与前面同学讨论；A_3与旁边同学讨论；B_2回答精彩；B_3找同学的抄抄
15	A_1自己看和分析；A_2站起来东张西望，回答问题精彩；A_3继续与同学讨论分析；回应同学的看法；B_1不参与讨论；B_2、B_3积极讨论
20	A_1、A_2、A_3、B_2与同学展开讨论；B_1、B_3较少讨论
25	A_1不参与讨论，自己看；A_2积极上讲台做小老师，同时顺利完成题目；A_3认真听；B_1、B_2、B_3与同学讨论
30	A_1、B_1、B_3自己想和看；A_2在讲台上看题目，写错单词；A_3展开讨论；B_2展开讨论
35	A_2走动到处看
40	A_2掌握好，回答精彩；A_3看别人

另外一位观课教师的个性化笔记如下：

A_2除了上台做老师之外，其他时候全程端坐，回答问题精彩；A_3端坐，有时候出声回答问题；B_1、B_2、B_3全程在认真听讲。

但也还是有一些学生很少甚至没有参与到讨论中来，学生也希望老师“能活跃一下不发言的同学”（学生，课后问卷）。这是研究者在后期研究中需要加以注意的问题。

整体来看，高二（4）班的学生非常喜欢这节课上的教学评研方式，其实教师还是同一位老师，教学评研内容也差不多，变化最大的就是建立了学习小组，按照组内合作和组间竞争的原则，整合米德提出的“友好的”和“敌对的”两种人类社会—心理冲动，将“敌对的”冲动整合到“友好的”冲动之中，在组内合作的基础上开展组间竞争，共同发挥两种社会—心理冲动对教学评研共同体的建构作用。如何在高二（4）班科学合理地建立正式的和长期运行的学习小组，是亟待解决的首要问题之一。在建立和运行学习小组，开展各种立体交往的基础上，慢慢拓展采用其他建构策略进行改进教学评研共同体实践的探索活动。从教学评研共同体的本体分析框架来看，虽然授课教师尝试进行了一些改革，但这节课也还带有一些传统授课的特点，此时的教学评研共同体更多处于自主发展阶段和自为发展阶段的混合阶段（见表 5-15）。

表 5-15 教学评研共同体的基本特征（短文改错专题课）

要素	主体要素方面，师生的主体性较强，能对课堂教学评研各要素和各环节进行调控和反省，并转化为外在自为的行为。客体要素方面，基本上倚重教辅资料中的课程资源，亦在课堂交往中生成一些新的课程资源。活动要素方面，在教与学的活动之中，出现了大量的评和研
结构	建立了非正式的学习小组，师生间、生生间出现了各种不同形式的课堂交往。课程资源实现了一些整合，但还没有建立课程体系。教、学、评、研四维互动，实现了一定程度的融合
功能	虽然应试教育的特点还比较明显，但较为全面地关注了知识与技能、过程与方法、情感态度与价值观等不同维度的教学评研目标，在夯实学生文化基础的同时注重学生的自主发展和社会参与，以促进学生核心素养的全面提高

三、物理和地理学科课堂教学

在研究者组织的集体参与观课和评课的教师中间，一些教师开始反思自身的课堂实践，将研究者在建构教学评研共同体实践改进中的一些做法运用到自己的课堂之中，开展第三阶段第二轮的行动研究。这里以一节物理课和两节地理课为例来简要说明这些老师的运用情况。

（一）物理“传送带”新授课

物理高级教师Y在高一（4）班聚焦“传送带”相关知识点，开展了一节教学评研共同体实践建构的研讨课。其主要的教学评研过程是讲解新知识点、提问学生以了解学生的掌握理解情况；教师讲解示范、学生小组讨论领悟、教师提问小组内的学生以了解其掌握情况；教师讲解新的知识点并提问；学生独立做练习和思考；学生代表小组给全班讲解；教师讲解、对全班提问，间或穿插对个别学生的提问。课堂交往呈现出多样化的特点（见表5-16）。

表5-16 课堂交往的主体构成

交往方式	师班交往	师个交往	无交往	组班交往	个组交往	个个交往	组组交往	组师交往	个班交往
频次	307	65	46	31	17	14	0	0	0
比例	63.96%	13.54%	9.58%	6.46%	3.54%	2.92%	0%	0%	0%

Y教师在教师讲—全班听和教师问—学生答的传统方式上做了一些改进，主要体现在两个方面：

一是建立了学习小组，并基于学习小组开展了多样化的交往活动。虽然师班交往和师个交往还是最主要的交往方式，但其比重比客观现状调查的教学评研案例中的比重有所下降，只分别占63.96%和13.54%。组内的学生与学生之间的交往、组间的小组与学生个体之间以及小组与全班学生之间的交往已经以正式的形态出现在课堂活动之中。

二是，鼓励学生在小组讨论之后，代表自己小组讲解给全班同学听，这给学生带来了很大的新鲜感。学生自己讲解能大大地调动这些学生及其所在小组成员的积极性，同时能大幅度提升全班学生的学习兴趣。毕竟相对于教师的一言堂，有了很多的变化，学生会怀着期待、欣赏或挑刺的心态来倾听同学的讲解。这在一定程度上使课堂变得更为生动，增加了学生学习的投入度，并提高了学生的课堂学习效率。

但这节课还是比较传统，小组活动的比重偏低，在一定程度上限制了课堂的趣味性和教学评研的实际效果。这也能从观课教师课后问卷中得到一定的印证。

课堂气氛活跃，学生积极。教师讲解和引导到位，内容逐层加深难度。有利于培养学生的解题能力和思维能力。

绝大部分是师班交往和师个交往，主要体现为教师讲解提问—学生集体回应。大部分学生能够认真投入，跟上教师的节奏。但是一些学生跟不上，发呆或者忍不住瞌睡。如果能穿插一些小组活动，在组内有交流互助，在其他种类的交往活动中能够引领学生参与的话，效果会更好，能够激活学习比较困难的学生也积极投入到学习中来。

学生之间的相互讲解也会帮助他们深入理解所学知识，提高思维能力。(T_1，教师问卷)

从教学评研共同体的本体分析框架来看，虽然授课教师尝试进行了一些改革，但这节课的传统授课特点还比较明显。此时的教学评研共同体更多处于自主发展阶段，也呈现出一些自为发展阶段的基本特征（见表5-17）。

表5-17　教学评研共同体的基本特征（物理“传送带”新授课）

要素	主体要素方面，师生的主体性较强，能对课堂教学评研各要素和各环节进行调控。客体要素方面，基本上依据教材上的课程资源，亦在课堂交往中生成一些新的课程资源。活动要素方面，在教与学的活动之中，出现了一些评和研
结构	建立了正式的学习小组，师生间、生生间出现了各种不同形式的课堂交往。课程资源实现了一些整合，但还没有建立课程体系。教、学、评、研活动实现了一些融合
功能	在夯实学生文化基础的同时也在一定程度上关注了过程与方法、情感态度价值观等不同维度的教学评研目标，但应试教育的特点还比较明显

（二）地理“中山一日游”活动课

针对物理教学评研活动中相对于传统授课模式取得的进步，以及在教学评研共同体实践建构中依然存在的不足，研究者从志愿参与的教师中选取了S（中学地理高级教师）聚焦“中山一日游”，分别在高二（4）班和高二（6）班开展改进教学评研共同体实践的行动研究。

授课教师结合旅游地理教学评研内容，将教学评研的内容设定为假设美国高中生要来中山市开展交流，在我校学生的陪同下开展“中山一日游”，需要学生进行“美国高中生中山一日游”的旅游设计。授课教师将学生分成6人一组的8个学习小组，先引导他们实地考察、查阅资料、制定计划、制作课件和视频等，再在课堂上以小组为单位进行分享。课堂由两名学生主持，授课教师只是在学生课前准备和课中分享时给予适当的帮助。4月份，在高二（4）班开展了一节旅游地理教学评研活动，发现学生在准备的过程中，景点和内容重复度比较高，但由于时间的限制又无法对每一个景点或者每一个内容进行较为深入的分享。另外，在高二（4）班的教学评研过程中，都是学生主持，授课教师和其他观课教师一起坐在后面。因而，给高二（6）班布置任务时，授课教师将“中山一日游”细分成中山名胜游、中山名人游、中山美食游和中山风俗游等四个不同的主题。同时，将全班学生分成四个大组，分别负责四个不同的主题。最后，由授课教师来做“中山印象”的总结。于5月份在高二（6）班开展了一节“中山一日游”的旅游地理教学评研活动。其主要教学评研过程如下：

第一步：主持人导入主题

第二步：讨论

第三步：第一个小组上台分享中山名胜游

第四步：讨论

主持人设问、知识概括、知识抢答、旅行计划评估。

(好在哪？还有哪些需要改进的地方?)

第五步：第二个小组上台分享中山名人游

第六步：讨论

主持人设问、知识概括、知识抢答、旅行计划评估。

(好在哪？还有哪些需要改进的地方?)

第七步：第三个小组上台分享中山美食游

第八步：讨论

主持人设问、知识概括、知识抢答、旅行计划评估。

(好在哪？还有哪些需要改进的地方?)

第九步：第四个小组上台分享中山风俗游

第十步：讨论

主持人设问、知识概括、知识抢答、旅行计划评估。

(好在哪？还有哪些需要改进的地方?)

第十一步：总结中山印象

在这两节课上，学生成了名副其实的主角，以学习小组为单位展开了实地调查、资料查阅、制定旅游计划、制作课件和展示分享等各项任务，将旅游地理所学内容延伸和拓展到实际运用之中。从学生课后调查问卷分析结果来看，这种教学评研形式受到学生的喜欢，也取得了很好的教学评研效果（见表5-18）。

表5-18 学生课后问卷统计结果

维度	题项		均值（分）		得分率（%）	
			4班	6班	4班	6班
交往类型	师生交往	在这节课上，老师的肢体语言丰富多变	4.18	4.24	83.60	84.80
		老师组织了丰富多样的课堂交往活动，如：竞赛、小组讨论、表演、辩论、问答等	3.65	4.45	73.00	89.00
		在这节课上，我和老师有充分的互动	3.04	3.71	60.80	74.20
	生生交往	在这节课上，同学之间有充分的合作与交流	3.72	4.20	74.40	84.00
知识与技能	我对今天所学知识接受和消化得很好		4.21	4.06	84.20	81.50
	课堂学习有助于培养我解决实际问题的能力		4	3.88	80.00	77.60
	课堂学习有助于培养我的应试能力		3.93	3.84	78.60	76.80
过程与方法	我在这节课上的学习很投入		4.37	4.24	87.40	84.80
	我很喜欢这节课		4.46	4.53	89.20	90.60
	今天课堂上，我掌握了相应的学习方法		4.25	3.92	85.00	78.00
情感态度价值观	在这节课上，我的情感得到了熏陶		3.60	3.88	72.00	77.60
	这节课的课堂学习有助于我形成正确的价值观和人生观		3.68	3.86	73.60	77.20
期望	我认为老师在课堂上要组织丰富多样的交往活动		4.46	4.55	89.20	91.00

在交往类型方面，基于学习小组展开了各种形式的交往，学生成为课堂

上名副其实的主角。但由于教师在高二（4）班的课堂教学评研活动中处于幕后状态，一直和观课教师坐在后排静静观课，所以学生觉得自己和教师之间的交往很少，学生在“我和教师有充分的互动”这一题项上的得分均值为3.04分，仅略略超过理论中性值3.00分。由于授课教师在高二（6）班学生展示完之后做了“中山印象”的总结，学生也就相应体验到了自己和教师之间的互动，学生在“我和教师有充分的互动”这一题项上的得分率也相应地从60.80%提高到74.20%。形成鲜明对比的是学生之间的交往形式非常丰富，尤其是后期上课的高二（6）班，在生生交往方面的得分率达到84.00%。

课堂丰富多样，很喜欢这种形式的教学方式；主持人也可爱，主持过程互动性强，有趣；这次的活动让我体会到了合作的重要性。（高二4班，学生问卷）

生动形象，流畅，上课流程安排恰当，与同学充分互动；教学方式很新奇，这课堂很有趣；互动多，氛围好；好开心，主持人生动具体地演讲了中山特点，还有生动的肢体语言，粤语、国语相结合。（高二6班，学生问卷）

在知识与技能方面，高二（6）班的学生普遍认为自己对所学知识接受和消化得很好、这节课的学习有助于培养他们解决实际问题的能力和应试能力，得分率分别为81.50%、77.60%和76.80%。从学生在课后问卷调查“我的感受”的表达中可以看出，学生获得的知识主要表现为加深了对中山的了解。

感觉自己了解到很多自己不知道的文化风俗和建筑，收获很大；受益匪浅，深受感染；深刻地了解了中山，了解了平时没有了解的中山特色，体验到中山的独特魅力；作为发言人的我又重新感受了中山的文化；通过这节课，我更了解了我的家乡，一个富有传统和特色韵味的地方；课堂内容精彩，获益良多，文化气息浓厚；了解到了很多以前不了解甚至没听过的东西，感觉很有趣；让我了解了许多风俗、建筑、美食、景点、名人；精妙绝伦，中山名人可熏陶文化情操，美食之旅令人意犹未尽，建筑风俗使人惊叹不已；这节课帮助我从各个角度了解了中山，受益颇多。（高二4班，课后问卷）

弥补了我在本地生活却完全不知道的一些知识；了解了很多中山的资料，很多以前不知道的都了解了；让我们更加了解中山，体验中山文化特色；积累了许多以前不会的知识；长知识了！认识许多关于中山的美食、名人、古迹，受益匪浅，还有神秘的“逍遥谷”；挺有趣，实际同知识结合。(高二6班，学生问卷)

同时，学生在“我的感受”中也频频表达了他们能力的锻炼与提升。

这堂活动课让我学会与同学团结合作；利于组员间的合作、交流，利于提高应变能力；有利于提高班级组织能力，锻炼自身能力，希望多举办这种活动；我作为演讲人，锻炼了自己的能力，有利于提升自己；通过这节课，我有很大的收获，是一种挑战，是一种展现自我的机会。（高二4班，学生问卷）

虽然有一些上台分享和主持的同学有点紧张，但都能慢慢调整、克服和反思，逐渐缓解自己的压力和提高自己的能力。

主持人虽然有些放不开，但后来释怀了，轻松自如了许多；小主持人很大方，演讲者也非常的好；成长了！积累经验吧。能力有待加强，加油！下次更出色！主持人挺好，挺自然，准备得很好。（高二4班，学生问卷）

在过程与方法方面，学生在课堂上非常投入，两个班的学生的得分率分别达到87.40%和84.80%，他们很喜欢这样的课，得分率分别为89.20%和90.60%，也掌握了相应的学习方法，得分率分别为85.00%和78.00%。尤其是在投入和喜欢方面，学生在“我的感受”中大量地表达着他们的放松、投入与享受：

不仅主持人拥有别具特色的演说风范，还有解说人精彩的讲解，引人入胜，就像鲸鱼处于深海6300米，不能自已；特别有意义，也很有意思，我很喜欢；我很喜欢这样的课堂；课堂学习方式很新颖，生动有趣；充满了乐趣；丰富的课堂，炫丽的图片，生动的言辞，我喜欢这样的课堂；课堂丰富有趣；非常好玩；非常好！受益和感触很大；非常棒！体会到了课堂的乐趣；课堂有趣活泼，打破了以往的沉默；课堂丰富多样，记忆深刻；感受到了同学们的未知潜能很大！超享受！很开心！I feel good.（高二4班，学生问卷）

很有趣，很投入，如果平时的课堂也能这样，相信自己的学习会更好；课堂上笑声连连，气氛较活跃；富有趣味性；我非常喜欢这节课，让我充分感觉到同学们的温暖和友谊；放松身心，好！这堂课很开心，很放松身心，没有紧张与束缚感；感受极好，66666……课上的氛围很活跃，很令人享受其中；挺满意的，课堂气氛活跃，很 high；课堂变得生动有趣，我很喜欢；课堂上，主持人的演讲丰富，学生的回答很精彩，很棒；我非常享受这节课，非常开心，课堂氛围活泼积极。（高二 6 班，学生问卷）

在情感态度与价值观方面，这一直是教学评研活动的难点，但是两个班的学生也认为自己的情感得到了熏陶，得分率分别为 72.00% 和 77.60%，还有助于他们形成正确的价值观和人生观，得分率分别为 73.60% 和 77.20%。在他们写的“我的感受”中也能体会到这些教学评研目标的达成度。

提升讲解同学的自信心，也能从此次活动中体现同学的团结心；精妙绝伦，中山名人可熏陶文化情操；在这节课堂中，能够突破自己，超越自己，最大限度地挑战自己，让我释放出不一样的自己；让我形成正确的人生价值观。（高二 4 班，学生问卷）

丰富多彩的教学交流活动，让我们形成正确的价值观和人生观。感受到文化的熏陶；让我们更热爱自己的家乡；让我重新认识了中山，对中山的感觉更好，更喜欢这城市；锻炼了自己，形成了正确的价值观和人生观；很开心，很激动，可以了解中山这么多的地方，和欣赏到这么有趣的画面；我觉得我上了这节课对中山的文化地理风俗有了更深的了解，使我对中山的感情加深。（高二 6 班，学生问卷）

学生体验了这种教学评研活动的乐趣和魅力，自然也期待今后的课堂上教师能组织丰富多样的课堂交往活动，两个班的学生在这一题项上的得分率分别为 89.20% 和 91.00%。学生在“我很喜欢这节课”题项上的得分率分别为 89.20% 和 90.60%。这两个题项成为所有题项中学生得分率最高的题项。在“我的感受”中，学生也表达了对老师组织多样化课堂交往活动的期待：

希望可以开展多些这类的课程；希望多开展此类活动；再接再厉；希望多举办这种活动；希望往后多组织这种课堂活动；希望多开展此类活动。（高二 4 班，学生问卷）

望今后多点类似的活动，增加学习地理的趣味；上课有趣，我希望老师在课堂上多组织丰富多彩的课堂交往活动。（高二 6 班，学生问卷）

这节课凸显了学生的主体性，在全面建构教学评研共同体，但学校领导在对高考考点不够关注方面表现出明显的担忧。研究者在课后与校长的访谈中，校长这样表述：“那一节课，我没有去听。听说学生很活跃，但是好像没有关注课本知识和高考考点。”教学评研共同体的建构活动费时费力，难度大，需要校内外的各种支持，在应试特征仍然十分明显的高中教育阶段，这可能只会是一种偶尔为之的做法。但值得一提的是，这位老师任教学生的地理成绩非常突出，经常名列同级同科第一或第二名。这不得不令人深思。

这节课上体现出来的教学评研共同体特征更偏向自为发展阶段，也带有一些自主发展阶段的特征，还闪现出不少自由发展阶段的特质（见表5-19）。

表5-19 教学评研共同体的基本特征（地理“中山一日游”活动课）

要素	主体要素方面，教师和学生自主性大大增强，学生成为教学评研活动中的主角。教师和学生都能够自觉反思自身行为，确立自身的道德标准，而不只是局限于高考和课堂学习。客体要素方面，开发和创生了教材中出现的国家课程资源和中山当地优秀的本土课程资源。活动要素方面，在教与学的活动之中，出现了大量的评和研
结构	建立了正式的学习小组，以学习小组为基本单位开展了各种教学评研活动，师生间、生生间各种形式的课堂交往适时灵活地呈现与转换。课内和课外的课程资源在一定程度上实现了有机整合，在国家课程和地方课程资源之间尝试建立起比较合理的课程体系。教、学、评、研活动有机融合，在一定程度上实现了一体化运作
功能	全面关注知识与技能、过程与方法、情感态度与价值观等不同维度的教学评研目标，兼顾学生的文化基础、自主发展和社会参与等核心素养的全面提高，以促进人、文化与社会的三重建构

四、英语语法填空专题课

研究者还和英语组的其他教师（其中1名是学校青蓝工程中研究者指导的青年教师）一起共同开展教学评研共同体的建构活动，聚焦语法填空专题开展了同课异构活动。首先，在学校教科室的组织下，研究者于5月底在高二（16）班承担了一节英语语法填空专题全校示范课，旨在促进核心素养导向下的语法教学评研一体化，[①] 向全校教师展示和推广教学评研共同体研究成果。

① 帅飞飞．高中英语教学交往［M］．北京：光明日报出版社，2020：200-222.

（一）内容和学情分析

1. 语篇分析。这节课的教学评研活动聚焦高考语法填空研学专题，语篇材料是2017年三套全国高考英语试题中的三份语法填空题。首先，把2017年全国高考英语试题（新课标Ⅰ）中所挖的10个空补充完整，让学生在探究高考语法填空题命题规律与绘制高中语法知识思维导图的基础上自主设计一份语法填空题。然后，学生在课堂上做这份高考试卷语法填空真题。随后，共在的师生主体在属性复杂、形式多样的立体交往活动中共同探究高考语法填空题的命制规律，梳理高中语法知识，并围绕学生自主设计的语法填空题展开一体化的教学评研过程。最后，教师将2017年全国高考英语试题中其余的两篇语法填空题均作为学生的课后作业，让学生完成其中一份高考真题（新课标Ⅱ）的原题练习，另外一份由教师将空格补全成为一份完整的语篇，让学生自主设计一份语法填空题。

高考试题由学科评估专家在核心素养和课程标准的引领下精心设计而成，可作为优质的课程资源加以利用，充分发挥高考对日常教学评研活动积极的反拨和引领作用。学生从英语学科评估专家的视角出发探究高考语法填空题的命制形式与方向，自主设计语法填空题，课堂上进一步做学科评估专家设计的高考题。在探究—命题—做题—探究—评估—完善—分享—命题的教学评研过程中，反复比照自身思维和专家思维的异同，找到两者之间的差距，不断提高对语法学习和语法考试的把握能力，进一步增强英语学习的兴趣和信心。

2. 学情分析。研究者兼任高二（16）班的英语科任教师与班主任，为保证学生的文化学习质量，提高学生的学习兴趣与信心，接手这个班一年多来，一直致力于将班级建设成为核心素养导向下的教学评研共同体，积极开展相关理论建构和实践探索活动，实现了英语教学评研活动和班级管理的深度融合。其中，以学习小组为核心的自主、合作、探究的教学评研活动是贯穿整个教学评研共同体建构活动的一条主线。高二（16）班的文化总分成绩也由分班时9个艺术班中的第7名跃升至第2名。英语成绩优异，除一次排在艺术班第2名之外，其他时候一直排在艺术班的第1名，甚至两次位居全年级20个班中的第1名，超过了所有的文化班（包括文化文科班），均分经常超过有的平行班同科均分10来分。学生学习英语的兴趣和信心增强，自主、合作、探究能力得到了很大提升，学生交往能力和解决问题的能力得到了培养，学生核心素养也不断提高。

在高二（16）班的英语复习已经接近第一轮尾声的时候，学生已具备一定的语法知识与语言能力基础，他们将在一个月内全面停止文化课学习，开始为期半年多的美术集训。此时，引导学生对语法填空专题进行一次全面梳理，同时促进教学评研共同体建构，实现核心素养导向下的语法教学评研一体化，不仅能为学生将来的英语复习备考指明方向，还能进一步促进他们的全面发展。

（二）教学评研过程

教师对教学评研活动进行大体规划，师生共同创生可见的教学评研过程，并在具体实施情境中对之进行不断调整、修正和完善。

1. 前置性作业

探究规律：探究高考规律，画出高中语法知识及其考点的思维导图。

自主设计：用 2017 年高考语法填空题（新课标 I）补全后的篇章设计一份语法填空题，并具体分析考点分布情况。

There has been a recent trend in the food service industry toward lower fat content and less salt. This trend, which was started by the medical community（医学界）as a method of fighting heart disease, has had some unintended side effects such as overweight and heart disease—the very thing the medical community was trying to fight.

Fat and salt are very important parts of a diet. They are required to process the food that we eat, to recover from injury and for several other bodily functions. When fat and salt are removed from food, the food tastes as if it is missing something. As a result, people will eat more food to try to make up for that something missing. Even worse, the amount of fast food that people eat goes up. Fast food is full of fat and salt; by eating more fast food people will get more salt and fat than they need in their diet.

Having enough fat and salt in your meals will reduce the urge to snack（吃点心）between meals and will improve the taste of your food. However, be careful not to go to extremes. Like anything, it is possible to have too much of both, which is not good for the health.

教师还给学生提供一个高考语法填空题考点分布情况分析表，作为脚手架1（见表5-20）。

表5-20 语法填空题考点分布情况分析表（1）

题号	提示词	词类	答案	词性	成分	考查点
1						
2						
3						
4						
5						
6						
7						
8						
9						
10						

2. 导入

问候，强调语法填空的重要性，直接导入语法教学评研主题。

3. 实战演练

给出2017年高考（新课标I）语法填空真题，让学生独立完成。在做的过程中体验高考题的设置特点、考点分布以及解题诀窍。

There has been a recent trend in the food service industry toward lower fat content and less salt. This trend, which was started by the medical community（医学界）__61__ a method of fighting heart disease, has had some unintended side __62__（effect）such as overweight and heart disease—the very thing the medical community was trying to fight.

Fat and salt are very important parts of a diet. They are required __63__（process）the food that we eat, to recover from injury and for several other bodily functions. When fat and salt __64__（remove）from food, the food tastes as if it is missing something. As __65__ result, people will eat more food to try to make up for that something missing. Even __66__（bad）, the amount of fast food that people eat goes up. Fast food ___67___ (be) full of fat and salt; by ___68___ (eat) more fast food people will get more salt and fat than they need in their diet.

Having enough fat and salt in your meals will reduce the urge to snack（吃点心）between meals and will improve the taste of your food. However, be ___69___ (care) not to go to extremes. Like anything, it is possible to have too much of both, ___70___ is not good for the health.

给学生提供一份语法填空题的考点分布情况分析表，作为脚手架2。

4. 核对答案

核对答案。学生做完真题之后，在小组内讨论和核对答案，并派代表到黑板上写答案，其他同学用彩色粉笔修正答案。给学生提供一份语法填空题考点分布情况分析表，形成脚手架3。

5. 探究高考规律

参考脚手架3，分析这份高考语法填空题的考点分布情况，逐一分析每道题目，然后呈现这份高考题的考点分布情况表，归纳高考题命题规律。先由教师示范解释1道题目，再带着全班同学一起做第2题，学生代表按照这个思路逐一解释和分析其他题项，其他同学补充。

接着，研究者引导学生归纳这道高考题的考查点（见表5-21）。

表5-21　高考语法填空题考点分布情况分析表（2）

题号	提示词	词类	答案	词性	成分	考查点
61	无	虚词	as	介词		介词短语做状语
62	有	实词	effects	名词	宾语	名词复数
63	有	实词	to process	动词	主补	be required to do sth.
64	有	实词	are removed	动词	谓语	语态时态，主谓一致
65	无	虚词	a	冠词	定语	固定搭配
66	有	实词	worse	形容词		形容词比较级
67	有	实词	is	系动词		时态，主谓一致
68	有	实词	eating	动词	宾语	动名词
69	有	实词	careful	形容词	表语	系表结构，词性变换
70	无	虚词	which	关系代词	主语	非限制性定语从句

最后，教师引导学生一起总结高考语法填空题的出题规律和考查范围。

6. 完善思维导图

教师给学生呈现一份思维导图的评估表，作为脚手架 4（见表 5-22），引导学生在小组内分享、评估和完善前置性作业中语法知识及其考点的思维导图；学生代表上台分享自己或同伴的思维导图，接受来自同学和教师的评估，并对思维导图做进一步完善。

表 5-22　思维导图评估表

维度	项目	学本评估
外观	1. 设计美观	1 2 3 4 5
	2. 布局合理	1 2 3 4 5
	3. 书写工整	1 2 3 4 5
内容	1. 覆盖面广	1 2 3 4 5
	2. 内容正确	1 2 3 4 5
	3. 难度适中	1 2 3 4 5
逻辑	1. 位置正确	1 2 3 4 5
	2. 脉络清晰	1 2 3 4 5
	3. 结构合理	1 2 3 4 5
反思	优点： 不足： 今后改进方向：	

首先，研究者引导和组织学生组内交换自己的思维导图，进行评估和改进，再派小组代表上台展示思维导图，全班赏析，教师点评，并在黑板上绘制一个简图，大部分内容通过口头表达出来，引导学生全面梳理整个高中阶段的语法知识网络，形成系统的语法知识结构图。

教师引导学生根据脚手架 4 对思维导图进行自评和互评时，要合理归纳和总结高中语法知识及其考点，在相互间的头脑风暴中解决存在的疑惑，探究高考题考点，形成完整的语法知识网络结构，同时增强英语学习的兴趣与信心。

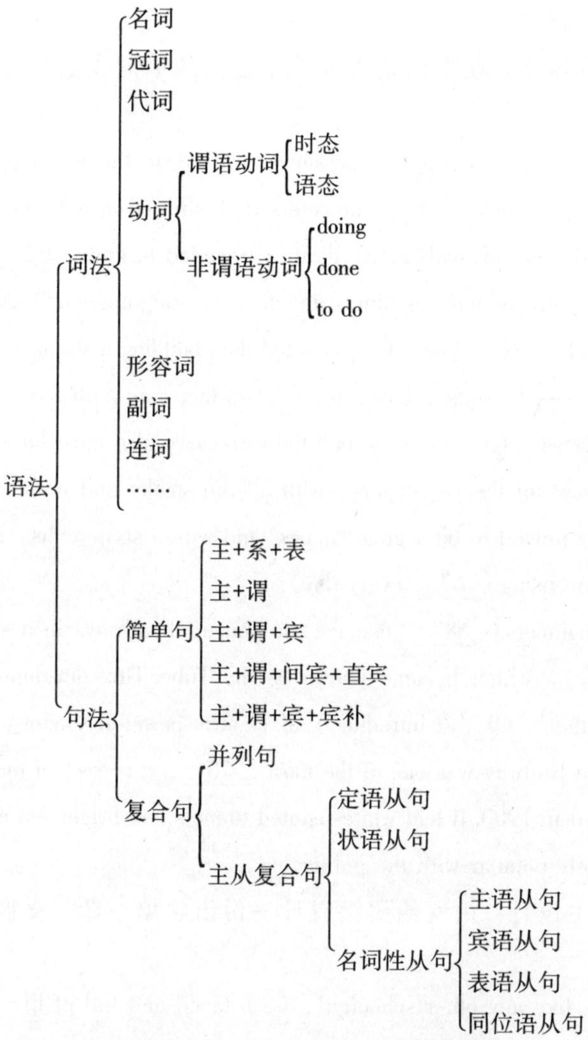

图 5-1　高中英语语法知识结构图

7. 学生作品展示

学生拿出自己在前置性作业中设计的题目，在小组内展开讨论，参考高考题的设题特点以及脚手架 1，开展自评和同伴互评，教师适时指导。

讨论之后，教师示范评估几份学生作品，再由小组派代表上台展示设计的题目。通过自我反思、同伴评估和教师点评的方式，学生不断地比较自己设计的作品与高考题之间的异同，找到自主设计中存在的各种问题，进一步完善自主设计。

8. 布置作业

（1）阅读短文，在空白处填入 1 个适当的单词或括号内单词的正确形式。

In 1863 the first underground passenger railway in the world opened in London. It ran for just under seven kilometers and allowed people to avoid terrible __61__ (crowd) on the roads above as they travelled to and __62__ work. It took three years to complete and was built using an interesting method. This included digging up the road, __63__ (lay) the track and then building a strong roof over __64__ top. When all those had been done, the road surface was replaced.

Steam engines __65__ (use) to pull the carriages and it must have been __66__ (fair) unpleasant for the passengers, with all the smoke and noise. However, the railway quickly proved to be a great success and within six months, more than 25, 000 people were using __67__ every day.

Later, engineers __68__ (manage) to construct railways in a system of deep tunnels (隧道), which became known as the Tube. This development was only possible with the __69__ (introduce) of electric-powered engines and lifts. The Central London Railway was one of the most __70__ (success) of these new lines, and was opened in 1900. It had white-painted tunnels and bright red carriages, and proved extremely popular with the public.

（2）自主设计：用所给语篇设计一份语法填空题，交换做题，相互评估。

She looks like any other schoolgirl, fresh-faced and full of life. Sarah Thomas is looking forward to challenge of her new A-level course. But unlike school friends, 16-year-old Sarah is not spending half-term resting. Instead, she is earning $6, 500 a day as a model in New York.

Sarah has been told that she could be Britain's new supermodel earning a million dollars in the new year. Her father Peter, 44, wants her to give up school to model full-time. But Sarah, who has taken part in shows along with top models, wants to prove that she has brains as well as beauty. She is determined to carry on with her education.

She has turned down several invitations to star at shows in order to concentrate on her studies. After school she plans to take a year off to model full-time before going to university to get a degree in engineering or architecture.

Sarah says, "My dad thinks I should take the offer now. But at the moment, school comes first. I don't want to get too absorbed in modeling. It is certainly fun but the lifestyle is a little unreal. I don't want to have nothing else to fall back on when I can't model any more."

学生做2017年全国高考英语试题（新课标II）中的语法填空题，并根据2017年另一份高考真题补全后的语篇设计一份语法填空题，同学之间相互评估、相互解答，并积极反思和反馈所学所获，及时完成教师发放的问卷，写下感想，给自己和任课教师提供及时反馈。

听课教师（包括英语学科和语文、数学、历史、政治、地理、物理、化学和生物等其他高考科目的任课教师）也及时完成和上交观课表格和观课感想，并展开课后集体评课活动。让课堂内的教、学、评、研活动延伸到课堂外，和课前的集体备课一起，使得一个教师和所教班级学生之间的教学评研活动延伸到其他班级和其他科目的任课教师及其课堂之中，形成更大层面的教学评研共同体。2名英语教师和数学、物理、化学、政治、历史等学科各1名教师参与问卷调查，均为高考科目的任课教师，涵盖文科和理科，英语科目比重较大。

（三）教学评研效果

这节课上，课堂交往丰富多变，取得了很好的教学评研效果，学生也期待更多的交往活动。课堂教学评研活动的具体现状、效果及师生期待情况见表5-23。

从交往现状来看，观课教师认为师生交往和生生交往都非常充分，得分为满分。学生认为“老师组织了丰富多样的课堂交往活动”（在所有题项中得分最高，均值为4.52，得分率为90.40%）；生生互动也很多，得分率为84.00%；学生感受到自己和教师的互动也很充分，老师的肢体语言丰富多变，得分率均为82.20%。但由于视角不同，教师和学生感受到的交往现状还是有一定的差距，这和前期相关研究结果保持一致，也是大班额情境下不得不面对的客观现实，教师使出浑身解数也无法和每一个学生实现一对一的高频互动。从全班来看，教师和学生个体之间的互动还是很充分的。观课数据显示：交织在一起的“组组交往”“班师交往”和“组师交往”，共154次，约占课堂交往时间的32%；“组班交往”，共113次，约占课堂交往时间的24%；“个个交往”，共90次，约占课堂交往时间的19%；“个组交往”，共24次，约占课堂交往时间的5%；“个班交往”，共72次，约占整节课交往时间的15%；“无交往”，共18次，约占课堂交往时间的4%；“个师交往”，共9次，约占课堂交往时间的2%。

表 5-23　师生课后问卷统计结果

维度	题项		均值（分）		得分率（%）	
			教师	学生	教师	学生
交往类型	师生交往	在这节课上，老师的肢体语言丰富多变	5	4.11	100	82.20
		老师组织了丰富多样的课堂交往活动，如：竞赛、小组讨论、表演、辩论、问答等	5	4.52	100	90.40
		在这节课上，我/学生和老师有充分的互动	5	4.11	100	82.20
	生生交往	在这节课上，同学/学生之间有充分的合作与交流	5	4.20	100	84.00
知识与技能	我/学生对今天所学知识接受和消化得很好		5	4.02	100	80.40
	课堂学习有助于培养我/学生解决实际问题的能力		5	4.22	100	84.40
	课堂学习有助于培养我/学生的应试能力		5	4.30	100	86.00
过程与方法	我/学生在这节课上的学习很投入		5	4.30	100	86.00
	我/学生很喜欢这节课		5	4.22	100	84.40
	今天课堂上，我/学生掌握了相应的学习方法		5	4.41	100	88.20
情感态度价值观	在这节课上，我/学生的情感得到了熏陶		5	4.11	100	82.20
	这节课的课堂学习有助于我/学生形成正确的价值观和人生观		4.57	4.20	91.4	84.00
期望	我认为老师在课堂上要组织丰富多样的交往活动		5	4.41	100	88.20

从交往效果来看，师生在“过程与方法”维度得分最高，学生掌握了相应的学习方法，积极投入，很喜欢这节课（得分率分别为88.20%、86.00%和84.40%）。其次是“知识与技能”维度，尤其是应试能力和解决问题的能力得到培养和提高（得分率分别为86.00%和84.40%），知识的掌握和消化方面要稍弱一些（得分率为80.40%），但得分率也超过了80%。这主要是因为要梳理和归纳高中阶段的所有语法知识网络，对于H中学美术类艺术生来说，是一个很大的挑战，在综合性很强的语法填空题中很好地掌握和运用高中阶段的所有语法项目是非常困难的一件事，但他们还是完成得不错。最后是“情感态度与价值观”维度，一节语法填空专题课很难明显直接地教授情感态度与价值观，相应教育和引导隐含在知识学习、技能掌握与各种立体交往之中，具有隐秘性和间接性。这节课的课堂学习有助于学生形成正确的价值观和人生观，学生的情感得到了熏陶（得分率分别为84.00%和82.20%）。

从今后期待来看，教师和学生都期望老师在课堂上组织丰富多样的课堂交往活动，让课堂充满生命的活力，而不只是单向的灌输和枯燥的机械记忆，得分率分别为100%和88.20%。整体来看，交往效果非常好，学生在课堂学习中的投入度很高。这与定点跟踪观课结果保持一致（见表5-24）。

表5-24 学生课堂学习定点观察结果

项目	教师	学生					
		A_1（男好）	A_2（男中）	A_3（男差）	B_1（女好）	B_2（女中）	B_3（女差）
投入程度	教师1	1.375	1.5	1.875	1.25	1.125	1.25
	教师2	1.25	1.25	1.125	1	1.25	1
	均值	1.31	1.375	1.5	1.125	1.125	1.125
违纪程度	教师1	3	3	3	3	3	3
	教师2	2.75	2.75	2.875	2.875	3	3
	均值	1.875	2.875	2.94	2.94	3	3

（附注：投入程度：1. 高 2. 中 3. 低；违纪程度：1. 高 2. 中 3. 低。）

从质性观课教师具体的个性化笔记中，还可以进一步了解被定点跟踪观察的学生的具体表现（见表5-25）。

此外，一位参与质性观课的老师还进一步指出，“所有人都非常认真。

个别的，如 A_3 刚开始状态不在，但是后来也进入状态，积极参与课堂讨论与学习”。

表 5-25 观课教师个性化笔记

时间（分钟）	个性化笔记
5	A_1、B_2、B_1、B_3 与同学讨论，其他不参与，自己看
	B_2 摆弄衣服，A_1、A_2 东张西望，其他同学做练习
10	A_2、B_2、B_1、B_3 上黑板做语法填空，A_3 摸鼻摸脸
	A_3、B_1、B_2、B_3 小组讨论，A_2、B_1、B_2、B_3 上黑板写答案，A_1、A_2 还在做题
15	A_2 自己埋头写，不参与讨论；A_3 东张西望；B_1 回答，固定搭配；B_2 小结，被动语态
	B_1 回答老师问题；A_2 查字典；B_2回答问题，其他学生听课做笔记
20	A_2、A_3、B_1、B_3 语法思维导图未完成，大家积极参与讨论；A_3 表现非常好
	B_1、B_2、B_3 小组讨论；A_3 向老师推荐其他同学作业
25	A_2 积极上讲台分析自己的语法树，之后到讲台一侧听老师分析，自然而且用心；A_3 大声叫起来，听懂了，很激动
	A_2 上台展示作业，其他同学认真听；A_2 讲解
30	A_3 从讲笑话转入正题，其他同学认真听老师归纳语法知识，展示命题作品，进行积极讨论，依据表格进行评估
	所有同学与老师一起复习语法
35	A_1、A_2 冲上去交作品，A_3 提示同学正确回答
	组内讨论各自出的题，A_2 上台交作业
40	A_2 想主动讲解；A_3 不耐烦了，东倒西歪；其他同学认真回答、思考和总结
	思考讨论其他学生出的题

研究团队积极开展教学学术研究，综合运用录像、照相、填写观课表格、访谈、问卷调查、收集学生作品等途径收集研究资料，在课后展开评课和集体教研活动，不断总结和反思，在行动研究中螺旋式改进教学评研共同

体实践。

从观课教师在课后问卷上书写的“我的感受”，可以看出这节课的一些亮点：

1. 课堂氛围好。帅老师的课堂给人一种如沐春风的感受（T_1）；氛围活跃（T_4）；轻松愉悦（T_7）；课堂氛围好（T_3）。

2. 互动多。互动热烈（T_2）；学生之间小组合作好（T_3）；课堂形式丰富多彩，师生之间、生生之间交流充分（T_6）。

3. 学生积极性高。学生积极参与（T_3）；学生积极性高，参与度高（T_4）；从导入到全部的课堂环节，充分发挥学生的积极性，让学生全方位地投入到课堂里（T_1）。

4. 效率高。丰富多彩，有效灵活（T_5）；非常佩服，能在轻松愉悦的氛围中高效地完成大量的教学任务（T_7）；尤其是学生的展示环节，积极高效（T_1）。

5. 实现多维培养目标。知识重点突出，学生能力得到培养（T_2）；在传授讲解知识的过程中充分体现情感、态度、价值观的融合，知识与能力并举（T_6）。

老师们认为这节课活动丰富有效，课堂氛围好，学生的积极性、学习兴趣、知识掌握和能力培养都得到了比较全面的照顾。多数教师听完课，在课后反馈说，听得非常享受。学生和教师之间、学生和学生之间的关系非常融洽，很能开玩笑。所有的学生都能投入课堂学习之中，无论英语成绩好与不好，都能积极参与讨论，认真学习。从英语教师课后集体研讨来看，还可以了解到这节课的一些特点：

1. 注重引导学生开展研究活动——在“练”的基础上有一个“悟”

帅老师的设计是从问题的角度先抛出原文，再到高考真题，然后师生之间互动探讨，探讨之后引入学生的自我评估，最显眼的地方是在“练”的基础上有一个“悟”，从“练”到“悟”，我们平时的教学只有“练”，缺少“悟”。这也就是帅老师的课的质量提得比较快、学生的成绩比较好的一个很重要的原因。从“练”到“悟”，这个值得我们借鉴。(HHQ)

注重学生的自主学习，给学生很大的空间让他们前期自己思考总结。(XYY)

2. 融评入教与学之中，凸显评估的重要性——亮点最突出的是立体评估

方式

亮点最突出的是立体评估方式，学生自评、学生互评、老师再评估。这样，学生对自己学习中的问题能认识得更清楚，对他们以后的学习很有好处。(YQ)

帅老师的课的亮点在于自我评估的地方，我们一般会忽略自我评估，学生和老师之间是教学相长的，这个部分是我们要学习的。(LYQ)

3. 创设可见的教学评研过程——做到了可见的教和可见的学

帅老师注重从学生学习的角度来领会我们老师从哪方面教，更能体会学生学的难度，问题出在什么地方，然后有的放矢，解决学生该要解决的问题，这样教学效果更好，这是最突出的地方，最值得我们学习。(LZP)

我们的课堂大部分是习惯使然，只在教，却从不管学生学得怎样，我们教的学生是否真的就接纳了，就领会了，帅老师的课不是只是灌输，而是让学生通过这个过程，浸泡到自己的学习当中，老师在指引和陪伴，指引学生悟出东西之后，给出一个高考的标准，引导学生对比之后，感知自己的差距在哪里，该怎么样去改善，怎么样去追求，做到了可见的教和可见的学。(BHQ)

4. 融合“内省”与“外烁”——把学生的内在驱动和外部环境刺激结合起来

帅老师这节课给我印象最深刻的是，把学生的内在驱动和外部环境刺激结合起来。对于内在驱动，帅老师的思路是从探究问题的角度，找到高考的设计、出题者的思路，这是学生的内在驱动。另外，外部刺激方面，班级小组设计和小组构建。整个班级学习氛围不是很好的情况之下，要有一些外部刺激，特别注重小组学习和班级建设，有意识地把班级中一些同学带动一下，刺激到同学A、同学B，这对班级学习氛围的改善、班级构建以及对其他学科的教学都很有帮助，要把英语渗透到语文、数学等学科的学习中。(ZQY)

5. 建设学习小组——把教、学、评、研活动全部渗透到小组建设之中

帅老师的小组建设做得很成功，把教、学、评、研活动全部渗透到小组建设之中。(BHQ)

中期有自评互评、小组讨论、小组代表呈现，学生在自评互评小组讨论的时候，可以从更多的角度发现更多问题和亮点。帅老师在中期发现问题的

时候给学生一些指引，让学生更全面地发现自己的问题，思考自己的可能性，不仅培养这门学科的思维，对其他学科的学习也有很大的帮助。(XYY)

6. 教师成为研究者——有什么样的老师，她就会促进学生怎么样去学

帅老师好学好研，为什么我要说这个呢？有什么样的老师，她就会促进学生怎么样去学。从专业发展的角度来看，帅老师走得比较前、比较先，而且比较深，是我们团队的一个宝，进一步促进我们教学的研究、理论的学习和专业的提升。(BHQ)

7. 创设可见的教学评研过程——教学评研一体化

课的主题是语法教学评研一体化，学生有大量的前期工作，做题，悟题，自己找规律，自己总结自己悟，加上立体评估，不仅学到了知识，也了解到自己的问题和彼此之间的优缺点，通过同伴之间的相互学习，有针对性地帮助同伴，相互之间很快提高。(TXN)

学生也通过填写问卷、完成作业、写反思和谈话交流等方式展开自我评估、同伴互评和给教师提供反馈，在各种交往活动中不断反思、总结和提高。学生写的感受也给了教师及时的反馈，有助于教师正确把握学生学习情况，进一步调整教学评研节奏，以更好地促进学生的学习与全面发展。28 位学生在问卷上"我的感受"部分书写了自己的感受，具体内容如下：

S_1：生动有趣。S_3：感觉很好，嗯，好。S_4：课堂气氛活跃，有利于接受新知识。S_5：很好，希望也多组织类似的形式。S_6：Good！生动，Nice！(画了一个竖着的大拇指）S_7：好。S_8：嗯，good！S_9：I think it was so good！S_{10}：Good！Good！S_{11}：稳妥！S_{12}：老师讲得很好，使我受益匪浅。S_{14}：如果经常以这样的形式上课，我会很开心的。S_{15}：非常棒！I like English！S_{17}：Very good！受益匪浅。S_{18}：对我的应试能力有所提升。S_{19}：Excellent！S_{25}：还行。S_{26}：感觉课堂较活跃，积极热情。S_{30}：我觉得这堂课很好。S_{31}：Great！S_{32}：Perfect！非常之好！S_{33}：Good job！S_{34}：Nice！S_{38}：Very good！S_{39}：还行，投入性高。S_{41}：还行。S_{42}：I love this class. I enjoy it！S_{43}：Very nice！I love English.

大部分同学用了一种轻松的、随意的、亲和的语调，表达出自己对这节课深深的喜欢与满满的收获感。同学的展示与评讲似乎比老师的讲解来得更为活泼，更能刺激其他同学的好胜心和新鲜感。小组合作成为班级管理和英语课堂的常态，平时的英语课依据内容和课时等具体情况的不同，或多或少

都会开展一些立体交往活动。学生适应了这种方式，也喜欢这种方式，期待有更多类似的活动和展示。

第三阶段这一轮行动研究中的语法填空专题课距离第二阶段行动研究中（高一上学期末）开展的语法填空专题课已经一年多的时间。一年多来，学生在研究者的引导下不断积累语法知识，琢磨语法填空题的设题和解题技巧，在语法知识和语法填空专题方面有了比较扎实的基础。因而，在本次语法填空教学评研专项活动中，研究者突出学生对已学语法知识的梳理，制作语法思维导图，并在课堂上进行分享。在核心素养导向下，将各项语法填空专题教学评研紧密糅合在一起，实现核心素养导向下语法教学评研一体化运作，回归语法教学评研的本真，促进学生的即时学习能力和终身学习能力的提高。

从教学评研共同体的要素、结构及其功能来看，此时的教学评研共同体已经发展到自为阶段，在主体要素及其结构和活动要素及其结构等方面已经显现出一些较为明显的自由发展阶段的特点，而在课程资源的丰富程度及其整合以及培养学生社会参与的核心素养等方面还存在自主阶段的一些特征，有待进一步改进，这也成为后续行动研究进一步努力的方向（见表5-26）。

表5-26 教学评研共同体的基本特征（英语语法填空专题课）

要素	主体要素方面，教师和学生的主体性得到很大的体现，教师和学生都能对自己的教、学、评、研行为进行内省，并自觉转化为自为的行为。客体要素方面，引入和创生了多种不同类型的课程资源。活动要素方面，教、学、评、研各得其所
结构	正式的学习小组已经进入常态化的运行阶段，多极教学评研主体之间各种形式的立体交往随着教学评研活动的推进和需要灵活出现或隐退。课程内容已经得到很大程度的丰富和整合，高考题、师生自身的经验和教学评研内容得到一定程度的统整。教学评研活动相互作用、相互渗透、相互转化，实现了教学评研一体化运作
功能	充分考虑学生的文化基础、自主发展，并以引导学生参与到课堂学习小社会之中的方式增加学生的社会参与，旨在促进人、文化与社会的三重建构

（四）不断延展

在开展了行动研究之后，英语科组的另外两名教师和研究者一起开展语法填空专题教学评研的同课异构活动和改进教学评研共同体实践的探索活动。因为这两位教师的参与，她们两人及其所任教班级融入研究者与研究者所任教班级学生的教学评研共同体，从而形成更大范围内的教学评研共同体。两位老师中的X教师是H中学青蓝工程中的研究者带的一个徒弟，作为一名硕士研究生毕业、参加工作两年多的初级教师，在两年多的教学评研共同体建构研究过程中，她一直跟着研究者观课学习和参与研究。

高三上学期开学不久，X老师在高三（2）班以“知其然知其所以然”为主题，展开建构教学评研共同体的实践探索。① 英语科组的其他教师和研究者一起组成教师共同体，共同参与观课、评课和相关研究。研究者在高二（4）班一般都采用比较传统的模式上课，在建构教学评研共同体的实践探索过程中采用小组合作学习的方式，高二（4）班的学生感到了前所未有的新奇与兴奋，学习非常投入。研究者任班主任的高一（16）班以及后来的高二（16）班、高三（16）班虽然也喜欢这种小组合作学习的方式，但喜欢程度并不如新感受的高三（2）班和高二（4）班的学生那般强烈。这可以说明两个问题：一是，小组合作学习的方式受到学生的欢迎，教学评研效果好；二是，同一种方式用多了，效果也会减弱，因而需要教师根据实际教学评研情境变换使用不同的教学评研策略，以取得更好的教学评研效果。

X老师课堂上体现出来的教学评研共同体特征更偏向自为发展阶段，也带有一些自主发展阶段的特征，教师和学生自主性大大增强，不只是关注高考，而是能够自觉反思自身行为，确立自身的道德标准，跳出高考来看高考，努力将高考备考这一行为变换成全面提高学生核心素养的教学评研一体化活动，但也存在一些学生主体性发挥不够、学习小组活动质量不高等不足之处（见表5-27）。

表5-27　教学评研共同体的基本特征（X语法填空专题课）

要素	主体要素方面，师生的主体性得到充分发挥，学生成为课堂上的主角，但也还有一些学生的主动性发挥不够。客体要素方面，引入和创生了不同类型的课程资源。活动要素方面，在教与学的活动之中，增加了大量的评和研

① 帅飞飞．高中英语教学交往［M］．北京：光明日报出版社，2020：184-192.

续表

结构	建立了正式的学习小组，师生间、生生间出现了各种形式的课堂交往方式，但有些小组的讨论投入程度和讨论质量不够理想。课程资源在一定程度上实现了有机整合，但还没建立起完整的课程体系。教、学、评、研活动实现了一定程度的融合
功能	虽然应试教育的特征还比较明显，但在一定程度上兼顾了学生的文化基础、自主发展和社会参与等核心素养的全面提高，以促进人、文化与社会的三重建构

学生对于建构教学评研共同体新措施的喜欢，也可以从下面的这个实例中得到体现。上完这节公开课后不到半个月，高三第一学期9月底举行了月考。X老师出差，另一位老师Y（中学英语一级教师）代课一个月。这时候，X老师和高三（2）班全体学生组成的教学评研共同体，由于Y老师以与X老师进行专业交流和给高三（2）班全体学生上课等方式介入，变成了更大范围内的教学评研共同体。9月底，Y在这个班采用他习惯的教师讲—学生听、教师问—学生答的传统模式对月考试卷进行评讲，① 课后全班45位学生参与问卷调查，相对于对X的反馈，学生评分明显下降。19位学生填写了问卷结尾部分“我的感受”，从他们所写的内容中，也可以看出学生对这位代课老师传统授课方式的一种被动适应和不疼不痒的喜欢。

两位老师都是英语翻译专业的硕士研究生。X是一位入职3年的新教师，Y则是一位入职11年的中青年教师。X是研究者在学校青蓝工程师徒结对中的徒弟，更多从研究者这里学习和借鉴了很多建构教学评研共同体的策略和实际操作方法，而Y不是研究者组织的研究团队的成员，更多沿用自己习惯的传统授课方式，课堂上的教学评研共同体更多处于自主发展阶段，并表现出一些自在发展阶段的特点。学生对两位老师课堂的种种感受也在一定程度上表明学生对多样化的课堂交往与互动的偏爱，以及对教学评研共同体建构的支持与悦纳。因而，有必要将建构教学评研共同体的实践探索扩展至更多的教师、更多的学生和更多的班级。

首先，将教学评研共同体的建构研究推广至研究者所在的高三英语备课组，在围绕语法填空专题开展同课异构的基础上，高三级全体英语老师参与

① 帅飞飞．高中英语教学交往［M］．北京：光明日报出版社，2020：126-128.

语法填空专题精品课建设，并获得中山市精品课建设二等奖。其次，将教学评研共同体的建构研究逐步推广至H中学所有英语教师，举行了相关主题的校级教研活动。再次，还适当将教学评研共同体的建构研究推广至H中学其他学科教师课堂之中的同时，通过不同学科教师之间的合作开展综合实践活动，并在全校范围内组织学生开展英语综合实践社团活动。最后，通过专题讲座、教师培训等方式，将教学评研共同体的建构研究推广至中山市甚至广东省，研究团队承担了中山市外语新入职教师的培训活动，研究者还多次在省市级教师培训专项讲座中推广相关研究成果。

五、英语综合实践活动课

研究者以及研究者所组织的团队已经在建构教学评研共同体的实践探索中开展了诸多有益的尝试，在提高教师和学生的主体性、建立立体交往的关系网络、挖掘教学评研的活动意涵、实现教学评研一体化运作、促进教学评研目标的达成等方面已经取得了很大进步。但是，在课程资源的进一步开发与整合以及注重培养学生核心素养促进学生全面发展方面还存在诸多可待改进之处，教学评研活动的应试取向还比较明显，还可以进一步打通课堂学习和课外学习、学习与生活以及学校与社会。鉴于教学评研共同体建构的进展状况，在第三轮行动研究中，除研究团队中九门高考科目的科任教师之外，研究者还邀请高二（16）班和后来成为高三（16）班的其他科任教师以及其他一些自愿参与的教师组成教师共同体，融合各学科教学，在高二（16）班高三（16）班及其他自愿参加的班级开展英语综合实践活动，并在全校范围内组织学生开展英语综合实践社团活动，帮助学生打通日常学习与生活，更好地了解和融入当地文化，促进学生、当地文化与社会的共同发展。从在地化教育（Place-Based Education）或在地化学习（Place-Based Learning）理论的视域出发，尝试将中山优秀地方文化、各门学科教学评研活动融入英语综合实践活动之中。

“在人类蔓延、经济全球化和文化同质化的时代，人们与其生活的地方在情感与智力方面的疏远日益严重，而其生活的地方对人们来说具有个人和文化意义上的重要性。"① 为克服这种疏离，早在杜威时代就进行了一系列教育教学探索，并进而于1980年代在北美的环境教育中逐步孕育出在地化教育或在地化的学习理论。地方并不简单地意味着一个地理位置，地方是一个由各种物理的、生物的、社会的、文化的、政治的和历史的因素组成的复杂的生态系统。我们生活在一个物理环境之中，同时也生活在一个由共处一地的我们建构出来的人文环境之中。这些物理和人文环境共同影响身处其中的人们的情感、文化、世界观、生活方式和身份认同。因而，在地化的教育引导学生深入理解其身处其中的地方，包括其独特的历史、环境、文化和经济等等。这些地方包括学生自己的学校、社区、城镇或地区。在地教育强调个体在地方内的责任。当一门课程不只是基于课本，教育就变得对学生有意义了，也能提高对生态和文化的可持续发展来讲至关重要的价值。学生参与在地化的课程学习会对他们的地方依恋与认同产生积极影响，② 从而形成良好的地方感（sense of place），这种人与地方之间动态生态关系的地方感又会反过来促进学生的学习。③

在地化教育将教学评研活动与地方文化融合起来，实现不同程度的内在整合，从而在教授学科概念与基本知识的时候把地方文化作为情境，到大规模多学科认知教学评研活动的重组和融合，以至于地方本身成为探究的主要对象，达成自我以及自我与社区联系的提升。近年来，在地化教育引起了教育领域内的广泛关注，已经大量运用于各种正式和非正式的教育情境之中，

---

① SEMKEN S, BRANDT E A. Implications of sense of place and place-based education for ecological integrity and cultural sustainability in diverse Places [C] //TIPPINS D J, MUELLER M P, EIJCK M, et al, eds. Cultural Studies and Environmentalism. Dordrecht: Springer, 2010: 287-302.

② KUWAHARA J. Impacts of a placed-based science curriculum on student place attachment in Hawaiian and western cultural instructions at an urban high school in Hawaii [J]. International Journal of Science and Mathematics Education, 2012, 11 (1): 191-212.

③ LIM M, BARTON A C. Science learning and a sense of place in a urban middle school [J]. Cultural Studies of Science Education, 2006, 1 (1): 107-142.

产生了各种各样的在地化教育方法。①②③④⑤⑥⑦⑧ 但到目前为止，在地化教育还远未成为主流的方法，尤其是“在交叉学科和跨学科的运用方面还不多见”⑨。

具有交叉学科和跨学科特点的综合实践活动课程的发展与在地化教育理论的发展比较一致。20世纪初，杜威领导的芝加哥大学实验学校按照“做中学”原则开始组织“活动课程”，此后的学科结构运动倡导发现学习，促进了学科课程与“活动课程”的融合。20世纪80年代初以来，各国纷纷开展综合实践活动，跨学科的整合课程受到高度重视。我国从2001年开始实施综合实践活动课程，2002年教育部颁布的《九年义务教育阶段综合实践活动指导纲要》中明确提出学科课程与综合活动课程的融合。⑩ 2017年教育部印发

---

① WELLS R，ZEECE P D. My place in my world：literature for place-based environmental education［J］. Early Childhood Education Journal，2007，35（3）：285-291.

② JOHNSON J T. Place-based learning and knowing：critical pedagogies grounded in indigeneity［J］. Geo Journal，2012，77（6）：829-836.

③ AJAYI L. Investigating effective teaching methods for a place-based teacher preparation in a rural community［J］. Educational Research for Policy and Practice，2014，13（3）：251-268.

④ ZIMMERMAN H T，LAND S M. Facilitating place-based learning in outdoor informal environments with mobile computers［J］. Tech Trends，2014，58（1）：77-83.

⑤ ORMOND C G A，ZANDVLIET D B. Place-based learning environments［C］//TACONIS R，BROK P，PILOT A，eds. Teachers creating context-Based learning environments in science.［C］. Rotterdam：Sense Publishers，2016：41-58.

⑥ BROWN J，GODFREY P. Teaching and learning from within：a placed-based pedagogy for Heartfelt Hope［C］//SHANNON D，GALLE J，eds. Interdisciplinary approaches to pedagogy and place-based education. Cham：Palgrave Macmillan，2017：191-208.

⑦ PARK L. The varieties of place-based education［C］//LANSIQUOT R D，MACDONALD S，eds. Interdisciplinary place-based learning in urban education. Cham：Palgrave Macmillan，2018：17-38.

⑧ MACDONALD S. From local to global：the role of interdisciplinary place-based research in teaching environmental economics［C］//LANSIQUOT R D，MACDONALD S，eds. Interdisciplinary place-based learning in urban education. Cham：Palgrave Macmillan，2018：89-109.

⑨ KLISKEY A，ALESSA L，WANDERSEE S，et al. A science of integration：frameworks，processes，and products in a place-based integrative study［J］. Sustainability Science，2017，12（2）：293-303.

⑩ 教育部．九年义务教育阶段综合实践活动指导纲要［s］. 中华人民共和国教育部，2002.

的《中小学综合实践活动课程指导纲要》中进一步指出："在设计与实施综合实践活动课程中，要引导学生主动运用各门学科知识分析解决实际问题，使学科知识在综合实践活动中得到延伸、综合、重组与提升。学生在综合实践活动中所发现的问题，要在相关学科教学中分析解决，所获得的知识要在相关学科教学中拓展加深。"①

经过20多年的发展，综合实践活动已与基础教育各学段的各门学科实现了一定程度的整合，涌现了一批整合构想与案例，② 但如何与学科教学评研活动有机联系仍是深化综合实践活动课程实施的重点。此外，伴随传承传统优秀文化相关政策的出台，地方文化与综合实践活动课程的关系研究逐渐受到关注，并取得一些可喜的成果。③ 但仍存在整体发展态势欠佳，尤其是博士研究生和一线教师参与研究远远不足等问题。④

研究者曾经担任国际教育资源网（International Education And Resource Network，IEARN）的志愿者，曾于2012年和2013年两次担任国际教育资源网组织的"美国高中生汉语夏令营"的协调员，组织美国高中生到中山市开展研学旅行并来H中学开展文化交流活动。研究者拟再次组织和邀请参加汉语夏令营的美国高中生来中山市旅行和交流。因而，在建构教学评研共同体的实践探索中，研究者围绕"美国高中生研学旅行"，选取中山市开展在地化教育。以中山优秀地方文化为切入点，实现高中各相关学科课程与综合实践活动课程在目标、内容、实施、评估等方面的深度融合，并在全校范围内组织学生开展英语综合实践社团活动，促进中山优秀地方文化融入综合实践活动课程的相关研究，将教学评研共同体拓展到全校甚至延伸到校外。

（一）中山优秀地方文化融入高中英语综合实践活动的教学评研目标

"世界具有整体性，世界的不同构成——个人、社会、自然是彼此交融

① 教育部. 中小学综合实践活动课程指导纲要［s］. 中华人民共和国教育部，2017.

② 季晏莎. 初中生物学课程与综合实践活动的整合研究：以贵阳市进城就业农民子女学校为例［D］. 贵阳：贵州师范大学，2015.

③ 李臣之，张利纯. 我国地方文化与综合实践活动融合研究述评［J］. 课程教学研究，2017（2）：29-35.

④ 吴秋连，李臣之. 地方文化融入国家课程研究述评［J］. 河北师范大学学报（教育科学版），2016（4）：89-94.

的有机整体。”① 教、学、评、研活动涉及个人、社会、自然及其相互关系，教学评研目标也应具有整体性。当前世界范围内备受关注的核心素养代表一系列知识、技能和态度的集合，它们是可迁移的、多功能的，这些素养是每个人发展自我、融入社会及胜任工作所必需的。② 经合组织（OECD）开展“素养的界定与遴选”（DeSeCo）项目，将核心素养体系概括为“人与社会”“人与自己”和“人与工具”三个方面。欧盟（EU）提出八个领域的核心素养，每个领域均由知识、技能和态度三个维度进行描述。我国学者提出的学生发展核心素养基本框架包括文化基础、自主发展、社会参与三个方面六个维度的核心素养，以“全面发展的人”为根本出发点和最终归宿点，包括主体性、社会性和文化性三个方面，三者彼此关联，互为补充、相互影响、互相支撑，形成一个有机的整体。③ 综合实践活动课程理念是基于完整性，追求人与自然、人与社会、人与自我和人与文化关系的协调，其目标是注重学生情感、意志、能力和方法的培养。④ 综合实践活动课程提倡实践、探究、合作、反思等多样化的学习方式，注重知识与经验的整合，注重发展学生的创新精神、实践能力、社会责任感以及良好的个性品质，对学生核心素养的培养具有独特价值。⑤

高中英语综合实践活动是高中英语学科课程与综合实践活动课程一体化的产物。因此，中山优秀地方文化融入高中英语综合实践活动的教学评研目标制定既要参照《普通高中英语课程标准》，也要符合《中小学综合实践活动课程指导纲要》的要求，还要考虑中山优秀地方文化融入高中英语综合实践活动的程度。在当前关注学生核心素养发展的时代背景下，中山优秀文化融入高中英语综合实践活动的教学评研活动应该整合高中英语课程、综合实践

① 钟启泉，崔允漷，张华，主编．为了中华民族复兴为了每位学生的发展：基础教育改革纲要（试行）解读［M］．上海：华东师范大学出版社，2001：73.

② 裴新宁，刘新阳．为21世纪重建教育：欧盟“核心素养”框架的确立［J］．全球教育展望，2013（12）：89-102.

③ 辛涛，姜宇，林崇德，等．论学生发展核心素养的内涵特征及框架定位［J］．中国教育学刊，2016（6）：3-7，28.

④ 李臣之，陈铁成．高中校本课程开发与综合实践活动［M］．天津：天津教育出版社，2005：27.

⑤ 李宝敏．核心素养视域下综合实践活动课程实施现状与对策研究［J］．教育发展研究，2016（18）：46-54.

活动课程的目标要求，注重发展学生的文化基础、自主发展、社会参与等三个方面的核心素养。既要在高中英语学科教学评研活动中注重夯实学生的文化基础，又要在综合实践活动中提升学生的社会参与度，并在中山优秀文化融入高中英语综合实践活动的整个教学评研过程中培养学生自主发展的意识与能力。因此，“美国高中生研学旅行：中山优秀文化体验”的教学评研目标可兼顾中山优秀文化和高中英语综合实践活动，从文化基础、自主发展、社会参与等三个方面六个维度加以整体预设（见表 5-28）。

表 5-28　中山优秀文化融入高中英语综合实践活动的教学评研目标

核心素养		教学评研目标
文化基础	人文底蕴	在真实的语言学习情境中使用英语，掌握英语知识与听说读写看等综合运用英语的能力。并在此过程中继承和发扬孙中山革命文化、中山名人文化、中山美食文化、中山建筑文化和中山民俗文化等优秀文化
	科学精神	用科学的方法探究孙中山革命文化、中山名人文化、中山美食文化、中山建筑文化和中山民俗文化等优秀文化
自主发展	学会学习	综合运用各门学科知识，在真实情境中完成真实任务，解决真实问题。遵循“做中学”原则，在用英语做项目的过程中学会英语和做事。通过实践、探究、发现和体验等开放性学习方式，实现语言学习与语言应用的自然整合，使学生体验到英语学习的成就感，提高学生的英语兴趣及英语学习动机，使学生形成初步的语言综合运用能力
	健康生活	在学习和做项目的过程中，发挥学生主动获得知识和信息的能力，养成主动获得信息的学习习惯和主动探究的态度，发展信息素养、探究能力，学会过理性、平衡、和谐、健康的生活
社会参与	实践创新	对孙中山革命文化、中山名人文化、中山美食文化、中山建筑文化和中山民俗文化等优秀文化的继承和发扬做出新的理解和贡献
	责任担当	有用英语在国内外发展孙中山革命文化、中山名人文化、中山美食文化、中山建筑文化和中山民俗文化等优秀文化的使命感和担当意识

（二）基于英语单元的中山优秀文化综合实践活动主题

综合实践活动“强调内容的整合”，世界是“整体的世界”，学生个性是

"整体的个性"，促进学生发展的活动应是"整体的"。综合实践活动主题的选择要从"整体"上考虑，包括学生本人、社会生活和自然世界，体现个人、社会、自然的内在整合。① 中山优秀文化融入高中英语综合实践活动的主题确定要考虑中山优秀文化和人教版高中英语教材中的单元话题等两个方面的因素，实现二者的深度融合。一方面，关于中山优秀文化。"地方文化是地方的人们在历史中形成的长期稳定的生活文化"②，具有地域性、亲缘性、潜在性和嬗变性。③ 地方优秀文化则是指地方文化中优秀的部分。中山优秀文化突出表现为中山作为岭南文化代表的香山文化、孙中山革命文化、海蚀文化遗址、美食文化、沉香种植文化、民俗文化、商业艺术文化等。另一方面，关于人教版高中英语教材之单元话题。人教版高中英语教材共 11 个模块，每个模块共 5 个单元，分别涉及 5 个不同的话题，共 55 个话题。以学生的经验、社会实际和社会需要为核心，深度融合中山优秀文化和高中英语教材之单元话题，可形成诸多文化主题（见表 5-29），以此开展丰富多样的实践性、开放性的高中英语综合实践活动。

表 5-29 中山优秀文化融入高中英语综合实践活动的文化主题

模块	单元	话题	中山优秀地方文化
Book 1	Unit 2	English around the World	中山方言
Book 1	Unit 3	Travel Journal	中山旅游文化
Book 1	Unit 5	Nelson Mandela - A Modern Hero	孙中山革命文化
Book 2 Book 8	Unit 1 Unit 5	Cultural Relics Meeting your Ancestors	香山文化 海蚀文化遗址
Book 2	Unit 5	Musician	香山民俗文化，如：沙田的高棠歌、咸水歌和大罾歌，五桂山区客家山歌和沙溪的鹤歌

① 李臣之，陈铁成．高中校本课程开发与综合实践活动［M］．天津：天津教育出版社，2005：41.

② 李臣之，王虹，董志香．地方文化的课程价值刍议［J］．教育科学研究，2014（9）：61-66.

③ 李臣之，张利纯．我国地方文化与综合实践活动融合研究述评［J］．课程教学研究，2017（2）：29-35.

续表

模块	单元	话题	中山优秀地方文化
Book 2 Book 8 Book 9	Unit 2 Unit 1 Unit 4	Wildlife Protection A Land of Diversity Exploring Plants	中山动植物文化（如：沉香种植文化）
Book 3	Unit 1	Festivals around the World	中山地方节日文化（如：飘色）
Book 3	Unit 2	Healthy Eating	中山美食文化（如：石岐乳鸽、杏仁饼、浪网水鸭、黄圃腊肠等）
Book 4	Unit 1	Women of Achievement	宋庆龄在中山
Book 4	Unit 5	Theme Parks	中山公园文化
Book 5	Unit 4	Making the News	中山新闻传播文化
Book 6	Unit 1	Art	中山艺术（如：古镇灯饰、小榄菊展、大涌红博会等）

研究者选择“美国高中生研学旅行：中山优秀文化体验”为主题，开展中山优秀文化融入高中英语综合实践活动的教学评研活动，理由主要有两点：

其一，我们曾邀请参加由美国国务院（The U. S. Department of State）和教育与文化事务局（Bureau of Educational and Cultural Affairs）授予资金并由国际教育资源网承办的“美国国家安全语言倡议——青年项目（National Security Language Initiative - Youth，NSLI-Y）”的美国高中生来 H 中学交流，在各种破冰游戏、口语会话、音乐表演和美术创作活动中，围绕“My Hometown”展开了各种文化交流与分享，并组织美国学生参观中山故居、咀香园工业区和得能湖等旅游景点。① 还曾组织 H 中学学生注册国际教育资源网，与来自世界 100 多个国家的中小学生一起开展在线项目学习与合作交流。可以将“美国高中生研学旅行：中山优秀文化体验”教学评研过程中及其后生成的一些相关 PPT、WORD 文档、视频等上传至国际教育资源网，与来自其他国家的中学生展开在线分享与交流。此外，还可以继续邀请参与下一届 NSLI-Y 项目的美国高中生来中山开展研学旅行，体验中山优秀文化，增加

① 黄文高．中美高中生分享家乡之美［N］．南方日报，2012-08-09（4）．

了相关教学评研活动的真实性、综合性、生活性、实践性、趣味性和情境性。

其二，根据高中英语综合实践活动课程的内涵，优秀地方文化融入高中英语综合实践活动的教学评研活动必须以英语教材为依托，以英语为主要载体，以英语教师为主要指导者，提高学生的英语综合能力和核心素养。“高中综合实践课程内容不等于学科化知识，它是以经验和及时信息为主体的内容综合体”①。在选择中山优秀文化融入高中英语综合实践活动的教学评研主题时，需要结合高中英语学科中的知识内容与中山优秀文化，以中山优秀文化和人教版高中英语教材中的共同主题为切入点。如：人教版高中英语教材模块一第三单元的话题是“Travel Journal”，与中山优秀文化融合，可以生成“中山优秀旅游文化”的主题，实现中山优秀文化、高中英语课程和综合实践活动课程的深度融合。

（三）基于中山优秀文化体验活动的教学评研过程

综合实践活动“强调学习方式的整合”。学生的生活由个人、社会、自然等基本要素及其间相互关系构成。学生通过处理这些复杂关系，实现自身发展。学生处理这些关系的过程，实质上也就是应用已有经验和知识解决一系列问题的过程，其间，学生对活动方式的有机整合，包括恰当地选择和有效地应用各种学习方式，直接关系到学生解决问题的效率。② 中山优秀文化融入高中英语综合实践活动的综合性与实践性客观上规定了其实施方式也应该是综合性的、实践性的，需要以英语教师为主要指导者，联合高中各学科教师，组织学生开展“美国高中生研学旅行：中山优秀文化体验”的文本学习与综合实践活动，促进学生综合能力的提高与全面发展。

1. 学科教材内容的学习

鉴于教、学、评、研活动的实质是中山优秀文化融入高中英语综合实践活动，因而首先需要系统学习人教版英语教材中第一模块第三单元的话题——Travel Journal（旅游日志），主要是通过旅游日志的方法描述旅行见

① 李臣之，陈铁成．高中校本课程开发与综合实践活动［M］．天津：天津教育出版社，2005：90.

② 李臣之，陈铁成．高中校本课程开发与综合实践活动［M］．天津：天津教育出版社，2005：42.

闻。教学评研内容如表 5-30 所示。

表 5-30 模块一第三单元的教学评研内容汇总表

单元组成部分	教学评研内容
热身（Warming up）	让学生想象自己住青海，要去东南亚旅游。要求他们选择三个不同的地方并查出不同交通方式及所需费用。讨论交流
读前（Pre-reading）	讨论两个问题，引导学生向阅读过渡
阅读（Reading）	"湄公河旅行游记"的第一部分，讲述王坤和王薇梦想沿湄公河骑行，并为之准备的过程
理解（Comprehending）	让学生回答问题和填写表格，提高学生对文章细节的把握和阅读理解能力
语言学习（Learning about language）	学习和运用主要词汇和主要语法项目（现在进行时表将来）
语言运用（Using language）	含四个方面的综合训练部分。Reading and speaking 是"湄公河旅行游记"的第二部分；Listening 围绕中心话题，讲述王坤和王薇在去往大理与表兄会面的路上和一个老挝女孩的对话；Reading and writing 先让学生了解 diary 和 journal 的区别，通过找出课文中的 real 和 unreal things，加深对课文的理解，然后要求学生围绕话题写一封短信；练习册中 Listening，Listening task 和 Reading task 中的语篇分别是"湄公河旅行游记"的第四、五、六部分
小结（Summing up）	引导学生从本单元的话题、词汇和语法等方面对所学内容进行总结
学习建议（Learning tip）	鼓励学生外出旅游时写旅游日志（Travel journal）

依据这些教学评研内容，参考高中英语新课程标准以及人教社配套的教师教学用书，可以归纳出第三单元所涉及的要点包括以下五个方面：1. 了解旅游所需要的准备工作，其中包括物质准备与精神准备；2. 掌握旅游常识，学会解决旅游中出现的一些问题；3. 掌握运用本单元出现的新词汇；4. 学会向别人告别和表达祝愿；5. 掌握运用现在进行时表将来的用法。这是在教材文本学习的过程中需要一一达成的教学评研目标。

与此同时，任教相同班级的英语教师与地理、语文、历史和政治等其他学科老师等沟通和协商，其他老师也教授与旅游和中山优秀文化有关的内容。如：地理老师讲授人教版教材地理选修模块之旅游地理的相关内容，历史老师讲解中山的历史，政治老师介绍中山相关政治文化，语文老师讲解调研报告的写作技能，等，让学生理解和掌握相关知识与技能，为后续英语综合实践活动的开展做好充分准备。

2. 英语综合实践活动的开展

按照活动开展的逻辑顺序和阶段性特点，中山优秀文化融入高中英语综合实践活动的实施过程可以分为三个阶段。

首先，班上 2 名学生做主持人，其余同学分成 5 人一组的 10 个小组，小组内成员分工合作，从高二上学期寒假开始，用四个月左右的时间开展英语综合实践活动。尽可能运用英语教材相关单元和其他相关学科所学知识与技能，促进英语单元教学评研目标的达成以及学生核心素养之文化基础、自主学习与社会参与等综合素养的整体提高。以英语为载体，共同完成“美国高中生研学旅行：中山优秀文化体验”计划，包括交通、住宿、景点、路线、具体时间和费用等，将综合实践活动成果整理成 PPT、WORD 文档、视频或者实物手册等作品。在此过程中，英语教师是主要指导者。除邀请本班地理、语文、历史和政治等教师在教学评研活动和综合实践活动中给予学生切实的支持之外，英语教师还邀请了数学、物理、化学、生物、信息技术等几乎所有学科的教师为学生提供必要的帮助。学生在开展英语综合实践活动的过程中遇到困难或疑惑，都可以向这些教师请教。4 月底，在课堂上分享和交流活动成果。由两名学生主持，语文、英语、数学、政治、历史、地理、物理、化学和生物等学科的 13 名教师参与听课，对课堂进行实录，并采用专门表格做专业的观课记录，并对听课教师和本班学生进行课后问卷调查和个别访谈。这种以学生的兴趣和爱好以及地区的实际情况为基础的跨学科综合实践活动，通过学生主体性的、创造性的体验，完成某一课题，获得了很好的学习效果。① 深受学生的喜欢，学生学习兴趣和学习动机得到提高，学生核心素养得到一定程度提高，但也反映出一些问题。如：学生之间的旅行计划大同小异、课堂分享和交流时间不够等等。

其次，针对第一阶段中取得的成果和出现的问题，组织各科教师和学生共同协商，将另外一个班学生分成 5 个组，分别聚焦孙中山革命文化、中山

---

① 李芒．论综合实践活动课程与教师的教学能力［J］．教育研究，2002（3）：63-67.

名人文化、中山美食文化、中山建筑文化和中山民俗文化等优秀文化，给学生 2 个月时间开展综合实践活动。之后在课堂上展示交流。2 名学生主持，每个小组依次展示，英语和地理教师做适当点评。同样对课堂进行专业听评课，伴随课后问卷调查和个别访谈。改进后的英语综合实践活动使得学生对中山优秀文化的探究更为深入，增加了他们实践、分享、交流和评析的时间，有利于中山优秀文化、高中英语教学评研和综合实践活动的深度融合以及学生发展核心素养的整体提高。

最后，英语教师和其他学科教师对学生作品做进一步指导之后，组织学生将他们的作品（包括 PPT、WORD 文档、照片、视频或者实物手册等）上传至国际教育资源网，与其他国家的学生展开相关主题的交流。分享交流之后，学生会受到新的启发，据此进一步完善他们的“美国高中生研学旅行：中山优秀文化体验”计划，需要的时候可以向各科教师寻求帮助，包括信息技术方面的支持。最后将完善之后的研学旅行计划发给即将来华参加 NSLI-Y 项目的美国高中生，让他们评点和选择他们的研学旅行计划，或选择其中最佳的一份旅行计划，或整合几份形成新的旅行计划，并据此来组织和安排他们“中山优秀文化体验”的研学旅行活动。由参与本次中山优秀文化融入高中英语综合实践活动的教师和学生组织本次活动。并将活动情况整理成各种形式的资料，上传至国际教育资源网，和其他国家和地区的中小学生分享与交流。

（四）为促进学生全面发展的多元评估

“综合实践活动是超越了传统课程的教学—学科、课堂—评分的束缚，使学生置身于活生生的现实的学习环境中，综合地习得现实社会及未来社会所需要的知识、能力、态度的一种课程编制生成模式。”① 对中山优秀文化融入高中英语综合实践活动之“美国高中生研学旅行：中山优秀文化体验”教、学、评、研活动的评估也应超越单一的评估模式，从评估主体和评估方式等方面实现评估的多元化，以促进英语学科教学评研目标、其他学科的教学评研目标以及学生核心素养的整体提高，促进学生的全面发展。

1. 评估主体多元化

---

① 钟启泉．综合实践活动：涵义、价值及其误区［J］．教育研究，2002（6）：42-48.

综合实践活动课程是一门国家规定的必修课程。学校是综合实践活动课程绩效评估的主体，地方也承担着评估综合实践活动课程绩效的责任，① 国家也将学生参与综合实践活动的质与量作为高校录取的一项重要参考指标。除了需要顾及这些中观和宏观的评估主体之外，对中山优秀文化融入高中英语综合实践活动之“美国高中生研学旅行：中山优秀文化体验”教、学、评、研活动的评估更注重促进学生学习的学本评估。学本评估强调学习是第一位的②，学习因素比测量因素更为重要③，这客观上决定了参与综合实践活动过程的多极教学评研主体都是评估主体。

第一类评估主体是参与活动的每一位教师，包括任课的英语教师、地理教师、语文教师、其他相关任课教师以及其他观课和参与活动指导的教师。教师对学生各门学科的学习和综合实践活动实施过程与结果进行全面评估。各科教师使用各种正式和非正式的评估工具对学生进行各种正式和非正式的评估，既有单科教师就本学科学习对学生进行的单独评估，也有各科教师就综合实践活动对学生进行的集体评估。这种权威性的评估会给学生一定的导向和激励作用，在一定程度上保证和提升本次综合实践活动的整体效果。

第二类评估主体是参与活动的每一位学生。学生运用各种工具就综合实践活动展开多种形式的自我评估和同伴互评。如在课堂展示环节中，每一小组展示完之后，主持人都会问以下问题：如果你是一名美国高中生，本次旅行给你印象最深的是什么？为什么？对于改进本次旅行，你有什么建议？所有小组展示完之后，全班同学会评选出一个最佳学习小组、一份最佳旅行方案、最佳 PPT 制作、最佳导游等。这种同伴互评的方式会开启同伴之间的讨论及其小组同学的自我反思，从而提高学生的学习兴趣，改进彼此的学习实践。

第三类评估主体是国际教育资源网上其他国家和地区的中小学教师和学

---

① 李臣之，陈铁成．高中校本课程开发与综合实践活动［M］．天津：天津教育出版社，2005：198.

② CARLESS D. Learning－oriented assessment：conceptual bases and practical implications［J］. Innovations in Education and Teaching International，2007，44（1）：57-66.

③ CARLESS D，JOUGHIN G，MOK M M C. Learning－oriented assessment：principles and practice［J］. Assessment and Evaluation in Higher Education，2006，31（4）：395－398.

生。本次中山优秀文化融入高中英语综合实践活动之“美国高中生研学旅行：中山优秀文化体验”教学评研活动中学生制作的相关资料以及美国高中生来中山交流与参观的各种资料，可以一并传至国际教育资源网，和参与在线共同学习的其他国家和地区的师生进行交流分享，他们的反应与交流可以被视为对本次综合实践活动的真实性的评估（authentic assessment），能在一定程度上促进学生提高学习和活动的质量。

最后一类评估主体是美国高中生。可以邀请美国高中生来校做文化交流，并来中山做体验中山优秀文化的研学旅行。交流之前，先让学生把自己制作的相关研学计划和材料发给美国高中生，让他们评选出最佳旅行方案，并从中选出一些他们想参观的景点和线路，被选中的研学旅行计划制定者顺理成章地成为美国高中生来校交流活动以及此后中山优秀文化研学体验之旅的组织者和导游。这种真实的情境性评估会给参与综合实践活动的学生以极大的动力和激励，鼓舞他们全身心投入活动之中。

2. 评估方式的多样化

我国课程改革与研究学习为本的趋势日益凸显，越来越彰显学习为本的学本评估。① 评估方式分为对学习的评估（assessment of learning）、为了学习的评估（assessment for learning）和作为学习的评估（assessment as learning），对中山优秀文化融入高中英语综合实践活动之“美国高中生研学旅行：中山优秀文化体验”进行评估时，可以综合采用学本评估的三种方式。

首先，可以实施对学习的评估，对英语及其他相关学科教材文本的学习以及对综合实践活动的过程和效果进行直接评估，以确认文本学习和综合实践活动所达成的效果。如：采用纸笔测验和书面作业等评估工具，直接检测学生对人教版高中英语教材第一模块第三单元的词汇、语法等基本项目的掌握情况，为后续综合实践活动的展开打好扎实的文化基础。还有对学生综合实践活动的具体成果采用表格和核查单等评估工具，检测学生在综合实践活动的准备、情境分析、实施过程和目标达成等方面的成果及其存在的问题。

其次，也可以展开为了学习的形成性评估。在文本学习和综合实践活动

---

① 曾文婕，黄甫全．课程改革与研究的新动向：彰显学习为本 [J]. 课程．教材．教法，2013（7）：3-10.

过程中，及时发现学生学习和综合实践活动中存在的问题，对学生学习和综合实践活动给予及时的反馈，以促进学生的后续学习和综合实践活动的推进。如：将文本学习过程中通过纸笔测验和书面作业等方式得到的结果及时反馈给学生，还将综合实践活动中通过表格和核查单检测等方式得到的结果及时反馈给学生，进一步引导学生想办法发现问题、分析原因和找到对策，推动文本学习和综合实践活动不断往前发展。

最后，还可以采用作为学习的评估。学本评估的核心理念是平衡和处理教学、学习和评估之间的关系，使评估不再是外在于教与学的活动，而是内在于教与学的活动，促进教与学，尤其是学生的即时学习和终身学习。因而超越教学、学习和评估的分离状态最好的办法是把学本评估真正整合到教学与学习之中，实现教—学—评一致性，通过学本评估的方式评估学生参与的中山优秀文化融入高中英语综合实践活动之“美国高中生研学旅行：中山优秀地方文化体验”的教学评研活动。如：在文本学习和综合实践活动过程中，师生之间、学生与学生之间的谈论与交流，作为不断反馈、反思和改进学习与活动的过程。既是学习与活动的过程，也同时是教师对学生、学生对同学以及学生对自己不断评估的过程，通过师生共同研究的推动与黏合作用，将评估融入教与学之中，教、学、评、研四位一体，以一种合力的方式，共同促进学生核心素养的提高和学生的全面发展。

所有共同在场的多极评估主体坚持学本评估的理念，为了学生的学习和发展，采用不同的评估方式，从不同的方面、不同的视角对“美国高中生研学旅行：中山优秀文化体验”的教学评研活动进行全面客观的评估，以促进中山优秀文化融入高中英语综合实践活动的深度与广度，在中山优秀文化、学科课程和综合实践活动的深度融合中促进学生的全面发展。

本次英语综合实践活动中体现出来的教学评研共同体特征基本上处于自为发展阶段，并在很大程度上体现出自由发展阶段的基本特征。教师和学生的主体地位得到彰显，多学科教师、学生、社会人士、美国高中生等多极主体之间形成了紧密联系，课程资源得到很大程度的丰富和整合，连接了课堂与社会，打通了学习与生活，学生的综合能力得到锻炼、核心素养得到全面培育（见表5-31）。

表 5-31 教学评研共同体的基本特征（英语综合实践活动）课

要素	主体要素方面，师生的主体地位得到彰显，主体性得到充分发挥，教学评研活动成为师生生活和生命化的一种形式。客体要素方面，引入和创生了丰富多样的、多学科的课程资源。活动要素方面，教、学、评、研活动各得其所
结构	建立了正式的学习和实践小组，多学科教师、学生、社会人士和美国高中生之间展开的各种形式的交往形式适时灵活地呈现与转换。国家课程、地方课程和校本课程资源在综合实践活动中实现了有机整合，形成了比较完整的课程体系。教、学、评、研活动有机融合，基本上实现了一体化
功能	全面关注知识与技能、过程与方法、情感态度与价值观等不同维度的教学评研目标，在很大程度上兼顾了学生的文化基础、自主发展和社会参与等核心素养的全面提高，很大程度上实现了人、文化与社会的三重建构

六、反思

从教学评研共同体的要素、结构和功能维度来看，这一阶段的教学评研共同体已经处于自为发展阶段，并且在诸多方面呈现出自由阶段的一些基本特征。主体要素及结构方面，教师和学生的主体地位得到彰显，师生的主体性得到充分发挥，教学评研主体之间已经形成立体丰富的交往网络；客体要素及其结构方面，各种不同课程资源得到充分开发与利用，不同课程资源之间整合程度比较高，形成了比较合理的课程体系；在活动要素及其结构方面，教学评研活动各得其所，四维互动，实现了教学评研一体化运作；在功能方面，学生的文化基础、自主发展和社会参与都得到了重视，在很大程度上实现了人、文化与社会的三重建构。但是还依然存在一些需要进一步建构的地方。如：还没有建立起科学系统的本校课程体系。这需要在后期相关研究中加以完善。①

（部分内容原刊于《当代教育与文化》2021 年 6 期，有改动。）

① 帅飞飞，李臣之. 美国高中生的中山文化体验：以英语综合活动为例［J］. 当代教育与文化，2021（6）：48-53，92.

主要参考文献

一、中文专著

[1] 艾斯奎斯．第 56 号教室的奇迹 [M]．卞娜娜，译．北京：中国城市出版社，2009.

[2] 布伯．我与你 [M]．陈维纲，译．北京：商务印书馆，2015.

[3] 杜威．民主主义与教育 [M]．王承绪，译．北京：人民教育出版社，1990.

[4] 杜威．人的问题 [M]．傅统先，邱椿，译．南京：江苏教育出版社，2006.

[5] 哈蒂．可见的学习：最大程度地促进学习 [M]．教师版．金莺莲，洪超，裴新宁，译．北京：教育科学出版社，2015.

[6] 海德格尔．存在与时间 [M]．陈嘉映，王庆节，译．北京：生活·读书·新知三联书店，2014.

[7] 赫尔巴特．普通教育学、教育学讲授纲要 [M]．李其龙，译．杭州：浙江教育出版社，2002.

[8] 黑格尔．精神现象学：上卷 [M]．贺麟，译．北京：商务印书馆，1962.

[9] 黑格尔．小逻辑 [M]．贺麟，译．北京：商务印书馆，1980.

[10] 怀特海．教育的目的 [M]．庄莲平，王立中，译注．上海：文汇出版社，2012.

[11] 霍普．个人主义时代之共同体重建 [M]．沈毅，译．杭州：浙江大学出版社，2009.

［12］卡西尔．人论［M］．李琛，译．北京：光明日报出版社，2009.

［13］凯利．失控：全人类的最终命运和结局［M］．张行舟，等译．北京：电子工业出版社，2016.

［14］康德．论教育学［M］．赵鹏，何兆武，译．上海：上海人民出版社，2005.

［15］康德．实用人类学［M］．邓晓芒，译．重庆：重庆出版社，1987.

［16］夸美纽斯．大教学论［M］．傅任敢，译．北京：教育科学出版社，1999.

［17］李臣之，陈铁成．高中校本课程开发与综合实践活动［M］．天津：天津教育出版社，2005.

［18］马克思，恩格斯．马克思恩格斯全集：第42卷［M］．北京：人民出版社，1979.

［19］马克思，恩格斯．马克思恩格斯全集：第3卷［M］．北京：人民出版社，1979.

［20］马克思，恩格斯．马克思恩格斯选集：第1卷［M］．北京：人民出版社，1995.

［21］马斯洛．动机与人格［M］．许金声，等译．北京：中国人民大学出版社，2007.

［22］米德．心灵、自我和社会［M］．霍桂桓，译．北京：北京联合出版公司，2014.

［23］帕尔默．教学勇气：漫步教师心灵［M］．吴国珍，等译．上海：华东师范大学出版社，2014.

［24］舍恩．反映的实践者：专业工作者如何在行动中思考［M］．夏林清，译．北京：教育科学出版社，2007.

［25］圣吉．第五项修炼：实践篇（下）［M］．张兴，等译．北京：中信出版社，2011.

［26］帅飞飞．高中英语教学交往［M］．北京：光明日报出版社，2020.

［27］泰勒．课程与教学的基本原理［M］．罗庚，张阅，译．北京：中国轻工业出版社，2008.

［28］滕尼斯．共同体与社会：纯粹社会学的基本概念［M］．林荣元，译．北京：北京大学出版社，2010.

［29］涂尔干．社会分工论［M］．渠东，译．北京：生活·读书·新知三联书店，2000.

［30］维特根斯坦．维特根斯坦与维也纳学派［M］．徐为民，孙善春，译．北京：商务印书馆，2015.

［31］温格．实践社团：学习型组织知识管理指南［M］．边婧，译．北京：机械工业出版社，2003.

［32］吴明隆．结构方程模型：AMOS 的操作与应用［M］．重庆：重庆大学出版社，2010.

［33］休谟．人性论［M］．关文运，译．北京：商务印书馆，1980.

［34］亚里士多德．尼各马可伦理学［M］．廖申白，译注．北京：商务印书馆，2003.

［35］伊列雷斯．我们如何学习：全视角学习理论［M］．孙玫璐，译．北京：教育科学出版社，2010.

［36］张广君．教学本体论［M］．兰州：甘肃教育出版社，2002.

［37］佐藤学．教师的挑战：宁静的课堂革命［M］．钟启泉，陈静静，译．上海：华东师范大学出版社，2012.

［38］佐藤学．静悄悄的革命：课堂改变，学校就会改变［M］．李季湄，译．北京：教育科学出版社，2014.

［39］佐藤学．课程与教师［M］．钟启泉，译．北京：教育科学出版社，2012.

［40］佐藤学．学习的快乐——走向对话［M］．钟启泉，译．北京：教育科学出版社，2004.

［41］佐藤学．学校的挑战：创建学习共同体［M］．钟启泉，译．上海：华东师范大学出版社，2010.

［42］佐藤学．学校见闻录：学习共同体的实践［M］．钟启泉，译．上海：华东师范大学出版社，2014.

二、中文期刊

[1] 崔允漷，雷浩．教—学—评一致性三因素理论模型的建构［J］．华东师范大学学报（教育科学版），2015（4）．

[2] 崔允漷，夏雪梅．“教—学—评一致性”：意义与含义［J］．中小学管理，2013（1）．

[3] 崔允漷，夏雪梅．试论基于课程标准的学生学业成就评价［J］．课程．教材．教法，2007（1）．

[4] 黄步军，汤涛．师生共同体：良好师生关系新模式［J］．教育理论与实践，2021（17）．

[5] 黄山，刘丽丽．教—学—评一致性：课堂研究与教学的新动向——第十二届上海国际课程论坛综述［J］．教育发展研究，2014（22）．

[6] 蒋银华．目标导向下“教—学—评一致性”的课堂设计［J］．中小学管理，2013（1）．

[7] 李臣之，帅飞飞．深圳市中小学教师参与校本课程开发行为意向的调查研究［J］．课程．教材．教法，2010（4）．

[8] 李臣之，王虹，董志香．地方文化的课程价值刍议［J］．教育科学研究，2014（9）．

[9] 李洪修，丁玉萍．基于虚拟学习共同体的深度学习模型的构建［J］．中国电化教育，2018（7）．

[10] 李明照．教学评一致性实施三策略［J］．中国教育学刊，2020（11）．

[11] 蔺海沣，杨柳，王昕也．课堂教学共同体建构：从“共存”走向“共生”［J］．教育理论与实践，2018（29）．

[12] 刘光余，邵佳明，董振娟．课堂学习共同体的构建［J］．中国教育学刊，2009（4）．

[13] 莫慕贞．利用自主学习导向评估框架变革评价：理论基础［J］．考试研究，2012（4）．

[14] 莫慕贞．利用自主学习导向评估框架变革评价：实施工具［J］．

考试研究，2013 (1).

[15] 潘洪建，仇丽君．学习共同体研究：成绩、问题与前瞻 [J]. 当代教育与文化，2011 (3).

[16] 潘洪建．“学习共同体”相关概念辨析 [J]. 教育科学研究，2013 (8).

[17] 裴新宁．“学习者共同体”的教学设计与研究：建构主义教学观在综合理科教学中的实践之一 [J]. 全球教育展望，2001 (3).

[18] 乔雪峰，卢乃桂．跨边界能量再生与扩散：跨校专业学习共同体中的教育能动者 [J]. 教育发展研究，2017 (24).

[19] 帅飞飞，李臣之．教育研究在美国：地位演变及其启示 [J]. 全球教育展望，2018 (9).

[20] 帅飞飞，李臣之．美国高中生的中山文化体验：以英语综合活动为例 [J]. 当代教育与文化，2021 (6).

[21] 帅飞飞，李臣之．米德符号互动理论的教学意蕴 [J]. 教育理论与实践，2017 (7).

[22] 帅飞飞，李臣之．中学教师对新课改认同感的调查研究 [J]. 全球教育展望，2009 (5).

[23] 帅飞飞，李臣之．中学教师课堂教学交往行为意向的调查研究 [J]. 教育研究与实验，2011 (6).

[24] 帅飞飞，吴祥明，邱日春．高中师生对课堂教学交往的看法 [J]. 教育理论与实践，2010 (2).

[25] 帅飞飞．教育公平视角下的小组合作学习 [J]. 课程教学研究，2019 (11).

[26] 帅飞飞．课堂教学交往的方式、原则与合理化途径 [J]. 教学与管理，2009 (36).

[27] 帅飞飞．依据学生个性巧妙处理早恋问题 [J]. 广东教育（综合版），2020 (4).

[28] 宋晔，刘光彩．师生共同体的伦理审视 [J]. 东北师大学报（哲学社会科学版），2020 (2).

[29] 屠锦红，潘洪建．大班额“有效教学”的困境与出路：基于学习共同体的视域 [J]．课程．教材．教法，2011 (11).

[30] 王明娣，魏阿娟．走向深度学习的课堂共同体：内涵、结构与运行机制 [J]．课程．教材．教法，2022 (11).

[31] 王明娣．课堂学习共同体的理论建构及特征研究 [J]．当代教育与文化，2018 (3).

[32] 文军萍，陈晓端．超越课堂：课程学习共同体的建构 [J]．课程．教材．教法，2017 (4).

[33] 文军萍．学习共同体研究热点领域与发展趋势：基于 2003 年—2015 年 CNKI 核心期刊文献的共词可视化分析 [J]．山东高等教育，2016 (10).

[34] 吴康宁，程晓樵，吴永军，等．课堂教学的社会学研究 [J]．教育研究，1997 (2).

[35] 吴秋连，李臣之．地方文化融入国家课程研究述评 [J]．河北师范大学学报 (教育科学版)，2016 (4).

[36] 吴晓亮．课堂现场的“教—学—评一致性”：以“解决问题的策略——替换”一课的教学为例 [J]．中小学管理，2013 (1).

[37] 夏正江．迈向课堂学习共同体：内涵、依据与行动策略 [J]．江苏教育研究，2008 (11).

[38] 杨季冬，王后雄．论“素养为本”的“教、学、评”一致性及其教学实现 [J]．教育科学研究，2022 (11).

[39] 尹弘飚，靳玉乐，马云鹏．教师认同感的结构方程模型 [J]．教育研究与实验，2008 (3).

[40] 于丽萍，蔡其全．义务教育阶段大概念教学研究：教学评一致性区域探索 [J]．教育理论与实践，2022 (14).

[41] 袁丽．“学校学习共同体”理念在亚洲的发展及实践经验 [J]．比较教育研究，2016 (1).

[42] 曾文婕，黄甫全，余璐．评估促进学习何以可能：论新兴学本评估的价值论原理 [J]．教育研究，2015 (12).

[43] 曾文婕，黄甫全．课程改革与研究的新动向：彰显学习为本［J］．课程．教材．教法，2013（7）．

[44] 曾文婕，黄甫全．学本评估：缘起、观点与应用［J］．课程．教材．教法，2015（6）．

[45] 张广君．本体论视野中的教学演化：一种新的教学史观［J］．教育研究，2002（11）．

[46] 张广君．教学存在的发生学考察：一个新的视角［J］．教育研究，2002（2）．

[47] 张广君．生成论教学哲学的核心观点［J］．当代教育与文化，2012（2）．

[48] 张菊荣．“教—学—评一致性”给课堂带来了什么？［J］．中小学管理，2013（1）．

[49] 张立兵．科学命题促教学评一致性落地［J］．中国教育学刊，2020（11）．

[50] 赵健．从学习创新到教学组织创新：试论学习共同体研究的理论背景、分析框架与教学实践［J］．教育发展研究，2004（Z1）．

[51] 郑葳，李芒．学习共同体及其生成［J］．全球教育展望，2007（4）．

[52] 周建国．变革教研活动，让“教—学—评一致性”思想落地生根［J］．中小学管理，2013（1）．

三、中文论文

[1] 陈伟．终身教育共同体研究：基于“高校—社区”互动的模式［D］．上海：华东师范大学，2020．

[2] 崔迪．美国早期教育教师专业学习共同体研究［D］．长春：东北师范大学，2017．

[3] 金琳．学习共同体中教师研究者成长案例研究［D］．苏州：苏州大学，2016．

[4] 刘燕飞．组织行为学视角下合作学习共同体研究［D］．济南：山东师范大学，2016．

[5] 刘子恒. 非正式学习共同体知识共享机制研究 [D]. 武汉：华中师范大学，2012.

[6] 吕寿伟. 从排斥到承认：教育共同体的伦理生活研究 [D]. 南京：南京师范大学，2012.

[7] 毛景焕. 平等体验的生成与班级教学共同体 [D]. 南京：南京师范大学，2004.

[8] 王明娣. 普通高中课堂学习共同体的建构及策略研究 [D]. 兰州：西北师范大学，2016.

[9] 王书林. 任务导向的分布式学习共同体研究 [D]. 重庆：西南大学，2013.

[10] 谢泉峰. 基于网络学习空间的混合式学习共同体构建研究 [D]. 长沙：湖南师范大学，2018.

[11] 张国强. 西方大学教师共同体历史发展研究 [D]. 济南：山东师范大学，2018.

[12] 张荣伟. 教育共同体及其生活世界改造：从"新基础教育""新课程改革"到"新教育实验" [D]. 苏州：苏州大学，2006.

[13] 赵健. 网络环境下城乡互动教师学习共同体构建与运行研究 [D]. 兰州：西北师范大学，2011.

四、英文文献

[1] RETALLICK J, COCKLIN B, COOMB K. Learning communities in education: issues, strategies and contexts [M]. New York: Taylor & Francis Croup, 1999.

[2] TANG Q, et al. Rethinking education: towards a global common good? [M]. Paris: UNESCO, 2015.

[3] DEWEY J. Democracy and education: an introduction to the philosophy of education [M]. New York: The Macmillan Company, 1964.

[4] FAURE E. Learning to be: the world of education today and tomorrow [M]. Paris: UNESCO, 1972.

[5] SADLER D R. Formative assessment and the design of instructional systems [J]. Instructional Science, 1989, 18 (2).

[6] BOUD D. Sustainable assessment: Rethinking assessment for the learning society [J]. Studies in Continuing Education, 2000, 22 (2).

[7] CARLESS D. Learning-oriented assessment: conceptual bases and practical implications [J]. Innovations in Education and Teaching International, 2007, 44 (1).

[8] CARLESS D, JOUGHIN G, MOK M M C. Learning-oriented assessment: principles and practice [J]. Assessment and Evaluation in Higher Education, 2006, 31 (4).

[9] CARLESS D. Exploring learning-oriented assessment processes [J]. Higher Education, 2015, 69 (6).

[10] YIN X Y, BUCK G A. There is another choice: an exploration of integrating formative assessment in a Chinese high school chemistry classroom through collaborative action research [J]. Cutural Studies of Science Education, 2015, 10 (3).

[11] HAYWARD L, PRIESTLEY M, YOUNG M. Ruffling the calm of the ocean floor: merging practice, policy and research in assessment in Scotland [J]. Oxford Review of Education, 2004, 30 (3).

[12] ALBARRACIN D, SHAVITT S. Attitudes and attitude change [J]. Annual Review of Psychology, 2018, 69.

[13] WAUGH R F, PUNCH K F. Teacher receptivity to system-wide change [J]. British Educational Research Journal, 1985, 11 (2).

[14] WAUGH F, GODFREY J. Teacher receptivity to system-wide change in the implementation stage [J]. British Education Research Journal, 1993, 19 (5).

[15] WAUGH R, GODFREY J. Understanding teachers' receptivity to system-wide educational change [J]. Journal of Educational Administration, 1995, 33 (3).

[16] COLLINS D R, WAUGH R F. Teachers' receptivity to a proposed sys-

tem-wide educational change [J]. Journal of Educational Administration, 1998, 36 (2).

[17] WAUGH R F. Teacher receptivity to a system-wide change in a centralized education system: a Rasch measurement model analysis [J]. Journal of Outcome Measurement, 1999, 3 (1).

[18] MOROZ R, WAUGH R F. Teacher receptivity to system-wide educational change [J]. Journal of Educational Administration, 2000, 38 (2).

[19] WAUGH R F. Towards a model of teacher receptivity to planned system-wide educational change in a centrally controlled system [J]. Journal of Educational Administration, 2000, 38 (4).

[20] LEE J. Teacher receptivity to curriculum change in the implementation stage: The case of environmental education in Hong Kong [J]. Journal of Curriculum Studies, 2000, 32 (1).

[21] SHUAI F F, LI C Z. High school Task-Based Language Teaching in Mainland China [C] //LAW E, LI C Z, eds. Curriculum innovations in changing societies. Rotterdam: Sense Publishers, 2013.

[22] KUWAHARA J. Impacts of a placed-based science curriculum on student place attachment in Hawaiian and western cultural instructions at an urban high school in Hawaii [J]. International Journal of Science and Mathematics Education, 2012, 11 (1).

[23] LIM M, BARTON A C. Science learning and a sense of place in a urban middle school [J]. Cultural Studies of Science Education, 2006, 1 (1).

[24] WELLS R, ZEECE P D. My place in my world: literature for place-based environmental education [J]. Early Childhood Education Journal, 2007, 35 (3).

[25] JOHNSON J T. Place-based learning and knowing: critical pedagogies grounded in indigeneity [J]. Geo Journal, 2012, 77 (6).

[26] AJAYI L. Investigating effective teaching methods for a place-based teacher preparation in a rural community [J]. Educational Research for Policy and

Practice, 2014, 13 (3).

[27] ZIMMERMAN H T, LAND S M. Facilitating place-based learning in outdoor informal environments with mobile computers [J]. Tech Trends, 2014, 58 (1).

[28] ORMOND C G A, ZANDVLIET D B. Place-based learning environments [C] //TACONIS R D, BROK P, PILOT A, eds. Teachers creating context-Based learning environments in science. Rotterdam: Sense Publishers, 2016.

[29] BROWN J, GODFREY P. Teaching and learning from within: a placed-based pedagogy for Heartfelt Hope [C] //SHANNON D, GALLE J, eds. Interdisciplinary approaches to pedagogy and place-based education. Cham: Palgrave Macmillan, 2017.

[30] PARK L. The varieties of place-based education [C] //LANSIQUOT R D, MACDONALD S P, eds. Interdisciplinary place-based learning in urban education. Cham: Palgrave Macmillan, 2018.

[31] MACDONALD S. From local to global: the role of interdisciplinary place-based research in teaching environmental economics [C] //LANSIQUOT R D, MACDONALD S P, eds. Interdisciplinary place-based learning in urban education [C]. Cham: Palgrave Macmillan, 2018.

[32] KLISKEY A, ALESSA L, WANDERSEE S, et al. A science of integration: frameworks, processes, and products in a place-based integrative study [J]. Sustainability Science, 2017, 12 (2).

后 记

在建构“人类命运共同体”和强调评价引领课程改革的时代背景下，教学共同体研究和教—学—评一致性研究成为教育领域内的热门话题。融合二者，提出教学评研共同体概念，具体探讨教学评研共同体的理论模型建构、客观基本现状和课堂实践改进具有一定的理论价值和实践意义。针对已有相关研究中存在的问题，在吸收已有相关研究成果的基础上，综合运用思辨研究、调查研究和行动研究等途径，对教学评研共同体展开混合式研究，在教学评研共同体的理论基础、核心概念、理论模型、客观现状、实践改进、研究内容和研究工具等方面取得了一系列研究成果，确定了教学评研共同体的理论基础、提出了教学评研共同体的核心概念、建构了教学评研共同体的理论模型、创建了教师行为意向的结构方程模型、促进了教学评研共同体的实践改进、拓展了教学评研共同体研究的内容领域、开发出了一系列相关的研究工具。

一、教学评研共同体理论基础的确定

针对教学评研共同体的理论基础薄弱这一问题，研究者选择人性论、生成论教学哲学、米德符号互动理论和分布式认知理论作为理论基础，建立了教学评研共同体比较适恰的完整的理论基础，并将这些理论深度融入教学评研共同体建构研究的全过程之中。其中，人性论是贯穿整个研究过程之中最深远的理论基础。“人性是生成的，教育也是生成的，人性与教育在生成中互塑，两者皆具过程性。”① 教学评研共同体的建构是一种人为的、为人的活

① 牛军明，李枭鹰．教育生发图式的人性论审视［J］．教育评论，2016（6）：17-20.

动，不仅需要“出于人性，通过人性”，而且“为了人性”，① 旨在促进学生的全面发展和终极幸福。其次，生成论教学哲学对共时态和历时态教学评研共同体的建构研究进行整体观照。生成论教学哲学基于教学本身及人的存在与发展是一个不断发生、生长、演化的过程的基本理念，秉持以关系性、生成性思维为核心的思维方式，探讨和追求教学生成，进而促进人的文化生成的教学哲学。生成论教学哲学的基本立场和观点，尤其是教学本体论中的对成交往观、教学认识论中的关系进化论和教学价值论中的人文化成观对教学评研共同体的本质探寻、实践建构及其功能取向方面起着全面和直接的哲学导向作用。此外，米德将宏观的社会心理学研究和微观的社会心理学研究结合在一起，运用社会行为主义的方法分别论述心灵、自我、社会及其关系，建构起符号互动理论大厦。米德符号互动理论无论是从理论视角和方法论层面，还是从其经验研究技术和实证结果都给教学评研共同体的理论与实践研究很多启示。最后，以网络为核心的多媒体技术的发展与新一代 E-learning 的出现带来了混合式学习环境，催生了分布式认知理论。② 人们越来越意识到许多认知活动（尤其是涉及信息技术的认知活动）不仅依赖于认知主体自身，还高度依赖于认知情境、认知工具、认知对象乃至其他认知个体。分布式认知理论为开展各种属性复杂、形式多样的立体交往与对话以及在信息技术背景下进行线上线下教学评研共同体的混元建构提供了操作层面的引领。

二、教学评研共同体核心概念的提出

海德格尔指出，“真正的科学运动是通过修正基本概念的方式发生的”③。在吸收前期已有研究成果的基础上，基于生成论教学哲学的本体分析框架，对已有基本概念进行修正，提出了教学评研共同体概念及其理论模型。认为教学评研共同体是共在的具有主体性的师生朝着共同的教学评研目

① 肖绍明，扈中平．教育何以复归人性［J］．高等教育研究，2010（6）：25-32.
② 海德格尔．存在与时间［M］．陈嘉映，王庆节，译．北京：生活·读书·新知三联书店，1987：12.
③ 海德格尔．存在与时间［M］．陈嘉映，王庆节，译．北京：生活·读书·新知三联书店，1987：12.

标，在共同的教、学、评、研活动中以课程为客体展开相互联系、相互作用、相互沟通和相互理解时不断生成的教育生态系统。对已有相关概念进行了再概念化。

生成论教学哲学认为教学存在是实体、活动、关系与过程的辩证统一体。教学评研共同体的实体要素包括师生主体和课程客体，活动要素包括体现一定教育意涵的教、学、评、研等具体行为。师生主体之间在共同的教学评研活动中以课程为对象展开交往形成各种内部联系或关系，即教学评研共同体的基本结构。教学评研共同体结构对外部环境表现出人、文化与社会的三重建构的主要功能，即共同的教学评研目标。师生主体、课程客体、教学评研活动、交往和共同的教学评研目标成为教学评研共同体的核心组成部分。随着教学评研共同体实体、活动及其间关系以及教学评研共同体功能的不断改进，教学评研共同体也随之体现为从自在、自主、自为到自由发展的一个过程性存在。

三、教学评研共同体理论模型的建构

黑格尔（Hegel）指出，“真正的思想和科学的洞见，只有通过概念所做出的劳动才能获得”①。通过对教学评研共同体的相关概念及其间关系进行严谨的思辨研究，系统建构起教学评研共同体的理论模型，对教学评研共同体的已有理论进行结构化。

首先，从宏观的视角来看，教学评研共同体是一个由从底层微观的教学评研共同体到顶层宏观的教学评研共同体等八个不同层面的教学评研共同体组成的教学评研共同体巨系统。分别对应生本课程、班本课程、校本课程、地方课程和国家课程等不同层面的课程运作。整个教学评研共同体巨系统的动态建构与整体实现主要倚重自上而下的行政推动式和自下而上的草根生发式等相互靠近、相互作用、相互渗透和相互转化的两条基本路径。八个不同层面的教学评研共同体之间相互渗透、相互交织、相互作用和相互转化，其范围的大小通过教学评研共同体系统和环境之间的边界变换来实现。

① 黑格尔. 精神现象学：上卷［M］. 贺麟，译. 北京：商务印书馆，1962：48.

其次，每个不同层面的教学评研共同体都在实体、关系、活动和过程等方面具有相同的结构和机理，其结构都涉及目标导向下围绕课程开展的教、学、评、研等基本活动要素及其间关系，形成一个教学评研目标为顶点、教学评研为底面四个顶点的四棱锥结构。各个部分之间既有区别，也有联系。其中，教与学在本体层面上相对而生、相待而成、相互可见、相互依赖、相互渗透、相互转化。评融入教与学之中，通过师生共同研究的推动作用，实现教—学—评一致性，即教的内容、学的内容和评的内容之间具有一致性。共在的教学评研主体共同参与以课程为客体的教学评研活动，以语言为主要媒介展开交往，通过一种“合力”的方式共同致力于教学评研目标的达成，促进学生发展核心素养的提高并终而促使学生成为“全面发展的人”。

最后，课堂层面教学评研共同体的理论模型可以解释为：在课堂情景中，共在的师生主体在共同的教学评研目标引领下，以语言符号为主要媒介，围绕课程客体，在体现一定教育意涵的教学评研活动中展开各种属性复杂、形态多样的交往时不断生成的教育生态系统。课程是教学评研共同体的核心，教师和学生围绕课程这个“伟大事物”，在师生之间、生生之间形成内含课程客体的“主体—客体—主体”的立体结构，并融入更为广阔的人与对象世界、人与他人以及人与自身的教学评研对话关系网络中实现师生的共同主体性。教学评研共同体也通过共同的教学评研目标的承载与达成来实现系统与环境的信息沟通和能量交换，从而得以融入更宏观的社会系统之中，实现人、文化与社会的三重建构，最终指向学生发展核心素养的提高和“全面发展的人”的生成。教学评研共同体也在其要素、结构、功能不断完善的过程中实现从自在、自主、自为到自由阶段的不断演进。

四、教师行为意向结构方程模型的创建

国内外对教师行为意向的已有研究显示，影响教师行为意向的主要因素包括自身特性、教师发展、回报和支持等。在我国自上而下行政推动式为主的大背景下，很多高中教师参与课程改革时表现出一定的被动性，更多是被要求做什么就做什么，所以研究者将外在教育利益相关人士的“主观规范”纳入教师行为意向的影响因素之中。此外，研究者还假设“教师素养”对教

师行为意向有积极影响，所以也将“教师素养”列为教师行为意向的影响因素。结果表明，广东省高中教师建构教学评研共同体的行为意向比较明显，影响教师建构教学评研共同体行为意向的主要因素有回报（包括利己性、利他性和社会责任感）和支持（指校内支持）。教师行为意向是因变量，回报和支持是自变量。行为意向的测量指标有3个题项、回报的测量指标有4个题项、支持的测量指标有4个题项。结构方程模型的卡方自由度比值（CMIN/DF）在1~3之间，RMSEA<0.08，AGF>0.9，NFI值、RFI值、IFI值、CFI值和TLI值都超过0.95。各项拟合指数都非常理想，从而建构起了高中教师建构教学评研共同体行为意向的结构方程模型。

五、教学评研共同体实践的整体改进

针对已有研究中实践应用研究不够的问题，研究者选择中山市H中学，在高中课堂层面开展改进教学评研共同体实践的初期探索、深度融合和不断延展等三个阶段的网络化行动研究，取得了比较好的成效。从横向范围来看，教学评研共同体的范围已经从研究者担任班主任与英语科任教师的班级逐渐向内延伸到1至2名教师与5至9名学生组成的多个次级教学评研共同体。同时，还通过几种不同方式向外延展形成更大范围内的教学评研共同体。其一，是其他英语教师与研究者一起以同课异构的方式组成更大范围内的教学评研共同体；其二，是英语教师介入另一名英语教师和她所任教班级而形成更大范围内的教学评研共同体；其三，是研究团队中高中物理和地理学科教师将教学评研共同体的实践探索活动拓展到她们所任教的班级，形成更大范围内的教学评研共同体；其四，是多名教师共同参与研究者组织的英语综合实践活动，并在全校范围内组织学生开展英语综合实践社团活动，还通过教师培训、论文发表、专题学术讲座和国际交流等方式，将之延展到中山市、其他地区、广东省乃至国外，不断形成更大范围内的教学评研共同体。从纵向发展来看，教学评研共同体沿着自在、自主、自为到自由的路径加速演进，已经进入了自为发展阶段，并显示出不少自由阶段的基本特征。教师和学生的主体地位得到彰显，师生能够对教学评研活动进行内省与反思，并使之不断外化为理性自为的行为；师生间、生生间围绕课程客体不断

开展各种形式多样、属性复杂的立体交往，形成了主体—客体—主体的主体际立体交往网络；各种不同类型的课程资源已经得到了很大程度的开发和利用并实现了一定程度的整合；教、学、评、研四维互动，很大程度上实现了教学评研一体化运作；不仅关注学生的文化基础，还注重学生的自主发展和社会参与，旨在促进学生核心素养的全面提高，并在很大程度上实现了人、文化与社会的三重建构。

六、教学评研共同体研究内容的拓展

依据分布式认知理论，不仅借助传统的微信、QQ 等媒介，还引入 ClassDoJo 和国际教育资源网等网络信息平台，在高中课堂层面开展了教学评研共同体建构的网络化行动研究，进行融“虚拟”与“现实”为一体的线上线下教学评研共同体的混元设计，努力将认知分布于个体内、个体间、媒介中、社会中以及不同时空中。在一定程度上实现了传统授课方式与现代信息技术的结合，促进了学生认知的发展、教学评研共同体的拓展和学生核心素养的提高。首先，传统的微信、QQ 在班主任和学生之间、班主任和科任教师之间、同学科和不同学科教师之间、教师和学生家长之间的联系与交流中发挥着主要媒介作用；其次，ClassDoJo 平台将学生、学生家长和班级科任教师紧密联系在班主任的周围，有利于学科教学评研活动和班级管理的深度融合以及学校和家庭教育合力的形成；最后，国际教育资源网也在教师和学生间开展国际交流与合作、拓展教学评研共同体范围等方面发挥着非常关键的作用。通过各种不同途径，研究者将教学评研共同体的理论框架运用于教学评研共同体的实践改进，并在行动研究过程中不断完善该理论框架，实现理论与实践的良性互动与双向建构，拓宽了教学评研共同体问题研究的内容领域。

七、教学评研共同体研究工具的开发

根据教学评研共同体研究的实际需要，研究者在文献梳理、实践探索和逻辑分析的基础上，开发了一系列教学评研共同体研究的相关工具，包括量表、问卷、观课表格和访谈提纲等等。其中，基于教学评研共同体交往的本质特征，本研究按照教学评研主体的不同，将课堂中的师生交往行为分为师班交往、师个交往、师组交往、组班交往、组组交往、个组交往、个个交往、个班交往和无交往等九种不同类型。凸显出学习小组的中心地位以及组内合作和组间竞争的重要性，开发出相应的研究工具。共开发出了学生课堂口头表达行为观察表、课堂交往的主体构成观察表、学生课堂学习情况观察表、质性观课表格、学生课后问卷、教师课后问卷、学生访谈提纲、教师访谈提纲、高中教师建构教学评研共同体行为意向的调查问卷（预测卷）、高中教师建构教学评研共同体行为意向的调查问卷（正式卷）、高中教师建构教学评研共同体的行为意向量表和小组学习公平性的问卷调查等 12 个主要的相关研究工具。